中國學術思想 研究輯刊

六 編
林慶彰 主編

第 24 冊

王船山「體用相涵」思想之義蘊及其開展

周芳敏 著

花木蘭文化出版社

國家圖書館出版品預行編目資料

王船山「體用相涵」思想之義蘊及其開展／周芳敏 著 — 初
版 — 台北縣永和市：花木蘭文化出版社，2009〔民98〕
目 4+278 面；19×26 公分
（中國學術思想研究輯刊 六編；第 24 冊）
ISBN：978-986-254-075-6（精裝）
1.（清）王夫之　2. 學術思想　3. 清代哲學
127.15　　　　　　　　　　　　　　　　　　98015410

ISBN - 978-986-2540-75-6

9 789862 540756

中國學術思想研究輯刊
六 編　第二四冊　　　　　　ISBN：978-986-254-075-6

王船山「體用相涵」思想之義蘊及其開展

作　　　者　周芳敏
主　　　編　林慶彰
總 編 輯　杜潔祥
出　　　版　花木蘭文化出版社
發 行 所　花木蘭文化出版社
發 行 人　高小娟
聯絡地址　台北縣永和市中正路五九五號七樓之三
　　　　　　電話：02-2923-1455／傳眞：02-2923-1452
網　　　址　http://www.huamulan.tw 信箱 sut81518@ms59.hinet.net
印　　　刷　普羅文化出版廣告事業
封面設計　劉開工作室
初　　　版　2009 年 9 月
定　　　價　六編 30 冊（精裝）新台幣 50,000 元

王船山「體用相涵」思想之義蘊及其開展

周芳敏　著

作者簡介

周芳敏,臺灣大學中文系學士、臺灣大學中文所碩士、政治大學中文所博士,現任德明財經科技大學通識中心副教授。研究領域為中國思想史,除本書外,另有《王弼及程頤易學思想之比較研究》(臺灣大學中文所碩士論文)、〈論黃宗羲「盈天地皆心」之義蘊〉、〈王弼「體用」義詮定〉、〈以「理本論」、「心本論」、「氣本論」分系宋明理學之商榷〉、〈性善的證明?王船山對朱子「四端」說解之修正〉等論文,散見於《政大中文學報》、《臺灣東亞文明研究學刊》、《漢學研究》等期刊及論文集。

提　　要

　　自王弼拈出體用一組概念之後,體用漸成為中國哲學之極重要範疇,哲人對體用關係的詮解常具體而微地宣示其思維模式及方法論,並可由此輻射出宋明理學家對理氣、道器、心性、性情等範疇的諸多意會,是以體用範疇可說是宋明理學中最具挑戰性與哲學深度的基本概念之一。

　　王船山哲學體大思精,研究者不乏於時,然對船山超邁前修、卓越秀異之體用觀尚未見系統而深入的討論。關於船山之體用思想,可一語以蔽之:「體用相涵」是也。本書透過對船山體用思想的細密爬梳,深入而系統地鉤掘船山的體用觀,層層逼進「體用相涵」命題所涵藏的豐富義蘊,企圖由此揭示船山的思維模態,並檢視船山如何以此思維模態開展出其天道性命之學,且由此解決宋明理學的諸多理論糾結。

　　此外,對於以「即體即用」、「即用即體」、「體用相即」、「體用不二」、「體用一如」等格式化說解來繫明哲人體用觀的模糊論述,本書亦有所檢討。為免流於格言化的泛說,本書力求以精確的語彙詮發船山的體用思維,具體指出「體用相涵」之蘊乃包括了邏輯結構、存在時間、存在位置、存在內容及完成意義等領域的相涵而一。藉由對船山體用思想的闡發,被視為求解不易的船山學將浮顯出一清晰輪廓,而其脈絡嚴整、論述圓轉之哲學體系亦將獲得系統而結構性的揭示。

目次

緒　言

第一節　研究動機

　　自魏王弼（輔嗣，226～249）提出「體用」一組概念之後〔註1〕，「體用」概念漸為學者注意及承繼，且在後世的學術發展中，不斷深化、拓展其意涵，並逐步將此範疇運用於對道體、道器、宇宙生化、心性，乃至事物的認識與詮解上，進而使體用範疇成為學者思想體系中的極關鍵結構。正因此，錢賓四先生曾特別揭示王弼此說在中國思想史上的意義，並認為「理事」與「體用」概念的提出，實為王弼對思想界的兩大貢獻。〔註2〕

　　體用概念之所以在思想史上佔有如此重要的地位，除了本身具有的範疇意義外，更在於此範疇實代表著一種思維格式，以及由此思維格式所延伸出的觀察角度與詮釋進路。透過此一觀察角度與詮釋進路，思想家們得以認識世界、理解世界、詮釋世界，從而建構出各具面貌的世界圖式與思想體系。職是之故，各思想家們的體用觀常標幟其不同的學術趨向，體用範疇也因此成為開啓思想家們學術堡壘的玉鑰匙。

〔註1〕顧炎武曾與李顒就體用概念之始源進行辯論。二曲認為「體用二字出自佛書」；亭林則指出《易》、《禮記》及有子皆曾提及「體」或「用」字，《周易參同契》更是將「體」、「用」對舉，故體用乃中土自有的概念。見李顒：《二曲集・答顧寧人先生》（北京：中華書局，1996年），頁148～152。今按：《荀子・富國》亦有「萬物同宇而異體，無宜而有用」之語，然以上引文中之「體」、「用」字皆非「體用」範疇下的體用義，尤其缺乏哲學意涵。故「體用」概念之首唱仍不得不推輔嗣。參見屠承先：〈論本體工夫思想的理論淵源〉，《杭州大學學報》27：1（1997年3月），頁12。

〔註2〕錢穆：《莊老通辨》（臺北：東大圖書股份有限公司，1991年），頁405。

　　王夫之（船山，1619～1692）爲明清之際的偉大思想家，天才橫溢〔註3〕，思深學博，其哲學不僅總結著宋明儒學的成果，亦因其批判地繼承前人的思想結晶，宏闊而細密地考察思想發展的困境，且對種種理論困難提出對治之道，而使其學說或蘊藏著開創思想史新局的可能性〔註4〕。其卓越的學術成就及博大精深的思想體系，甚且爲錢賓四先生譽爲「三百年所未有」〔註5〕，熊十力亦言「船山思想多獨到，自是漢以來所罕觀」。〔註6〕

　　正因「三百年所未有」及「漢以來所罕觀」的超拔高度，船山哲學或予人欲從末由之嘆。而如前所述，體用範疇常意指著哲人的思維格式及認識進路，甚至可由此總結出哲人的思想模態，爬梳出哲人的方法論；故欲對船山學有恰適的理解，研究其體用思想當爲一可能而有效的途徑。尤其船山的體用觀頗有超越前哲之處，不只展現出濃厚的辯證旨趣，也顯示出活潑躍動的學術性格，從而使得築建於其上的學說思想亦顯出蓬勃的生命動能與綿密交融的立體結構。在船山的體用思想中，船山哲學實已被具體而微地映顯與昭示。

　　然而，船山學雖於近世成爲顯學，兩岸研究船山學者不絕於時，但在體用範疇的研究上，似乎未見整全而系統的析論。以此思考及背景爲起點，本書企圖透過對船山「體用」思想的梳理，掌握其思維範式及理論模態，系統地詮解博大精深的船山學。

第二節　論述範圍與書寫策略

　　由船山的體用觀所映射出者，實不僅天道性命等哲學思想而已，船山的

〔註3〕熊十力嘗言：「漢以下有哲學天才者，莫如橫渠、船山。船山偉大，尤過橫渠矣。」參見氏著：《原儒》（臺灣：洪氏出版社，1970 年），下卷，〈原內聖第四〉，頁 156～157。

〔註4〕即因船山學中或涵藏著開創思想史新局的可能性，故林安梧先生方提出「由牟宗三而熊十力」、「由熊十力而王船山」的努力方向。參見氏著：《儒學革命論》（臺北：臺灣學生書局，1998 年），頁 264～266；〈從「牟宗三」到「熊十力」再上溯「王船山」的哲學可能〉，《鵝湖月刊》27：7（2002 年 1 月），頁 16～26；〈後新儒家哲學的思維向度〉，《鵝湖月刊》24：7（1999 年 1 月），頁 6～15。唯此說法亦引來不同意見，參見李明輝：〈林安梧完全按他的身材量身定製〉，《自立晚報》，1998 年 4 月 19 日，七版；李宗定：〈關於林安梧教授「後新儒家哲學的思維向度」幾點疑問〉，《鵝湖月刊》25：11（2005 年 5 月），頁 47～55。

〔註5〕錢穆：《中國近三百年學術史》（臺北：臺灣商務印書館，1987 年），頁 905。

〔註6〕熊十力：《原儒》，頁 156。

歷史哲學及若干文學主張亦得窺納於其中，此乃因體用觀非只爲一思想結果，更爲一思想基礎；此外，亦是緣於一個成熟圓通的思想體系必然具備有「一以貫之」、「觸類旁通」的邏輯結構之故。〔註7〕

　　船山學思多方，然爲集中論述焦點，本書之研究但鎖定於船山體用思想義蘊之鈎掘，及由其體用觀所展延出的哲學體系，文學、史學部份暫不與焉。廣義說來，文學主張中所涵蘊的文藝理論，以及歷史判斷中所寓藏的史觀亦屬哲學的研究範域，前者爲美學思想，後者則爲歷史哲學；本書此處之「哲學」但爲極狹義，蓋指中國思想史語彙中的天道性命之學。

　　具體而論，一個成熟的體用思想至少應包涵三部份：體用概念範疇的內涵，此爲界義問題；「體」「用」之間的關係，此爲結構問題；體用思維的開展，此爲應用問題；這些問題可總合爲哲人的方法論。船山體用觀之最秀異處，或即在於「體」「用」的關係結構充滿著互相融滲、改變及充拓可能的動態感與立體感，而可以「體用相涵」〔註8〕一語以蔽之。本文首先即針對船山高度成熟且蘊具豐富之體用思想進行鈎掘，力求以清楚明白的語彙精準地說明船山的體用概念，令具備綿密詮釋層次的體用相涵思維得次第開展其義。

　　對宋明理學家而言，體用範疇事實上即是一種思維方式。此思維方式的運用範圍愈廣，詮釋領域愈大，即表示該思維方式於哲人的思想體系中愈居核心地位，亦顯現該哲人的思想具有更高的一致性，也透顯其思想的圓融與邏輯結構的嚴密。就此視點而言，船山正是此中的佼佼者。

　　關於船山的思維模式，另有學者以「兩端一致」加以概括〔註9〕。「兩端一致」之語雖亦可映顯出船山「對比的張力」和「辯證的綜合」之方法論特色〔註

〔註7〕張立文先生曾指出：「每一個哲人的思想都有『一以貫之』之道，『一以貫之』之道的表現就是由一系列範疇和諸範疇所組成的命題，並由『一以貫之』之道把哲學家、哲學思潮所散見於各書、各文而不成系統的哲學思想貫通起來。」參見氏著：《正學與開新——王船山哲學思想》（北京：人民出版社，2001 年），頁 91～103。

〔註8〕語出《周易外傳》，《船山全書》第一冊（長沙：嶽麓書社，1998 年），頁1023。

〔註9〕如林安梧與曾昭旭二先生皆以「兩端一致」統括船山之思維模式。參見林安梧：《王船山人性史哲學之研究》（臺北：東大圖書股份有限公司，1991 年），頁87～94；曾昭旭：〈王船山兩端一致論衍義〉，《鵝湖月刊》21：1（1985 年7 月），頁 9～13。

〔註10〕林安梧指出：「把『對比的張力』和『辯證的綜合』掛搭在一起的說，我們便說這是一種『兩端而一致』的對比辯證思維模式。」《王船山人性史哲學之研

10），然由於船山使用「兩端一致」之語脈蓋在對常與變、分與合間的相對性與融攝性提出說明〔註11〕，與「體用相涵」在強調「對比的張力」、「辯證的綜合」之外，更兼具了結構的互相融滲、自我實現的彼此助成與綿密不絕的動態時空交涉等意指，有著涵蓋面的廣狹之異；此外，「兩端一致」之語於船山集中出現次數極少〔註12〕，而以體用範疇說明道器、理氣、心性、性情、心意等結構範式的論述則是無所不在，由「體用相涵」而「理氣相函」〔註13〕、「動靜相函」〔註14〕、陰陽「相涵相持」〔註15〕、「器道相須」〔註16〕、「器與道相為體用」〔註17〕等，「體用相涵」命題於船山思想中，實居極關鍵而核心的地位。

正因「體用相涵」之思維格式在船山理論體系中具有核心地位，故以此思維核心輻射所及者，實該涵了宇宙論、本體論、認識論、方法論、形上學、倫理學等範疇。然由於中國哲學最突出之性格乃在天人一貫，渾淪周偏，常是一語並該不同哲學領域之義〔註18〕，因此不盡適合以西方哲學詞彙為分析闡別的眉目。職是之故，本文雖或不免以西方哲學詞彙作為釐辨某些概念的輔助工具，但在綱領的提挈上，則仍循「天道性命」之矩矱與習語，分別討論船山體用思想於天道、心性及人文化成等領域的應用及開展。此外，本文亦嘗試儘可能在中國原有的文字架構下，以精確而顯豁的語言形式來詮釋思想義蘊、分梳哲學概念，期使不具西哲背景之學者亦能得到明晰的理解與恰如其分的認知。

天道論包涵了對宇宙萬物的生發及生發原理的討論，同時涉及了存有的本質、組成及結構等範域的哲學研究。對多數宋明理學家而言，天道論可謂

〔註11〕《老子衍》，《船山全書》第十三冊，頁18：「天下之變萬，而要歸於兩端。兩端生於一致，故方有美而方有惡，方有善而方有不善。」又，《尚書引義》，《船山全書》第二冊，頁276：「心有兩端之用，而必合於一致。」

〔註12〕就筆者所見，「兩端」、「一致」二詞並見於《船山全書》中蓋不超過五次。

〔註13〕《思問錄》，《船山全書》第十二冊，頁413。

〔註14〕《周易內傳》，《船山全書》第一冊，頁420。

〔註15〕《周易外傳》，頁882。

〔註16〕《周易外傳》，頁905。

〔註17〕《正蒙注》，《船山全書》第十二冊，頁232。

〔註18〕如《易・繫辭》「一陰一陽之謂道」即同具宇宙論、本體論、形上學等意義；《中庸》「天命之謂性」亦涵形上學、本體論與倫理學意涵；船山著名的「道器相須」思想更可分別以宇宙論、本體論、方法論、認識論、形上學、倫理學等角度加以詮解。

其思想的根本結構，尤其是對理氣關係的解釋常牽動著哲人的心性理論與理欲立場。是以本書以船山體用思想在天道論的開展爲論闡順序之始。在天道論一章中，關於理氣的定義、理氣關係的定位、理氣結構範式的釐辨、理氣動靜流行的合理性等哲學議題將會受到關注；同時，我們將會看到船山如何以其體用觀爲思維模型，映射出圓融的理氣圖式。

在中國的哲學傳統中，天道性命乃淪浹一貫，性命爲天道在人世的映顯，天道爲性命開展的極致；孔子雖罕言性與天道，但《論語》此一記載卻早已將性與天道貫合爲不可分割的概念及成詞。「天人合一」的「聯繫性思維」〔註19〕與中國思想傳統中對「存有的連續性」〔註20〕之肯定，皆使得「天道性命相貫通」之大義成爲宋明理學家的共同信仰〔註21〕。亦即因此，哲人對心性情意等範疇的詮釋及掌握固與其對天道的理解息息相關。在心性論一章中，爭執不下的性情、理欲、善惡等問題將被充分討論；此外，我們將看到：形色及性情的本質、完全實踐自身的根據與方式，構成船山體用思維在心性論範域最精采的開展。

船山重實學，強調人文化成，「人文化成」既是學者努力的方向，也是儒家思想中的圓善境界，儒者的一切致力皆指向於此，亦歸止於此。對船山而言，成物是成己的必要條件，唯有在成物之中才能眞正證成自己的存在，並完成對天地的參贊。是故，人文化成可謂是天道性命之學的落實、開顯與完成，亦是「人」樹立道德主體性與尊嚴價值的最終明證。是以本書以船山體用觀於人文化成範域之開展作爲總結。

此外，在行文脈絡中，爲突顯船山體用思想的特色，本文將視文義所至，

〔註19〕 黃俊傑先生指出，「聯繫性思維」爲中國最具特色之思維方式，儒道皆是此思維方式的源頭。此思維即認爲在諸多兩極之間如「自然／人文」、「身／心」、「個人／社會」或宇宙各部門存在互相影響、交相滲透且互爲因果的關係，儒家思想中的宗教感，即源於此思維方式。見氏著：《東亞儒學的新視野》（臺北：臺大出版中心，2004年），頁100～113。

〔註20〕 關於「存有的連續性」之討論，可參杜維明：〈存有的連續性：中國人的自然觀〉，收於氏著：《儒家思想——以創造轉化爲自我認同》（臺北：東大出版社，1997年），頁33～50。

〔註21〕 蔡仁厚先生曾表示：宋明儒者最大的貢獻，乃在復活了先秦儒家的形上智慧，亦即「天道性命相貫通」的大義。見氏著：《新儒家的精神方向》（臺北：臺灣學生書局，1999年），頁16。劉述先先生亦以「天道性命相貫通」爲宋明理學的共識。見氏著：《現代新儒學之省察論集·自序》（臺北：中央研究院中國文哲研究所，2005年），IV。

以前儒的體用思想作為參照，令船山之思維格式更為顯豁。參照對象將集中於王弼、程頤（1033～1107）、朱子（1130～1200）與陽明（1472～1529）諸哲，此蓋因王弼為體用概念之首唱者，地位重要；伊川「體用一源，顯微無間」〔註22〕之說為後世哲人開啓了一思想新範例〔註23〕，於體用思想史上具有不容忽視的意義；而朱子體用思想之成熟度及自覺度殆僅次於船山，且予船山以不少啓發；至若陽明，則因其學說方向為船山自覺的排抑，故其體用觀對發明船山之體用思想亦有顯題之效。

除了於正文中適時地比較見義外，在本書結論裡，亦將對船山與前述諸哲的體用思想之異同進行簡要而較具系統的分析；而船山「體用相涵」思維的思想史意義，亦會一併勾勒，期使船山的思維線索更為犖然。

船山著作等身，據張西堂《王船山學譜》所記，但著錄有名者即已八十八種〔註24〕；湖南嶽麓書社出版之《船山全書》則收錄了七十二種，該版本即為本文引及原典時之所據，唯標點或有小異。在船山遍涵四部之著作中，較能展現其哲學思想者為《周易外傳》、《周易內傳》、《思問錄》、《讀四書大全說》、《正蒙注》、《尚書引義》、《四書訓義》、《四書箋解》、《禮記章句》、《周易大象解》、《船山經義》、《詩廣傳》、《老子衍》、《莊子通》、《莊子解》、《相宗絡索》等書。本書所論，以上述諸書為主要資材，略及其他。

第三節　王船山作品年代及思想分期之討論

船山著作等身，其重要哲學論著《周易外傳》成於 37 歲，《讀四書大全說》成於 47 歲，《周易內傳》成於 67 歲，《正蒙注》完成於 73 歲。由於船山終生撰作不輟，故論者或主張船山思想依其年歲所至而有不同的分期與旨趣，由 37 歲所撰之《周易外傳》，到 47 歲所著之《讀四書大全說》，再到 67 歲所成之《周易內傳》，乃是由宗崇朱子到歸學橫渠的過程，故三書之思想或有同異；而由《周易外傳》中有「詳具《思問錄・外篇》」之語，更可斷定《思問錄》為船山理學思想之第一書。〔註25〕

〔註22〕宋・程頤：《易傳・序》（臺北：臺灣學生書局，1987 年），頁 1。

〔註23〕參見陳榮捷：〈新儒家範例：論程朱之異〉，《朱學論集》（臺北：臺灣學生書局，1988 年），頁 73～89。

〔註24〕張西堂：《王船山學譜》（臺北：臺灣商務印書館，1972 年），頁 171。

〔註25〕參見戴景賢：《王船山之道器論》（臺北：廣學印書館，1982 年），頁 2、161、

關於船山之思想是否果有階段之異與歸宗之別，而《思問錄》又是否可確定成書於《周易外傳》之前，皆有可供討論之處。

首先，考察《思問錄》成書早晚及船山思想是否存在分期差異的問題。

《周易外傳・說卦》中確有「詳具《思問錄・外篇》」之小註〔註26〕；然考之《思問錄・外篇》，於「《易》稱元亨利貞，配木火金土而水不與」句下，船山亦自註：「貞，土德，非水德。詳《周易外傳》。」〔註27〕若此，則《周易外傳》之成書豈不又在《思問錄》之前？

依正常的撰作習慣，同時撰寫兩本學術著作的可能性應該不大，《周易外傳》與《思問錄》前後完成仍佔最大可能。在有限的資訊下，我們完全無法判斷何書先成，而只能得出以下幾個較可靠的結論：

1. 不論《周易外傳》或《思問錄》之成書孰先孰後，船山皆於後作中註明可參閱前作，復於前作中追加參考後作之註記。

2. 追記動作可能在重定前作或重閱前作時完成。

3. 船山次子王敔曾言，船山筆札多取於故友門人，書成因以授之，家藏遂無幾焉〔註28〕。倘此言為確，則當後作完成時，前作亦有可能不在船山身邊；如此，則船山必記憶過人，後作撰畢後，遂囑託藏書之友人為自己於前作中的某段文句下加註相參按語。於此情況下，則前作並無重定或重閱之狀況。

4. 不論《思問錄》及《周易外傳》之著作先後情形如何，由二書互囑相參之語，可斷定對船山來說，前後作之思想並無扞格之處，且可互為補充說明。

事實上，船山於著作中叮囑讀者參校他書之例甚多，任舉數例於下：

1. 於37歲撰畢之《周易外傳》中，囑參《周易稗疏》〔註29〕、《思問錄》。

2. 47歲撰成之於《讀四書大全說》中，囑參《周易外傳》〔註30〕、《尚書引義》〔註31〕。

162。
〔註26〕《周易外傳》，頁1080。
〔註27〕《思問錄》，頁447。
〔註28〕清・潘宗洛：〈船山先生傳〉，收於王孝魚編，《船山學譜》（臺北：廣文書局有限公司，1975年），頁63。
〔註29〕《周易外傳》，頁1059。
〔註30〕《讀四書大全說》，《船山全書》第六冊，頁75。
〔註31〕前揭書，頁964。

3. 於 67 歲撰成之《周易內傳》中，囑參《周易外傳》〔註 32〕、《周易大象解》〔註 33〕。

4. 於《思問錄》中，囑參《周易外傳》、《尙書稗疏》〔註 34〕、《詩稗疏》〔註 35〕。《思問錄》成書年月不詳。〔註 36〕

由上述資料可發現，《周易外傳》爲船山諄囑讀者參閱的最大公約數，在不同年歲所撰寫的著作中，船山皆重複叮嚀《周易外傳》的重要。由此幾可斷定：不論在 47 歲或 67 歲時，船山皆不以成書於 37 歲的《周易外傳》與近作近思有何舛異之處。尤有甚者，由船山囑語之鄭重殷切，足見船山對《周易外傳》的看重之情：

> 詳見愚所著《周易外傳》，當以俟之知者。(《讀四書大全說》)〔註 37〕
>
> 若此篇之說，間有與《外傳》不同者：《外傳》以推廣於象數之變通，極酬酢之大用；而此篇守象、爻立誠之辭，以體天人之理，固不容有毫釐之踰越。至於《大象傳》，則有引伸而無判合，正可以互通之。
>
> (《周易內傳‧發例》)〔註 38〕

正因《周易外傳》乃「極酬酢之大用」的著作，求解人不易，船山是以發出「當以俟之知者」的願望與慨嘆，則《周易外傳》於其心中之份量可見一斑。

此外，船山次子王敔於〈大行府君行述〉中曾記錄船山撰寫《正蒙注》之意：

> 又謂張子之學切實高明，《正蒙》一書，人莫能讀，因詳釋其義，與《思問錄內外編》互相發明。〔註 39〕

《正蒙注》爲船山 73 歲所撰，該書既可與《思問錄》相發明，則《思問錄》之要旨一貫於《正蒙注》蓋可知矣，《思問錄》中要求讀者參閱的《周易外傳》之不悖於《正蒙注》亦可知矣。

〔註 32〕《周易內傳》，頁 683～684。

〔註 33〕同註 32。

〔註 34〕《思問錄》，頁 437。

〔註 35〕前揭書，頁 464。

〔註 36〕杜保瑞先生指出，《思問錄》約完成於船山 58 至 67 歲之間。見氏著：《論王船山易學與氣論並重的形上學進路》(臺灣大學：哲學研究所博士論文，1983 年)，頁 58。

〔註 37〕《讀四書大全說》，頁 754。

〔註 38〕《周易內傳》，頁 684。

〔註 39〕王敔：〈大行府君行述〉，收於《船山全書》第十六冊，頁 74。

　　凡此種種皆足以證明：就船山自身的認知而言，其思想自 37 歲至 73 歲並無重大改變，甚至具有強烈的通貫性，《周易外傳》、《周易內傳》、《思問錄》、《讀四書大全說》、《尙書引義》、《正蒙注》等書所論乃是可以相通互參的，其內容思想固無分期差異的問題。

　　其次，船山思想是否果眞早期尊崇朱子，晚年改宗橫渠，此亦當有辨。船山嘗於《讀四書大全說》中指出：

　　　橫渠學問思辨之功，古今無兩。其言物理也，特精於諸老先生。
　　　〔註40〕

　　　伊川於此纖芥之疑未析，故或許告子「生之謂性」之說爲無過。然
　　　則欲知心性天道之實者，舍橫渠其誰與歸！〔註41〕

船山享年 73 歲，《讀四書大全說》成書於船山 47 歲，無論如何說不上「晚年」，則船山尊崇橫渠亦早矣。

　　復次，船山於 37 歲所著之《周易外傳》中，所展示之宇宙觀及理氣關係皆已與朱子異趣，不待「晚年」改宗橫渠方與朱子分途，此亦昭昭歷歷於《周易外傳》之論闡中。〔註42〕

　　理論上來說，任何一人的想法及念慮皆應是變動不居的，少有終始不轉、亙古不易的僵固情形；尤其對勤於思索及觀察的哲人而言，其思想更當存在著日新日成的發展、推進或退轉等可能情況。因此，我們的確可以合理的設想：在大方向、大原則的既定基礎上，或許哲人的思想所展現出的一致性未必是內容全面的一致，而可能只是方向的一致、目的的一致、關懷的一致或方法的一致。

　　雖然如此，在船山重要的哲學著作中，筆者所解讀到的船山學實非僅具精神、方向、原則等基礎的通貫性，而是在內容上亦顯示出高度的一致性，充分表現作爲一位早慧哲人的思辨特質。船山思深學博，於哲學思想之細微處總能釐然分辨，於前儒同構而異旨的哲學命題亦總是能察流析源。基於對船山思辨能力之理解，基於船山叮囑學者互參其作之鄭重，再加上筆者閱讀船山之所得，本書遂立基於船山思想前後一貫的視角，對船山的體用思想及其開展進行考察。

─────────

〔註40〕《讀四書大全說》，頁 851。
〔註41〕前揭書，頁 1113。
〔註42〕詳見本書第二章第二節。

第一章　王船山「體用相涵」思想析義

　　當「體用」概念發展爲中國哲學的重要範疇之後，每位思想家皆在若干程度上予此組符號系統以不同的定義。這些定義反映出哲人的思維模式、觀察角度及對世界圖象的理解。而當思想家們運用此概念以詮釋存有時，存有亦因各系統的定義之別而顯現出不同的面貌、性格及意趣。

　　「體」、「用」內容的界定、體用關係的詮解，以及體用概念的運用，三者共同組成體用思想的範域。在此三方面，船山皆在繼承前修的基礎下而有所進展，其中，對體用關係的洞識成果尤其輝煌，而可以「體用相涵」一語以爲總結。以下即次第開展其義，層層逼進其思想核心。

第一節　概念的勘定：體與用

　　王弼雖爲「體用」概念之首唱者，但其體用定義實與後世「本體」、「現象」之習義大不相同，亦不可草率含糊地以未經詳細說明的「本體」、「作用」之語彙予以界義〔註1〕。究其實，王弼體用概念之提出乃在說明存有的「道德特性」（《老子》「失道而後德」之道德，而非儒家或今日習用之道德（moral）義）與隨之而具的「行爲特性」，且二者在價值及意義上必爲同質同層的存在。

〔註1〕 以「本體」、「現象／作用」詮釋王弼之體用義，言「體無用有」，並指出其間之關係爲「不離」而「一如」，乃是學界的主流看法，而可以牟宗三、湯錫予、湯一介等先生爲代表。牟宗三先生言：「體虛而用實，虛以運實，體無而用有，無以生有。」見氏著：《才性與玄理》（臺北：臺灣學生書局，1989 年），頁109。又曰：「無不遺有，有不離無。以體用言之，體不遺用，全體是用，用不離體，全用是體。聖人體無而言有，禮樂教化皆有也，亦皆體之用也。」前揭書，頁79。湯錫予則說：「由一成動成多，是即體以成用也。用即現象，一即本體。」見氏著：《魏晉玄學論稿》，收於《魏晉思想：甲編五種》（臺北：里仁書局，1984 年），頁68～73。湯一介亦襲父說，見氏著：《在非有非無之間》（臺北：正中書局，1995 年），頁51～54。

以「道」及得道之聖人而言，乃「以無爲體」、「以無爲用」〔註2〕，亦即道與聖人的道德特性、層次境界及行爲方式皆表現爲最高境界的「無」，其道德特性爲虛靜自然，其行爲特性則是「不禁其性，不塞其原」的因任隨順。至若未臻道境之存有，則必「以有爲體」、「以有爲用」：倘若著於「仁」，則是「以仁爲體」，此時的行爲特性即是「以仁爲用」；若所見只「義」，則是「以義爲體」，此時的行爲特性亦是「以義爲用」。〔註3〕

自僧肇（384～414）、伊川以降，雖然每位思想家在體用關係的釐定及體用思想的運用範圍上有所不同，然對此組概念之所指〔註4〕則顯現出大方向的一致性：體爲所以然之本體，用爲肇自於此本體的作用，唯此「作用」包羅甚廣，舉凡活動流行、功效境界、成果現象，莫不是由本體的作用所成，莫不是此本體的作用，皆爲用範疇之所指〔註5〕。船山體用範疇之內涵是否亦繼承此思想傳統呢？《周易外傳・繫辭上》：

> 無車何乘？無器何貯？故曰體以致用。不貯非器，不乘非車，故曰用以備體。……所自生者肇生，所已生者成所生。〔註6〕

〔註2〕 魏・王弼：《老子注》三十八章，樓宇烈校釋：《王弼集校釋》（臺北：華正書局，1992年），頁93。

〔註3〕 關於王弼「體用」義之內涵及詳細論證，請參拙著：〈王弼「體用」義詮定〉，《臺灣東亞文明研究學刊》6：1（2009年6月），頁161～202。

〔註4〕 「能指」爲符號形式，「所指」爲寓涵於符號形式中之意義：只有在具體的語境中，所指方可相對地明晰與確定。參見張立文：《正學與開新——王船山哲學思想》，頁91。

〔註5〕 「本體」二字在哲學思想中雖具形上學意義，而以「發生原因」、「發生根源」爲其所指，然並不意謂其必爲形上的存有：將「本體」二字拘限爲形上的存有，乃是對「本體」及「形下」二概念之哲學意涵的同時限縮。是以朱子亦嘗以形下之事物爲體，物理之發現爲用，與其體用思想並無扞格。宋・朱熹著，黎德靖編：《朱子語類》（臺北：華世出版社，1987年），卷六，頁102：「譬如這扇子，有骨、有柄、用紙糊，此則體也；人搖之，則用也。如尺與秤相似，上有分寸星銖，則體也；將去秤量事物，則用也。」
唐崔憬以形下之器之物爲體，形質之妙用爲用，亦未悖離「本體、作用」意義下的思維模式。崔憬曰：「凡天地萬物，皆有形質，就形質之中，有體有用。體者，即形質也；用者，即形質上之妙用也。言有妙理之用，以扶其體，則是道也。其體比用，若器之於物，則是體爲形之下，謂之爲器也。假令天地，圓蓋方軫，爲體爲器，以萬物資始資生，爲用爲道。動物以形軀爲體爲器，以靈識爲用爲道。植物以枝幹爲器爲體，以生性爲道爲用。」見清・孫星衍纂：《周易集解》（臺北：臺灣商務印書館，1966年），頁607引。

〔註6〕 《周易外傳》，頁1023。

體爲用之「所自生」，用爲體之「所生」，猶如車可乘、器可貯，貯因器有，乘由車致，車、器爲體，乘、貯爲用，體可謂爲用的發生原因。因此，船山以用爲體之「然」：

> 孩提愛親，長而敬兄，天高地下，迪吉逆凶，皆人以爲自然者也。
>
> 自然者，絪縕之體，健順之誠，爲其然之所自，識之者鮮矣。〔註7〕

「然」即作用、功效、結果之謂，愛親、敬兄，乃至天高地下，皆絪縕之體、健順之誠的作用及呈象。以用爲「然」，則依概念之習，體則是用的「所以然」；故船山言「絪縕之體，健順之誠，爲其然之所自」，「然之所自」即是「所以然」，亦即爲「然」的發生根據及原因。船山在《讀四書大全說》中，正式揭示體用爲「所以然」與「然」的關係：

> 形而下者只是物，體物則是形而上。形而下者，可見可聞者也；形而上者，弗見弗聞者也。如一株柳，其爲枝、爲葉可見矣，其生而非死，亦可見矣。所以體之而使枝爲枝、葉爲葉，如此而生，如彼而死者，夫豈可得而見聞者哉？〔註8〕

「天之所以天，地之所以地，人之所以人」〔註9〕，船山除將體用界義爲「所以然」與「然」之關係，更說明了「所以然」對「然」的決定範圍至少可表現在「然」的發生（有枝有葉）、展現（枝爲枝、葉爲葉），與活動（如此而生，如彼而死）三方面。換言之，體決定了用的存在、功效現象及運動方式。就此角度而言，體亦可謂爲用之「主」〔註10〕。唯須注意者，此「主」字不與「從」字對，而應與「發」字對〔註11〕。此種對應關係，船山更常使用的詞彙爲「德」、「功」：

> 德爲體，功爲用；天下無無用之體，無無體之用。〔註12〕
>
> 乾自有其體用焉：元亨利貞者，乾固有之德，而功即於此遂者也。〔註13〕

「德」字的使用指涉了「體」範疇的本質義及對「用」的規範義，相對於此，「功」則是體的發用與流行。以《易・文言》「利貞者，性情也」之記載爲基

〔註7〕 《正蒙注》，頁74～75。

〔註8〕 《讀四書大全說》，《船山全書》第六冊，頁504～505。

〔註9〕 《周易外傳》，頁983。

〔註10〕 《四書訓義》，《船山全書》第七冊，頁171：「夫用之貴也，有其主，……體之隱也，有其實。」

〔註11〕 關於「發」之確義，詳見本章第五節。

〔註12〕 《讀四書大全說》，頁804。

〔註13〕 《周易內傳》，頁43。

礎，船山遂逕以「性情」、「功效」說明德功體用之蘊：

> 性情者，其所自據之德；功效者，見德於物也。〔註14〕

> 用有以爲功效，體有以爲性情。〔註15〕

「既已有其性情，遂以有其功效」〔註16〕，「性情」包羅亦夥，本質、特性、內容等皆可以性情形容之；「功效」涵蓋至廣，作用、活動、現象、境界無不繫屬之。以《易》爲例，乾性剛，功效爲健；坤性柔，功效爲順；「性情」、「功效」作爲所以然與然的具象化說明，其旨實與「本體」、「作用」無殊。

此外，以德爲性情，以功爲效用，亦暗寓了體用範疇在指稱向度的側重。「功效者，見德於物也」，功效多爲可知感者，且多落於事象上見，故船山又有「體用以德業異迹」之說明〔註17〕；「業」字的使用，固已強調了「用」可爲人知感的經驗界特質。就運動狀態的顯著程度而言，「功」、「用」、「業」皆表現出較強的活動義，「體」、「德」、「性情」則顯示了較昭著的存有義。

綜上所述，船山之體用概念可初步論述如下：

1. 體爲用之所自，而可以「本體」一詞詮釋其所指。「本體」意指發生根據及原因，乃是「用」之所以發生及存在的根由，不必限指於形上道體或宇宙本原。用爲體之所生，而可以「作用」一詞涵蓋其意義，舉凡活動流行、成果現象、功效境界、工夫屬性等盡皆屬之。

2. 體爲用之所以然，用爲體之然；所以然對然的規定至少表現在然的發生、呈象與活動三方面。

3. 一言以蔽之，體爲用之「緣起」〔註18〕；體以「推原」言，用以「功用」言。

4. 就存有之實在及活動二觀照面向而言，體突顯其存有義，用朗現其活動義。

大體而言，船山體用範疇之基本定義及內涵殆與前儒無殊，但在體對用的規定內容及範圍上，的確顯現出更自覺且明晰的思路，此亦爲思想的進展之迹。在下文的層層論析中，此轍痕的延伸方向將更清楚地浮現。

〔註14〕《正蒙注》，頁56。
〔註15〕《周易外傳》，頁861。
〔註16〕前揭書，頁856。
〔註17〕前揭書，頁1024。
〔註18〕《正蒙注》，頁287。

第二節　概念的對應之一：體用與隱顯

一、隱顯與有無

　　伊川在其著名的「至微者，理也；至著者，象也；體用一源，顯微無間」〔註19〕之論述中，將體用與微顯二組概念作了對應，而以「體隱用顯」爲對應之範式〔註20〕。或許並不是所有的理學家皆贊同「體隱用顯」的對應模型〔註21〕，但「體用一源，顯微無間」命題的合理性與眞確性幾乎獲得後世理學家一致的認同。〔註22〕

　　伊川「體用一源，顯微無間」命題的重要性可由兩點加以說明：

　　其一，在儒學系統中，此乃首度以簡潔、明確且極富哲學深度的語言宣示了體用在價值與意義上的齊一，此說不僅通貫了天人性命，亦爲現象界的眞實無妄提供了堅強的基礎。

　　其二，如同橫渠言幽明不言有無，伊川標舉微顯，就哲學理論而言，不僅有效地解消了釋氏之空與道家之無，甚至可說是極巧妙地的吸收、涵融了釋道二家極具幽邃意趣的玄思洞觀。在中國思想史上，直可謂理學對釋道的創造性轉換與批判性繼承。〔註23〕

〔註19〕宋・程頤：《易傳・序》，宋・程顥、程頤：《二程集》（臺北：漢京文化事業有限公司，1983年），頁582。

〔註20〕參見拙著：《王弼及程頤易學思想之比較研究》（臺灣大學：中國文學研究所碩士論文，1983年），頁131～143。

〔註21〕以推尊伊川之朱子爲例，即認同亦可以「體」說明形下之事物，「體」既可彰明形下之存有面向，則非隱而必顯。除見本章註5所引文字外，朱子另有「耳便是體，聽便是用。目是體，見是用」等語。見《朱子語類》，卷一，頁3。

〔註22〕朱子、陽明皆曾引述此命題，並以各自之體會對該命題進行詮解。如宋・朱熹：〈答呂子約〉，《朱熹集》（成都：四川教育出版社，1996年），頁2333～2334；〈易寂感說〉，前揭書，頁3516。明・王守仁：《語錄一》，《王陽明全集》（上海：上海古籍出版社，1992年），頁31。

〔註23〕會通儒道思想之努力自漢桓譚《新論》、嚴君平《道德經指歸》已有之，至魏晉而極盛，迄唐而不衰。參見朱伯崑：《易學哲學史》（臺北：藍燈出版社，1985年），卷一，頁186～190。然此會通儒道之方式又可分爲二：一者貌尊儒而實宗老，此可以王弼「聖人體無，無又不可以訓，故言必及有；老、莊未免於有，恒訓其所不足」爲詮徑代表。王弼語出南朝・宋・劉義慶著，徐震堮校箋：《世說新語校箋》（臺北：文史哲出版社，1989年），頁107。一者欲以儒學涵融老氏之有無玄思，可以孔穎達「易之三義，唯在於有，然有從無出，理則包無」爲努力方向。孔穎達語出《周易正義・序》，《十三經注疏》

上述二層意義，船山知之甚悉，且極力加以闡論。唯船山特尊橫渠，是以在有無視域的轉移上亦推橫渠爲首功：

> 言幽明而不言有無，張子。至矣！〔註24〕

雖然如此，船山行文論闡多以隱顯爲成詞，較少使用幽明二字〔註25〕。然則船山之體用與隱顯之間的對應關係如何？是否更有推進？讓我們先確定船山對隱、顯所定立之界義。

二、存在事實及開顯狀態

船山曾對形上、形下與有形、無形的關係進行說明：

> 形而上者，隱也；形而下者，顯也。〔註26〕
>
> 形而上者，亦有形之詞，而非无形之謂。〔註27〕
>
> 形而上者，非无形之謂。既有形矣，有形而後有形而上。无形之上，互古今，通萬變，窮天窮地，窮人窮物，皆所未有者也。〔註28〕

由以上引文，可清楚得知船山之意：形而上者爲隱，形而下者爲顯；形而下自是有形者，然形而上卻非無形，而仍爲有形之詞。船山不只予形而上者一迥異於前儒的形質規定，甚且指出天地之間、古往今來，根本沒有所謂「無形」的存在。是以不論隱顯，亦皆有形者也。

包含抽象存在的一切存有俱是有形，此論點在哲學上儘可成立；啓人疑竇之處不在於此論點的論述難度，而來自於船山自身的矛盾。在《讀四書大全說》中，船山明確地指出：「理無形」，「天無形也」〔註29〕，則豈非與「無形之上，互古今，通萬變，窮天窮地，窮人窮物，皆所未有者也」相扦格？

要溝合船山狀似矛盾之立說，必得先了解「無形」之確指。船山曾表示：

（臺北：藍燈出版社，無出版年）第一冊，頁4。當然，宋明理學家定不認爲己學有取於佛老或溝合佛老之處。雖然如此，竊以爲伊川「體用一源，顯微無間」概念之提出，除伊川個人的體貼之外，當有得於《易‧繫辭》「幽明之故」與孔穎達「理包有無」說之啓發。

〔註24〕《思問錄》，頁410。

〔註25〕關於船山對隱顯概念的強調及以隱顯取代有無之哲學意義，陳贇先生有精闢的說明，參見氏著：《回歸真實的存在——王船山哲學的闡釋》（上海：復旦大學出版社，2002年）第一章〈從有無到隱顯：哲學範式的轉換〉。

〔註26〕《讀四書大全說》，頁490。

〔註27〕前揭書，頁505。

〔註28〕《周易外傳》，頁1028。

〔註29〕《讀四書大全說》，頁549、637。

天地之所以爲道者,直無形跡。〔註30〕

跡者,可見之形也;無形跡者,無形跡之可見者。「理無形」、「天無形也」之「無形」乃指理、天無可爲人知見之形迹,而非眞正的無形。在此,我們可以歸納出船山對「形」字的兩種不同使用意義:

其一:「形」指形迹,亦形之可爲人知見者。「有形者」即其形迹可爲人知見,此謂之「顯」;「無形者」即其形迹無法爲人知見,此謂之「隱」。此脈絡下之「有形」、「無形」與「顯」、「隱」等義,皆是對存有「開顯狀態」的說明;換言之,形上形下的分別,其實只在分梳存有隱顯不同的存在狀態而已。因此,船山又說:

形而下者,可見可聞者也;形而上者,弗見弗聞者也。〔註31〕

依據中國哲學的用詞慣性,「聞見」二字乃涵蓋知感,而爲所有感官經驗的統稱。見聞之可得知感與否,乃是存有或爲隱或爲顯、或有形或無形的最重要原因。是故,船山更明白指出:「無形,非無形也,人之目力窮於微,遂見爲無也。」〔註32〕

其二:有別於對存有「開顯狀態」的說明,「形」另負擔了對存有「存在事實」的詮釋任務。此意義下之「形」,即「存在」、「實在」之意〔註33〕,必欲求諸船山的哲學語彙,則可以作爲名詞的「有」詮說之。「有」即實存、實在。當船山高揭「形而上者,亦有形之詞,而非無形之謂」,當船山宣示「無形之上,亙古今,通萬變,窮天窮地,窮人窮物,皆所未有者也」時,其「有形」、「無形」之實指蓋爲「實存」、「不存在」之義,目的乃在說明存有的「存在事實」。

換言之,對船山而言,只有無法爲人知見的存有,或未爲人完成及實現的存有,而沒有不存在的存有。「無形」二字容易造成理解上的糾纏,是以船山又以較顯豁的「未有形」來說明「隱」之義:

有形未有形,有象未有象,統謂之天。〔註34〕

「未有形」(尚未能爲人所知見)宣告著轉化爲「有形」(可爲人所知見)的可能性,亦昭著其雖未形而實有的存在事實。存有無法爲吾人所知感者,即

〔註30〕前揭書,頁567。

〔註31〕前揭書,頁505。

〔註32〕《正蒙注》,頁505。

〔註33〕以船山之哲學系統而言,此意義脈絡下之「形」即「氣」,盈天地間皆氣也,故皆有也,皆是實存。詳見本書第三章第二節。

〔註34〕《讀四書大全說》,頁459。

該存有尚未向吾人展示、開顯其自身。然不論存有是否向吾人開顯，皆不影響存有之實有、實在、實存。是以船山表示：

> 見者爲明，而非忽有；隱者爲幽，而非竟無；天道人事，無不皆然。
> 〔註35〕

由未有形而有形，乃是由隱而顯的開顯狀態之異，並非存在事實的改變；「凡言隱者，必實有之而特未發見耳」〔註36〕，故顯、明非「忽有」，隱、幽非「竟無」。

以此洞察及理解出發，船山全面檢視了「有」、「無」概念的合理性：

> 吾目之所不見，不可謂之无色；吾耳之所不聞，不可謂之无聲；吾心之所未思，不可謂之无理。以其不見不聞不思也而謂之隱，而天下之色有定形、聲有定響、理有定則也，何嘗以吾見聞思慮之不至，爲之藏匿于无何有之鄉哉！〔註37〕

常俗所以爲之「有無」，實爲「隱顯」而已，而之所以會混同「有無」及「隱顯」範疇的分際，則因無法明晰地釐辨「存在事實」與「開顯狀態」的概念領域。

依船山思路，一切存有只有或隱或顯的存在狀態之別，而沒有存在與否的問題。如同《易經》六十四卦、三百八十四爻，卦卦爻爻皆是陰陽具足，只有嚮背，沒有生滅，天道人事亦只「有隱現，而無有無」。〔註38〕

「有」是「存在」，「無」是「不存在」，天地間何來不存在的存在？不存在的存在已自面臨邏輯上的困難，遑論實存於天地間的可能性。既然如此，「無」的概念如何產生？在船山的思想體系中，又將如何安置並解釋「無」呢？以下即對此問題進行討論。

三、有與無

船山在《思問錄‧內篇》中嘗指出：

> 言无者激于有者而破除之也，就言有者之所謂有而謂无其有者也。天下果何者而可謂之无哉？……言者必有所立，而後其說成。
> 〔註39〕

〔註35〕《周易內傳》，頁255。
〔註36〕《讀四書大全說》，頁490。
〔註37〕《船山經義》，《船山全書》第十三冊，頁666。
〔註38〕《周易內傳》，頁84：「陰陽有隱現，而無有無」。
〔註39〕《思問錄》，頁411。

船山在此段論述中，展現了極強的思辨力。若說老子以宇宙萬物之生成順序為「天下萬物生於有，有生於無」(《老子》40章)，那麼船山即主張有無概念的發生順序為「無生於有」，因此，船山遂直言「無之本有」。〔註40〕

「無」即是「沒有」，「沒有」之所以可為人理解，乃是建立在對「有」的認知及了解上。「有」的對反，即是「沒有」，沒有此「有」，是為「無」。不論在語言、概念或現實領域，吾人皆只能藉「有」以界說「無」，絕無法由「無」來詮釋「有」。舉例而言，道家以無形、無象、無聲說明道體的形式特性時，必因形、象、聲等概念已為人充分理解，故得以此理解為說明基礎，運用負面表列的方式使無形、無象、無聲之概念成為可論述及可被理解者。在確定「有某物」之前，絕不可能理解並說明「沒有某物」的概念及現象；換言之，我們絕不可能先建構一個不存在的概念，再據此概念來說明何為存在。船山「無之本有」的立說根據即肇建於此。

我們如何可以說明「沒有X」，在說明「何為X」之前？我們如何可以發現現象界中沒有X，在X之概念獲得理解之先？因此，雖然高下相生、難易相成，但在「有無」此組相對概念中，卻存在著概念先行的不易真理：有為無的先行概念。「無」只能以「有」的對反之姿存在於概念與現象界，而不可能獨立不與；絕對性與超越性的「無」是根本不可能存在的。〔註41〕

推而極之，一旦言「無」，其實已自確立了「有」；「無」的出現，恰恰只為「有」的存在提供證明。故船山有言：

　　　　既可曰无矣，則是有而无之也。〔註42〕

在船山的思想體系中，絕對之無沒有立足之地，「不存在的存有」是不可說明

〔註40〕《正蒙注》，頁364。

〔註41〕此處之論述蓋順著船山思緒所進行的說解。老莊對絕對而超越之「無」的認取，乃是以直觀方式「穿透」現象萬有的冥思玄智，而非透過邏輯思辨的層層推演而得。因此，就老莊的思想系統而言，絕對性與超越性的「無」原不須有任何認取時的依傍，且是真實而活潑的根源實有。

觀船山《老子衍》、《莊子通》、《莊子解》等撰著，船山對老莊道體其實並非毫無契悟；尤其對莊子的生命境界，船山更頗有相應於心的深層理解。但為嚴守儒家立場，為聖學、異端「判教」，船山常刻意且自覺地扭曲老莊的意旨，將老莊思想單線化、淺薄化、格式化。同樣的情形也發生在船山對佛學的批評上，其實觀船山的《相宗絡索》，又豈對佛學教義真完全鄙薄且一無所知！船山天資超拔，領略各家思想精髓實非難事。船山在扭曲釋氏老莊的同時，其實也因儒者的強烈使命感而自覺地移轉著自己的認知。

〔註42〕《正蒙注》，頁415。

且不可理解的,「無」的眞義其實只是「有」的對反,無只有相對義,而不可能有超越性及絕對義。

基於相同的思維模式,船山對形上、形下名稱之所致亦提出了進一步的解釋:

> 形而上者隱也,形而下者顯也。纔説箇形而上,早已有一「形」字爲可按之跡、可指求之主名。〔註43〕
>
> 器而後有形,形而後有上。〔註44〕

猶如有爲無的先行概念,形上、形下之名亦以「形」爲先行概念。所謂的上下隱顯,皆因與形的對勘而得名;沒有「形」,形上、形下之概念皆無由建立。是以纔説箇形而上,「形」之實存已自獲得證明,形而上之立名乃因其開顯狀態爲「隱」,即使如此,其存在事實固已由一「形」字顯現。

由上所述,船山形上之隱與形下之顯義甚明矣:隱顯皆有,皆是存有的開顯狀態,而其決定標準,蓋在於能否爲人所知見。隱顯既是同一存有的不同開顯狀態,故雖有可見與否之別,卻無本質與價值之殊;上下之名既皆因形而立,自亦無高低之判,上不必貴於下,下不必賤於上,形上與形下實具有同等的重量。至若二者之合理性與眞實性,固已透過「形」字而獲得保障。

四、體未必隱,用未必顯

「天之所以天,地之所以地,人之所以人」,「所以體之而使枝爲枝、葉爲葉,如此而生,如彼而死者,夫豈可得而見聞者哉!」當「體」被界義爲「用」的形上所以然原因時,體隱而用顯,此固不待言。事實上,對伊川來說,「體」所指涉的內容即限鎖爲形上的所以然原因,其範疇乃在陳示存有的超越面向,而與用的形下活動義分途。

然如同崔憬、朱子等人同意將形體等現象存有亦視爲器物得以作用之原因,船山的本體概念亦未畫地自限,將形下之顯排除在外。最明顯的例子,即是「耳目口體」與「視聽言行」間的體用繫連:

> 夫手足,體也;持行,用也。〔註45〕

耳目口體爲視聽言行的發生依據,是爲視聽言行之體,而其有形有象固明

〔註43〕《讀四書大全說》,頁490。
〔註44〕《周易外傳》,頁1029。
〔註45〕《讀四書大全說》,頁452。

矣。由此可知，船山的體用思想中，體未必爲隱，端視其指代之存有可否爲人所知見而定。依此類推，用亦非必顯著可見者。以天地爲例，天圓地方爲體，剛健柔順爲用，天圓地方可知見聞感，剛柔健順則難以目測，故此意義下之「黃壚青天，用隱而體不隱」〔註46〕。亦即因此，「體可見，用不可見」〔註47〕之論述方得成立於船山之思想中。

如前所述，船山以「形」爲最眞實的存在，以「有」爲最根本的概念，形物、器有在船山的思想體系中因此具有「無僞」的崇高地位，甚且可作爲「无妄」之「誠」的說明及證據；形、有、誠三概念遂常以詮釋的循環之姿出現在船山的論述中：

> 誠則形，形乃著明，有成形于中，規模條理未有而有，然後可著見
>
> 而明示于天下。……无形者，不誠者也；不誠，非妄而何！〔註48〕

「形體」之有固已昭示了存在的事實，而存在事實的確立又是「无妄」之「誠」的具象。職是之故，船山雖認同「形體」亦可成爲作用的本體，然此思維方式及詮釋進路並未矮化本體的高度，亦未削減體用範疇的哲學意味，且反因如此，體用範疇有了更開闊的內涵。

當「體」表現爲形下之現實根據時，是顯；當「體」寓指形上所然之因時，爲隱，此義固甚昭明。然則用非皆發於外者乎？豈有隱幽之時？

依船山之理解，持行固爲手足之用，然當手未持、足未行之時，自是體見而用不見，體顯而用隱；亦即用並未向吾人開顯其自身，是以吾人不得見聞其存在。然未有形者非無形，未開顯者非無實在，此情形固不僅成立於概念存有，更時見於現象界中。對此狀況，船山稱之爲「不著」：

> 忠亦在應事接物上見。無所應接時，不特忠之用不著，而忠之體亦
>
> 隱。〔註49〕

一如手有不持、足有不行之情形，當人未應事接物之時，忠之用即不得顯發，不得顯發故而爲隱；然此時之用只是「不著」，而非「不存」，更非「無有」。此處之「用」除「作用」義外，亦表現出一「能力」的指涉向度。

然忠不同於手足者，在於手雖未持、足雖未行，皆不影響其體之顯；而

〔註46〕《周易外傳》，頁947。

〔註47〕「體可見，用不可見：川流可見，道不可見」，《讀四書大全說》，頁734。關於此段論述之詳細分析，見本章第八節。

〔註48〕《思問錄》，頁422。

〔註49〕《讀四書大全說》，頁636。

忠之用一旦不著，其體則隨之而隱背不見。此蓋因手足爲形下之存在，其存在狀態固已是顯；忠爲性德，性德爲形上之存有，其存在狀態本即爲隱。雖則爲隱，忠之體畢竟存於君子之心，分明具在，於旁人爲隱，於己自是反身能見。是故船山又說：

> 者所盡之己（按：即「忠」），雖在事物應接處現前應用，卻於物感未交時也分明在。和非未發時所有，中則直到已發後依舊在中，不隨所發而散。〔註50〕

喜怒哀樂未發之時，發皆中節之體固自具在，特以未發而隱耳。

「天下無無體之用，無無用之體」，此乃就存在事實而言；然若就開顯狀態論之，則固有體隱用顯、體顯用隱、體用俱隱、體用俱顯等不同狀況。就性德而言，用的著與不著除取決於應事接物的客觀條件外，主體的能動性與實踐力亦是決定體用開顯的重要原因。船山故言：

> 且夫道何隱乎？隱於不能行、不能知者耳。騖於費而遺其全，日由其一端而已因，將謂子臣弟友，鬼神禮樂之四達也，必有變通之密用出於形器之表。離乎費以索其眞，欲遇其全體而不得，將謂喜怒不形，睹聞不及之至無也。……如是而謂之隱，誠隱也，而果隱也乎哉？不能知、不能行者之杳芒而无可親，知之行之者歷然而可據者也。〔註51〕

不能知，弗見弗聞也；不能行，不能踐履實現也。對體之在物者，多因不能知而覺其隱，此爲認識論領域的不足；對體之在己者，多以不能行而令其隱，此爲倫理學範圍的失陋。不知不行自杳芒無親，杳芒無親遂謂體爲無；知之行之則歷然可親而見費之用、隱之體。船山體用顯隱之判豈徒具思辨旨趣，其中得無道德實踐與倫理境界之工夫大義哉！

第三節　概念的對應之二：體用與動靜

王弼雖未就體用與動靜二組概念之對應狀況作過說明，然由其以「道德特性」、「行爲特性」爲體用範疇之所指，固可推出類似「體靜用動」的結論。之所以保留地說「類似」，蓋因「用形」、「用仁」、「用義」等「以有爲用」的

〔註50〕前揭書，頁640
〔註51〕《船山經義》，頁665。

作爲固然是動;但「用不以形,御不以名」、「不禁其性,不塞其源」等「以無爲用」者卻是大靜、至靜的展現,其高度蓋與天地之心等。是以依輔嗣之學術向度,當不能毫無保留地贊同此說法。

王弼之後的儒學家則因思想架構與價值歸趨之異而無此顧慮,是以大多數的哲人皆以「體靜用動」爲不言自顯的眞理〔註52〕。最常被用來說明體用動靜間的對應及連繫者莫如「寂然不動,感而遂通」與「上天之載,無聲無臭」、「維天之命、於穆不已」。對此思想傳統,船山固無異說,體靜用動的對應觀念亦時常出現於其論述中:

> 道自在天下,而以喻諸吾心者,爲靜可爲體、動可爲用之實。〔註53〕

「動其用,⋯⋯靜其體」〔註54〕,「體靜而用動」〔註55〕,以動靜說明體用不同的活動狀態雖同於前儒,然因船山之動靜觀蓋有異於前修之處,影響所及,亦使其體靜用動說產生了不同的內涵與意趣。

繼承前哲的思維路向,船山亦將動靜分爲絕對之動靜與相對之動靜。相對之動靜意指不同的活動狀態,爲一般意義的動靜。絕對之動靜則指涉著價值歸趨,亦展現爲一倫理境界;在此層次上,儒道分途:儒尊動、道主靜。以〈復〉卦初九「復其見天地之心」的詮解爲例,王弼以「靜」爲天地之心〔註56〕,伊川以「動」爲天地之心〔註57〕,展現出迥然不同的學術性格。在絕對價值層上,船山亦以動爲天地之常,《周易內傳・復》:

> 夫天清地寧,恒靜處其域而不動,人所目視耳聽而謂其固然者也。若其忽然而感,忽然而合,神非形而使有形,形非神而使有神,其靈警應機,鼓之盪之於無聲無臭之中,人不得而見也。乃因其耳目之官有所窘塞,遂不信其妙用之所自生,異端之愚,莫甚於此。〔註58〕

按:此段議論目的乃在駁王弼以靜爲天地之心說。船山認爲:天地恒處其域而不動,此僅爲人受限於目力所得到的錯誤印象。實則「兩間皆陰陽」〔註59〕、

〔註52〕 不以體爲靜、用爲動之哲人,可以陽明爲代表。陽明說:「人的本體常常是寂然不動的,常常是感而遂通的。」見《語錄三》,《王陽明全集》,頁122。
〔註53〕 《讀四書大全說》,頁722。
〔註54〕 《尚書引義》,《船山全書》第二冊,頁263。
〔註55〕 《正蒙注》,頁16。
〔註56〕 王弼:《周易注》,《王弼集校釋》,頁336~337。
〔註57〕 程頤:《易傳》,頁124。
〔註58〕 《周易內傳》,頁228。
〔註59〕 《周易外傳》,頁1003。詳見本書第三章第一節。

「天地間只是理與氣」〔註60〕，陰陽二氣或未有形，然天地萬物莫非由此二氣鼓盪往來而生成，此之謂「妙用」。妙用來自生生，生生即是不息之動。「維天之命，於穆不已，何靜之有！」〔註61〕輔嗣囿於耳目之窘塞，不能以心察識體貼陰陽二氣不息之升降流行，遂以靜爲天地之心；伊川則清明燭照，以動之端爲天地之心。對伊川「以動爲天地之心」的洞見，船山極爲推崇：

> 程子曰：「先儒皆以靜爲見天地之心，不知動之端乃天地之心。」非知道孰能識之！卓哉其言之乎！〔註62〕

一般人受限於耳目，以隱爲無有，遂以天地爲不動而至靜。在此，我們可注意到船山動靜與隱顯概念的結合：「動」或隱或顯，其隱顯狀態的判定標準並不完全源於自身，而半建立於觀察者的洞識能力，愚者以動之隱爲寂然靜止，智者則知動雖隱而非不動。故就可否爲人察識此一角度而言，天地之動於愚者爲隱，於智者爲顯；然不論觀察者是否有洞若觀火之智，動者恆動，曾無靜止之一日。對船山而言，絕對的靜並非不存在，但不可作爲價值與歸趨，且根本是錯誤的人生方向。因爲絕對的靜意謂著完全的息止，船山稱之爲「廢然之靜」：

> 一動一靜，闔闢之謂也。繇闔而闢，繇闢而闔，皆動也。廢然之靜，則是息矣。「至誠无息」，況天地乎！「維天之命，於穆不已」，何靜之有！……時習而說，朋來而樂，動也。人不知而不慍，靜也，動之靜也。凝存植立即其動。嗒然若喪其偶，靜也，廢然之靜也。……
> 人莫悲于心死，莊生其自道矣乎！〔註63〕

「時習而說，朋來而樂」爲動，「人不知而不慍」爲靜，此乃相對的動靜。天地生生，爲絕對之動；「嗒然若喪其偶」爲絕對之靜，亦即「廢然之靜」。就船山之價值觀而言，絕對之靜意謂著生命及世界的停滯與僵固，莊子的坐忘實乃心死，而只爲塊然而廢然的存在：

> 動豈可終息者哉！使終息之，而槁木死灰之下，心已喪盡。心喪而形存，莊周所謂「雖謂之不死也奚益」，而不知自陷其中也。〔註64〕

廢然之靜非但無法突顯價值，且將泯滅價值。天地以動爲常，二氣生生不息，世事亦瞬息萬移，變動不居。君子身居天地之間，既效法天體自強不息之剛

〔註60〕 《讀四書大全說》，頁549。詳見本書第三章第二節。
〔註61〕 《思問錄》，頁402。
〔註62〕 《周易內傳》，頁228。
〔註63〕 《思問錄》，頁402～403。
〔註64〕 《周易內傳》，頁228。

健，更在無日或止的動中展現價值、樹立生命的莊嚴：

> 知吉凶悔吝之生乎動也……則天下日動而君子日生，天下日生而君
> 子日動。動者，道之樞，德之牖也。〔註65〕

天地無時而不動，世事無刻而不移，而吉凶悔吝生乎動，是時時刻刻皆有吉
凶悔吝也。船山釋《易》，以吉凶悔吝爲客觀的時位際遇，而非主體的行爲結
果。人雖不能無吉凶悔吝之時，然恒有因應吉凶悔吝之道。「悔者吾行之幾也，
吝者吾止之時也」，〔註66〕如理合義地因時遇以定行止，以貞常不變的道德堅
持因應變化莫測的世局，即是主體對際遇的主持及超越：

> 道不可疑，義不可避，幾不可逆，時不可違，恒有所奉以勝之。……
> 惟其貞也，是以无不勝也。……當其吉，不得不吉，而固非我榮；
> 當其凶，不得不凶，而固非我辱。〔註67〕

吉凶悔吝爲動之必生，不能避亦不當避。正所謂君子固窮，小人窮斯濫矣，
吉凶悔吝正是君子檢驗自己、成就道德之時，是以船山以動爲「道之樞、德
之牖」。此亦即儒門所倡言的「義命」：唯義是命，時當否而泰，際當窮而達，
非義也，君子不居焉。

以上爲船山絕對之動靜義，船山既以體靜用動標目，則此標目下之動靜
自不可能爲絕對義，否則體將淪爲廢然之體，未持行之手足「隱而實動」更
不成說。是故體靜用動之動靜必得於相對範域見義。

船山曾指出：「靜者靜動，非不動也」，〔註68〕「動靜皆動也。纔動之靜，
亦動也」。〔註69〕凡此類說法之目的其實皆在突顯動之絕對義，由此亦可見出
相對義下的動靜範疇：纔靜而動，纔動而靜之動靜即屬相對常義。

「物極必反」之說由來已久，「動極而靜，靜極復動」〔註70〕即由物極必
反概念衍生而出的思維。對此類說法，船山以清明的思辨論斥其破綻：

> 則兩間之化，人事之幾，往來吉凶，生殺善敗，固有極其至而後反
> 者，而豈皆極其至而後反哉！……待動之極而後靜，待靜之極而後

〔註65〕《周易外傳》，頁1031～1033。
〔註66〕前揭書，頁1031～1032。
〔註67〕前揭書，頁1032。
〔註68〕《思問錄》，頁411。
〔註69〕《讀四書大全說》，頁1052。
〔註70〕宋·周敦頤：《太極圖說》，《周敦頤集》（北京：中華書局，1990年），頁3：
「無極而太極。太極動而生陽，動極而靜；靜而生陰，靜極復動。」

動，其極也唯恐不甚，其反也厚集而怒報之，則天地之情，前之不
恤其過，後之褊迫以取償，兩間日搆未有寧矣。此殆夫以細人之衷
測道者與！⋯⋯今云亂極而治，猶可言也；借曰治極而亂，其可乎？
亂若生于治極，則堯、舜、禹之相承，治已極矣，胡弗即報以永嘉、
靖康之禍乎？⋯⋯陰陽動靜，固莫不然。⋯⋯故曰動靜無端。待其
極至而後大反，則有端矣。〔註71〕

世上雖存在極至而後反之情況，但「物極必反」畢竟不是普遍的現象，故不可
將之視爲天地運行的常則。倘物極必反具普遍、絕對義，存有的主體性必將大
爲喪失。所有存在皆是不由自主地被推向極點，全然失去反省或決定生命走向
的能力，努力不只無謂，甚且是不智的；至於另一相對的存在則是虎視眈眈地
在極點等待絕地反撲，準備開始自己的進程。如此的相敵相仇豈會是天地之情？

此外，物極必反意謂著極點的存在。極點是二存在的交接處，故而爲彼
之終、此之始。此種理解完全悖離「動靜無端」的概念，且意指著有動無靜、
有靜無動的必然。最後，睽諸歷史，堯、舜、禹之後何曾踵之以永嘉、靖康？
以情理度之，治極而亂固難令人信其可能。〔註72〕

船山以對物極必反思維的檢討出發，論述了「動極而靜，靜極復動」的
理論缺失，亦強調了動靜之間原不存有接榫點。然則，動靜以何方式並存於
天地間？

《周易》六十四卦、三十六體，或錯或綜，疾相往復，方動即靜，
方靜旋動，靜即含動，動不舍靜，善體天地之化者，未有不如此者
也。〔註73〕

夫行止各因時以爲道，而動靜相函，靜以養動之才，則動不失靜之
體。〔註74〕

「動之與靜，⋯⋯相爲體用，而無分於主輔」〔註75〕之因蓋以靜中含動、動
不捨靜故。在相對的範域中，靜獲得與動同等的位階與價值，而與動以相涵

〔註71〕《思問錄》，頁430～431。
〔註72〕船山對濂溪「動極而靜，靜極復動」之「原意」另有不悖己身思想脈絡之詮
發，見本書第三章第一節。此處「細人」之見殆指以「物極必反」義詮發濂
溪之說者。
〔註73〕《思問錄》，頁430～431。
〔註74〕《周易內傳》，頁420。
〔註75〕《讀四書大全說》，頁423。

的方式緊密地依存於天地間。「相涵」意指二者非平行的並存，亦非由上而下的單線通貫，也不是物極必反圖式中的迴環，而是立體的互相浸染與暈渲。就其存在境域而言，乃靜中有動，動中有靜，固無疆畔線界可使其一刀兩斷、涇渭分明；就其發生時序觀之，則方動即靜，方靜即動，斷無先後之可說。雖然如此，「動」、「靜」終究是兩個不同的概念及活動狀態，不能因「即」之一字，遂以爲「動」、「靜」乃全然等同而無別。「即」在此不能理解爲內容及本質上的「就是」，而應詮義爲存在時序及存在場域上的「相就相涵」，亦即在時間及空間維度上的互攝性與相容性。

船山此饒富辯證趣味的詮解徑路，亦爲「陰靜陽動」之定論帶來了不同的規定與內容：

> 陽有動有靜，陰亦有靜有動；則陽雖喜動而必靜，陰雖喜靜而必動。……陰非徒靜，靜亦未即爲陰；陽非徒動，動亦未必爲陽。〔註76〕

由於「動靜互涵，以爲萬變之宗」〔註77〕，動中有靜，靜中有動，故向來以靜動說明陰陽不同的活動形式，甚且以靜動爲陰陽之性的說法實過於粗略。究實而觀，陽性雖以動言，但因動必涵靜，是以理論上說來，陽中必是動靜具備，陰中亦然。故不僅陰陽皆有動有靜，動靜亦非只能爲陽陰；且正因「陽含靜德，故方動而靜；靜儲動能，故得方靜而動」〔註78〕。陰陽因動靜互涵，故陽性雖喜動而有靜，陰性雖喜靜而必動；陰陽的活動形式因之整全，陰陽的往來推移亦得以可能。

是以「陰靜陽動」一詞的精確意義應爲：靜動分指陰陽最易被辨識的活動特質，而非涵涉陰陽所有的活動內容與形式。以靜動爲陰陽之性，此性乃陰陽最昭著而外顯的屬性與特性，而不能容括陰陽全部的性情。陰陽之性皆是動靜並具，特各有偏重喜好，而所偏重喜好者之存在比重自然較大，亦因此而顯現出較高的能見度、流露出較鮮明的色澤，而得爲人認取及標幟。此猶如個性文靜者非全無活潑的一面，個性外放者亦非皆無內斂之向度；以陰陽只能爲動靜，動靜只能繫歸於陽陰，乃一嚴重失眞的判斷。

因此，較精準的說法是：靜動雖繫屬於陰陽，然非陰陽所獨有，更非即

〔註76〕《周易內傳·發例》，頁659。
〔註77〕《周易外傳》，頁949。
〔註78〕《思問錄》，頁431。

陰陽。故船山又指出：

> 其謂動屬陽、靜屬陰者，以其性之所利而用之著者言之爾，非動之
> 外無陽之實體，靜之外無陰之實體，因動靜而始有陰陽也。〔註79〕

靜動繫屬於陰陽，乃就陰陽特質、面目及功效之最顯著者而言，非陰中無動、陽中無靜。而若以動靜爲觀察主體而論，凡動時，陽的光彩較易透顯；凡靜時，陰的面貌較易呈現；是以論者或以動爲陽、靜爲陰，此固爲一似是而非之誤詮。船山更明揭此意：

> 靜而陰之體見焉，非無陽也；動而陽之用章焉，非無陰也。……非
> 動之謂陽，靜之謂陰也。〔註80〕

以此理解重新檢視船山「體靜用動」之論述，可提出幾點重要觀察：

1. 體用皆動靜俱涵，特以體中靜多動少、靜顯動隱、靜著動微，故以靜繫屬於體，藉以表述「體」的呈露面向與活動特色。「用」反之。

2. 靜動之所以成爲體用的標幟及認取處，特以其在體用中所具的能見度高低爲言。前節指出船山以「德」、「功」詮表體用之所指，於此可更精確其義：船山德功之說，蓋著眼於體用最昭著之面向，而非體只有德，用只能表現爲功，亦非單以德謂體，只以功言用。立足於此一觀察切點，船山一方面以德功言體用之性情功效義，一面又以「德，謂性情功效」〔註81〕來提點學者不可將「體用」、「德功」、「動靜」、「性情功效」等視爲一絕對、單線而僵固的概念對應。

3. 體用既皆有動有靜，則是皆可動可靜、能動能靜、德功並備。是以體非全然止息的存有，用亦非缺乏主體性的活動。換言之，存有必能活動且必活動，因體中有動；活動中必具存有，因用中有靜。

船山以其獨特的動靜觀爲體用的內涵與活動形式作了拓延，也解決了思想史關於理氣動靜的某些糾結，而其解決之道於此已可窺知一二了。

第四節　存有的詮釋：自有體用與自爲體用

除了王弼之外，體用範疇常被用以詮釋存有與存有之間的繫連方式與結

〔註79〕《周易內傳》，頁 525。
〔註80〕同註 79。
〔註81〕《正蒙注》，頁 56。

構關係〔註82〕，如伊川以忠爲體、恕爲用〔註83〕，朱子以天道爲體、人道爲用〔註84〕；此外舉凡理氣、性情、道器、理事等存有間的體用結構，亦幾爲所有宋明哲人所肯認。

船山體用思維的運用十分嫻熟，其開展範圍亦涵蓋甚廣，除以上所舉範疇，檢視《船山全書》，以體用架構詮解存有間之連結者可謂俯拾即是：性情、動靜、所能、性誠、性身、性心、心意、心欲、心思、心身、仁禮、禮政、愛敬之實與事親之禮、事親之禮與物等不一而足。

由上所舉例，可發現同一存有可因與不同存有間的連結而變動其結構位置。在「心」「意」的關係結構中，心爲體、意爲用〔註85〕，然在「性」「心」的意義網絡下，性爲體、心爲用〔註86〕；相同的情形亦發生在仁體禮用、禮體政用〔註87〕，愛敬之實爲體、事親之禮爲用，事親之禮爲體、物爲用〔註88〕等結構範式中。

由存有可在不同的結構網絡中轉換其座標位置而言，存有實具有多元豐富的面貌，其可靜可動、可居可行〔註89〕的全方位元素在「體」與「用」的角色移轉中展露無遺；而由同一存有可與不同的存有締結爲體用範疇，亦可發現存有與世界的緊密連繫，孤立不與的遺世獨立幾乎不可能存在。

體用概念除可闡明存有間的關係，亦常用於詮釋存有自身。詮釋單一存有時的體用，須擔負起說明存有的所有內容之責：既要申明存有的活動方式與行爲結果，復要闡說此活動行爲的原因根據。而不論是活動方式或原因根據，皆存有自身所有，既非得於外，亦不能重合於其他存有：

> 且物亦自有其性矣，靈蠢良楛，以其形器而分，而其性之體用不能以效於人。〔註90〕

〔註82〕王弼之體用觀念只在解釋同一存有的「道德特性」與「行爲特性」，其理論視野尚未拓延至不同存有之間的繫連。

〔註83〕《二程集》，頁274：「忠，天道也；恕，人事也。忠爲體，恕爲用。」

〔註84〕《朱子語類》，卷二十七，頁674：「天道是體，人道是用。」

〔註85〕《讀四書大全說》，頁415～416。詳見本書第三章第三節。

〔註86〕前揭書，頁555。關於心性的體用結構之深蘊，詳見本書第三章第二節。

〔註87〕《禮記章句·序》，《船山全書》第四冊，頁9。

〔註88〕《讀四書大全說》，頁528。

〔註89〕船山亦曾以「居」、「行」來發明體、用的存有向與活動向之辨識特質。見《讀四書大全說》，頁447。

〔註90〕《四書訓義》上，《船山全書》第七冊，頁190。

以體用詮釋存有之目的即為說明其「性」，唯此「性」乃廣義地說，包含了物類的共質及自身殊異的特質，而非心性論意義之性。萬物各有其性，則各有其體用；萬物自有其性，即自有其體用。「天地有天地之體焉，天地有天地之用焉」〔註91〕，「乾自有其體用焉」〔註92〕，坤亦自有其體用，乃各「以其性情，成其功效」。〔註93〕

萬物自有體用。在船山的思想體系中，「物」的包涵至廣，不只飛潛動植，即抽象概念盡皆屬之，盈天地間無非器物：〔註94〕

> 天之風霆雨露亦物也，地之山陵原隰亦物也，則其為陰陽、為柔剛者皆物也。物之飛潛動植亦物也，民之厚生利用亦物也，則其為得失、為善惡者皆物也。凡民之父子兄弟亦物也，往聖之嘉言懿行亦物也，則其為仁義禮樂者皆物也。〔註95〕

一切存有皆有體用二向，亦皆可由體用兩面進逼，以理解存有並詮釋存有。雖則各哲人之體用內涵不一，對體用之關係亦各有釐定，然以體用範式為詮解世界的思維進路，乃是自魏晉以降，多數學者的方法論共識。

王弼體用觀的目的乃在說明不同的價值取向及由此取向所衍生的作為及功效；換言之，乃是一境界論與工夫論的提示，其立說旨趣本不在詮釋存有的內容。除了道及聖人是以無為體、以無為用之外，凡人及萬物莫非以有為體、以有為用；王弼體用概念的運用範圍僅止於此，其宗旨蓋在突顯並證成道無的尊貴。在王弼的思想體系中，聖人其實乃囿於文化傳統下不得不有的「理論陪襯」，遑論聖人以外之存有皆已落入「有」層，無永恆普遍的價值；對王弼而言，詮釋這些「權假」的存有當無意義上的必要性。〔註96〕

然重視現象、承認現象的儒者則不然，理解現象界中的存有即意謂取得

〔註91〕前揭書，頁202。

〔註92〕《周易內傳》，頁43。

〔註93〕前揭書，頁53。

〔註94〕《周易外傳》，頁1026：「盈天地之間皆器矣」。

〔註95〕《尚書引義》，頁241。

〔註96〕牟宗三先生嘗以「實體實理的體用觀」與「應迹權假的體用觀」來分判儒家與釋老，並對王、何、向、郭之說提出總結，言其學「徒言形式之有無，本不能正視道德意識而以之為骨幹，故其言無，言自然，即本無經之實體實理以實之。凡道德性之物事皆推出去而視為應迹或權用，自無理之必然性。是則自然與名教，自由與道德，仍不能得真實之統一，其中隱伏一嚴重之矛盾而不得解消者。」見氏著：《才性與玄理》，頁119～127。

理解根源本體的鎖鑰，恰如其分地詮釋存有更反映出對宇宙圖式的洞觀及了然。伊川自覺地運用體用範疇以說明世界，此詮解進路及思維方式的開展至朱子而大盛，陽明亦有獨到之見，而復爲船山所繼承。

　　船山雖然有所承繼，但其「體」固僅爲存有實在面的強調，而並未與活動面涯畔兩分，故「體」非但不必爲隱，且非只靜而不動；其「用」亦只是對存有活動義的突顯，其中存有具在，故非有動而無靜，且不盡表現爲形下之顯。由於船山對體必動的強調，連帶活潑靈動了存有的生命感，存有的律動元素較之程朱鮮明粲然，「自有體用」於是進展爲「自爲體用」，從而使存有展現出跳躍流盪的姿態：

> 剛亦有剛之用，勇自有勇之體，亦與仁、知、信、直之各爲體用者等。〔註97〕

> 乃天地之博厚、高明、悠久也，無思也，無爲也，自成其體而用自行也。〔註98〕

「自成」、「自行」及「爲」字，充分展現出存有的主體性與必然動能。理解及此，則船山「情自有體」、「意固自爲體」〔註99〕、「是心雖統性，而其自爲體也」〔註100〕等說法非但不與「性體心用」、「性體情用」、「心體意用」等命題相矛盾，甚且因此思路而解決儒學心性論中善性何生惡情、正心何起邪意等若干困難。〔註101〕

第五節　互爲原因的邏輯結構：體以致用，用以備體

　　自王弼提出體用範疇之後，各家對體用內涵及體用關係的說解雖各有不同，然對「用依體起」、「緣體生用」之主張皆有極高的共識，亦即皆認同體爲用之所以然；雖則如此，「生」的確義與體「生」用的方式卻非眾議皆然。船山在解釋《易經》時，屢屢將太極與陰陽的繫連方式以體用關係加以說明，且於《周易外傳》中闡釋〈繫辭〉「是生兩儀」之義：

> 易有太極，固有之也，同有之也。太極生兩儀，兩儀生四象，四象

〔註97〕《讀四書大全說》，頁555。
〔註98〕《四書訓義》，頁201。
〔註99〕《讀四書大全說》，頁417。
〔註100〕前揭書，頁401。
〔註101〕詳見本書第三章。

生八卦，固有之則生，同有之則俱生矣，故曰「是生」。「是生」者，立於此而生，非待推於彼而生之，則明魄同輪，而源流一水也。……所自生者肇生，所已生者成所生。〔註102〕

如前所述，「所自生」與「所已生」間的關係即體用關係。然此「生」非如「父生子」之生，而乃固有之、同有之之謂。固有者，本然之有也，體之生用爲本然之有，則是有體必有用，有用必有體；同有者，同時並有也，則體用之存在固具共時性，既無此有彼無之時，更無所謂的發生先後。比之父生子之生，雖則血緣甚親，然父、子終爲二獨立可離之個體如甲、乙，甲未生乙之前或終生未生乙，固不妨害甲之存在，故不得謂甲之生乙爲固有同有，其理亦甚明。船山於《讀四書大全說》中復論及此義：

明道則云：「發己自盡爲忠」。……乃此「發」字，要如發生之發，有緣體生用之意；亦如發粟之發，有散所藏以行於眾之意。〔註103〕

《周易內傳·發例》中，船山更爲「生」字下了一個明確的定義：

生者，其功用發見之謂。〔註104〕

用生於體乃由用爲體之所發的角度立說。本體屬性雖靜，然中自涵動，亦即本身充滿動能，不唯能動而已，更乃要求必動，故必發散流現其功用，此之謂「生」用。用既爲體之「發見」，二者固只有顯隱之別，並無存在先後之異。故就發生次序而言，可謂相即的存在。

體爲用之所以然，由用而言，固因「所以然」的存在原因而有「然」的結果呈顯；然就體而論，「所以然」之名得以成立，亦有賴於「然」之實在，方能完成此結構圖式，此之謂「所自生者肇生，所已生者成所生」。故平心而論，體用範疇的建立與完成，用之功實未下於體，體雖生用，然非用無體；無其體自無其用，然倘無此用，此體之名亦無由得立。用由體發，此謂「體以致用」；體之座標賴用之軸度以成，此謂「用以備體」。《周易外傳·繫辭上》極言此義：

是故性情相需者也，始終相成者也，體用相函者也。性以發情，情以充性；始以肇終，終以集始；體以致用，用以備體。……无車何乘？无器何貯？故曰體以致用。不貯非器，不乘非車，故曰用以備

〔註102〕《周易外傳》，頁 1023～1024。
〔註103〕《讀四書大全說》，頁 444～445。
〔註104〕《周易內傳》，頁 659。

體。……无子之叟，不名爲父也。〔註105〕

「體以致用，用以備體」爲船山極重視之哲學思想，《船山全書》中反覆論闡此蘊；而因「體以致用」之理已廣爲學者所識，故船山在發明體用互爲原因的邏輯結構時，對「用以備體」之義特多析述。

乘因車有、貯因器能，車、器爲體，乘、貯爲用，此蓋眾所習知者。然當車未乘、器未貯之時，倘人原無車、器之概念，亦即不知「車」「器」爲何、有何「用途」，則眼目所見，唯一「物體」而已。縱經告知該物之名爲車、器，車、器之特質仍是不彰；縱知車、器有乘、貯之用，然當用未眞實顯發之前，對車、器之認知終是不親。只有車乘器貯的功用眞正被實現，車、器的本質方得完全開顯與呈露，而爲人如實認取。由此觀之，體的存在意義不只是待用以顯，甚且是由用而成。用不僅支撐了體的存在座標，更擔負了完成體的存在之責。無子之叟只一「叟」耳，縱有爲父之潛能，然因無「子」與之締構父子關係，共結父子之意義網絡，此潛能終是不得實現，終是無法獲得「父親」的存在位點。

是故，「用」不僅在體用結構的完成中具有決定地位，甚至參與了「體」的存在。於是，我們不但看到體決定用，更認識到用也決定體。「體生用」爲人所習察，「用備體」則人所罕言，「有體則必生用，用而還成其體」〔註106〕故爲船山再三致意。體用互相決定的實況爲：體決定用的發生，用決定體的完成；體因於用，用因於體；用資於體，體資於用；船山是以明白指出「體用相因」〔註107〕、「體用相資」〔註108〕之事實，並以此事實作爲體用範式之得以成立的最根實基礎。因此，船山又說：

> 凡言體用，初非二致。有是體必有是用，有是用必有是體。是言體
> 而用固在，言用而體固存矣。〔註109〕

用由體生，用之遠源於體之發，無體則用自何生？故體或隱幽而未爲人知見，然只「用」一字，已自訴說著「體」的存在事實，此之謂「有是用必有是體」、「言用而體固存」。

另一方面，因體用乃同有固有，用爲體本然而有的作用功能，故用雖因

〔註105〕《周易外傳》，頁 1023～1024。
〔註106〕《正蒙注》，頁 16。
〔註107〕《周易內傳》，頁 556。
〔註108〕前揭書，頁 659。
〔註109〕《讀四書大全說》，頁 865。

其開顯狀態而或隱或著，然其存在事實乃無可究疑，此之謂「有是體必有是用」、「言體而用固在」。此外，因體的結構座標端賴用立其軸度而得有，體的存在意義唯因用的成全方得彰，故識者但見一「體」字，即知「用」的貫注與活動早已展開，不待作用起、功效現方得曉悟。一言以敝之，存有的本身即是活動的結果，此乃「言體而用固在」之又一深意。

然如此論析似與「不乘非車」之說相抵，既是「言體而用固存」，爲何不可即車體而知乘用之必有，再由乘用之必有必在，推證「車爲車」？爲何有「不乘非車」的說法呢？船山說：

> 天下唯無性之物，人所造作者，如弓劍筆硯等。便方有其體，用故
> 不成，待乎用之而後用著。〔註110〕

船山思慮至密，已注意到弓劍車器筆硯等人爲器物無法由體見用、由體知用。船山在論述這些人爲器物時，特別繫以「無性」二字，蓋爲與禮樂刑政等相區別之故。對船山而言，禮樂刑政原出於人情，雖似人爲造作，而實乃因天之則，皆有根有本者，故不得謂之「無性」。〔註111〕

除人爲造作之無性物外，一切存有皆天地化生，有居有行、有體有用、有存有義及活動義的不同面向，其自有體用且可由體知用固不待言。而不同存有間的體用締連之所以可能，亦緣於體用在結構意義上的相互支援，故亦可由體知用、由體見用。人爲造作的無性之物於上述特質中則有其侷限。

首先，弓劍筆硯車器既屬人爲，即是其性有賴於人的規定。換言之，器物體用的內容乃由人所設立築建，因此，其體用之間既說不得同有固有，其關係結構亦缺乏對應與互相依賴的必然性。是故，吾人自可以劍割肉、以杯盛飯、以車置物，以此爲體，以彼爲用。類此之規定雖非最適點，然已可見人爲器物之「用」可有多種可能內容，而其詮釋權不在於自體，乃依於外在。換言之，我們對人爲器物的了解並不來自器物自身，而是來自人爲的說明及規定。職是之故，我們遂無法在人爲器物中「由體見用」，即使人爲器物已成其體，然未被充分說明之前，此體只爲一純然物體，體用範疇中的「本體」、「形體」合一之「體」仍有待人透過「用」而賦予其眞實生命。此即弓劍筆硯「便方有其體，用固不成」之意。

此外，不同於其他有性之存有可自爲體用，人爲造作之物缺乏「自爲」

〔註110〕前揭書，頁 894。

〔註111〕《四書訓義》，頁 102～108。

的能力，其「用」的發生及實現，另有待於人的襄助。倘若沒有人「用」弓劍筆硯，弓劍筆硯的「用」即不能起動，故無性之物乃不能自為體用。

綜上，不論無性物或其他，凡一切存有之體莫不賴用以顯以成，故曰「用以備體」。用以備體者，不只備全體的結構意義，也備全了體的存在意義。就後者而言，用可視為體實現自身、向世界開顯自身的方式及過程；透過用，體的內容得以為人認識，體的存在意義得以完成，體的本質得以呈示與揭露。用的最重要目的，或即在於推盪流行此體。

雖然體中有動、必動而能動，但活動流行畢竟不是體最主要的特徵與標幟，亦無法成為辨識的手勢。沒有用的推動流盪，體將成為枯乾栯寂之體，且將造成生命意義的缺殘。佛老因體為用之主，遂誤解此「主」與「從」對，而據體自重，立體廢用，皆因不明體用相因相資、相備相成之理：

> 敦厚，敬持以凝其神也；化，因物治之而不累也。……若有體而無
> 用，則欲卻物而物不我釋，神亦終為之不寧，用非所用而體亦失其
> 體矣。……敦，誠以存神而隨時以應；化，則大而化之矣。敦者仁
> 之體，化者智之用。……學聖者見幾精義以不違於仁，動而不括以
> 利用其智，立體以致用，庶幾別於異端之虛寂、流俗之功名矣。

〔註112〕

按：船山此注橫渠《正蒙》「敦厚而不化，有體而無用也」。

不論於存在事實或邏輯結構中，「有體無用」均為不可能的概念，船山此處蓋依張子文句，就佛老之學術性格及生命向度進行論闓；實則就船山之用語及思想系統，「立體廢用」方為其批評佛老的常見斷語。

佛老以體為根本至足、用為附庸贅疣，故輕廢其用，而自以為探源得本。然因其所據之體僅為失用之體，體之實也不足、體之貌也不全、體之性也不備、體之情也不真，則其所得之體固非無妄至誠之體，而僅為一枯乾虛寂之體。

釋道立體廢用，以敦厚為已足、治物之化為窒累，而欲絕物以自處。絕物以自處，並不是將萬物逐出自己的世界，而是將自己放逐於世界之外。絕物的真正意義是阻絕自我伸展的能力、封閉生命的各種可能。釋道欲絕物自處以保其真，故割裂物我，絕物而絕己、絕己以絕物；拒絕予物以恰適如理的安置與對待，終將使自身亦無法於物中獲得成全與安置，此乃是物我雙方的共同陷落和萎縮。物我共存於天地之間，物我的繫連不可能因蓄意地視若

〔註112〕《正蒙注》，頁96。

無睹、不予理會而消失，我亦不可能因絕物而得到自由；相反的，因為絕物廢用的生命取向，物我關係不得妥善處理，此關係遂始終牽絆膠滯，而無法共創一理想和諧的存在圖式，且在其中尋找到安身立命之定點，領受真正的自由。故船山曰：「欲卻物而物不我釋，神亦終為之不寧，用非所用而體亦失其體矣」，清寧之體非因絕用而得，且恰須由用輔成之。對「用」的誤認將造成「體」的失落，最終只以假為真、以妄為誠，寧不哀哉！

伊川曾言「有濟物之用而未及物，猶無有也」〔註113〕，而由朱子之學，最終亦可推出「用以備體」之思想；然嫻熟的原生思想與經後學推演而得的引伸概念固有成熟度及自覺度的差異。驗之於諸子學說，對「用以備體」論域的闡發，船山之明晰自覺及深鈎廣釋的確是前所未有。

在體用範疇的成立條件上，「用以備體」實與「體以致用」同功。常人只知體為用之邏輯原因，而多未注意到用亦為體的邏輯原因；究其實，體用相因，用有於體以有體，體生用而成於用，體用邏輯結構之實際組成範式固如斯焉。

在此，我們除了注意到船山對用的鈎掘與強調、對實踐與現象的尊重外，亦發現船山對關係結構的組成，以及存有間的依賴相資有極深的注意及體會。存在意義的彰顯及價值的完成，常是透過結構圖式的圓成而得昭著與朗現。因存有的自我開顯與實現自身而完成結構，因結構完成而使存有的意義得以勘定，相資相因、相備相成者，實更指向了我與世界的互相實現、我與天地的互相助成，豈但為一單純的體用概念而已！〔註114〕

第六節　活動中的存有：體者所以用，用者用其體

「體者所以用，用者即用其體」〔註115〕之說常出現於船山著作，「體者所以用」之義顯明易解，亦為學者習知；而「用者用其體」則前所未見，允為船山體用思想裡最特別的論述，蓋船山之卓識殊見。觀其字義，不免令人生疑：作為用的所以然之「本體」，如何能變為承接用的對象？〔註116〕本體論意

〔註113〕程頤：《易傳・井・象》，頁234。
〔註114〕在人文化成的理想中，最可見由存有的開顯以完成結構，於結構的完成中證成存有的相資相因大義。詳見本書第四章。
〔註115〕《正蒙注》，頁76。
〔註116〕唐君毅先生曾指出形器之體有「承用」及「呈用」二義，然唐氏所論述之重點與本節意旨不同。其言曰：「每一形器皆承前之其他事物『良能』以成其自身；而呈其『功效』于後之其他事物，更別有所成。……故任何形器之體，

義的主詞如何能蛻轉爲受詞？由於此論述不斷出現於《船山全書》，頻率之繁不及備載，足見非船山一時興到之語或未檢之詞，亦非只爲一模糊初萌的概念；相反的，此思維廣爲船山運用，足見船山對此想法之精熟。

然則「用者用其體」之確義爲何？船山說：

> 天下唯無性之物，人所造作者，如弓劍筆硯等。便方有其體，用故不
> 成，待乎用之而後用著。仁義，性之德也。性之德者，天德也，其
> 有可析言之體用乎？當其有體，用已現；及其用之，無非體。蓋用
> 者用其體，而即以此體爲用也。故曰「天地絪縕，萬物化生」，天地
> 之絪縕，而萬物之化生即於此也。學者須如此窮理，方可於性命道
> 德上體認本色風光，一切俗情妄見，將作比擬不得。〔註117〕

此段文字已部份見於前節，但二節論闡之面向有別，今更析其義。

於此引文中，船山高揭「用者用其體」之論述，且以此爲窮理知性之重要線索，並舉人爲造作之弓劍筆硯與陰陽化生爲例以說明其義。

弓筆車器爲體，射書乘貯爲用。然射書乘貯之用須待「用之而後用著」；「用之」者，「用其體」也，即用此弓筆車器之體以成射書乘貯之用。此義固甚明白了然，亦無可議之處，吾人皆用弓射、用筆寫、用車載、用器貯，一如「以目視，以耳聽，以手持，以足行」〔註118〕。此時之弓筆車器、目耳手足，既是射書乘貯、視聽持行之用的發生根據，也是射書乘貯、視聽持行之用得以完成活動的現實質料；亦即弓筆車器、目耳手足之體兼「本體」與「材體」二義，而爲用之發生條件及完成活動的資具憑藉。用其體者，即用此材體，而此材體又爲用之所以然的本體。

以「材體」姑爲之名，蓋取之於船山：

> 材者，體質之謂。……有此體乃有此用，用者用其體，唯隨時而異
> 動爾。〔註119〕
> 有戶，則必有材以爲戶者，則必有地以置戶者。……夫爲之置之，

皆爲用之所凝成，而復化其體，以呈用於他者。夫然，故形器之體之所以爲體，即依其承用及呈用以得名。形器雖有形，通形體之中者，惟是一用之流行。」此段文字乃爲釋船山「形而上之道隱矣，乃必有其形，而後前乎所以成之者之良能著，後乎所以用之者之功效定」而發。見氏著：《中國哲學原論·原教》（臺北：臺灣學生書局，1984年），頁517。

〔註117〕《讀四書大全說》，頁894～895。
〔註118〕前揭書，頁459。
〔註119〕《周易內傳》，頁587。

必有材矣！大匠不能摶空以造樞根。……材則其陰陽也。〔註120〕

上引第二段文字乃在闡析陰陽之「體」與化生之「用」間的關係，船山於文中逕指陰陽為「材」。在船山的思想中，陰陽二氣或隱或顯，可為形上亦可為形下，端視其語境及意義脈絡而定。與理對舉，陰陽為有形迹可見之顯者；相對於形器，陰陽則是不能為人見聞知感之隱者。

以天地絪縕為體，萬物化生為用，則絪縕陰陽自為形上不可見之本體，然此亦不妨其可為材體之義。太極化生萬物，即以陰陽為化生運動所資之質料材具。

船山以其深思卓識觀察到體對用不只具有決定地位，也擔負了用的完成功能。體既是用的發生原因，亦是用的成就條件；而此成就條件又可表現為二種不同的方式：其一，即以材體的角色供應用的活動資具，此資具可以現實質料或抽象的律則方向為內容；其二，提供用以活動場域。體為用的成就條件，而其表現方式或由上述任一形式具顯或二者兼該，端視體用範疇所指代之存有而定。所有的作用運動之所以可能，皆必有發生根據以起其用，亦需有活動所需之資具及場域以成其用。

前文曾引述船山「天地絪縕，萬物化生；天地之絪縕，而萬物之化生即於此也」之語。「即於此」者，即化生的作用必在由陰陽二氣所提供的場域中進行，亦即陰陽二氣為化生流行的活動場域及實現場域。此理狀似難明而其實易解。

以耳目手足、弓筆車器為例，耳目手足、弓筆車器為聞見視聽、射書乘貯之用的發生根據，亦為聞見視聽、射書乘貯等作用的活動資材，同時也是聞見視聽、射書乘貯的活動場域。聞見活動實現於耳目之域，持行作用推盪於手足之境，射書乘貯之功用亦只能流行於由弓筆車器所提供的空間中，而不可能在其他的空間裡完成活動；射必不能活動於筆之疆，書必不能進行於弓之界，此之謂活動場域。

陰陽何獨不然！陰陽既為化生之用的根源本體，又為化生所需的質料材體，復為化生活動的實現場域，化生的活動必不可能在陰陽以外的空間進行；至若天地萬物，則為化生之結果、現象。船山有一語，意最渾淪：

太和因陰陽以為體，流行而相嬗以化，則初无畛鄂之畫絕矣。〔註121〕

〔註120〕《周易外傳》，頁1025。
〔註121〕《周易外傳》，頁934。

「太和因陰陽以爲體」，此「體」包涵本體、活動質料、活動場域等義，乃至作爲存在場域之「載體」義亦同時並到。

船山「用者用其體」乃一具普遍性之體用思維，非只能說明陰陽、手足、車器的體用結構，而得用於解釋所有的體用範式。船山指出：

> 此言存神過化相爲體用也。……徇物喪己者，拘耳目以取聲色，唯我私之自累，役於形而不以神用，則物有所不通，而應之失其理。故惟無我，則因物治物，過者化，而己以無所累而恒正；存神，則貫通萬理而曲盡其過化之用。過化之用即用存神之體，而存神者即所以善過化之用。〔註122〕

存神爲體，過化爲用。存神者，即集義正心、持志養氣；過化者，即立人達人、物情皆順。得有過化之功蓋因用存神之體；未能用存神之體，而用其私心私意，必致徇物喪己，徇物喪己亦可說是用私欲之體而得的功用。存神之體及私心私意作爲用「運用」的資具，意如吾人運用原則、方法、思維、價值觀等概念存有以行事作爲，原則、方法、思維、價值觀等蓋有以資於吾人之行爲方向。用存神之體即用其體，即以存神之體爲過化之用的活動資具，襄助過化完成作用。

在此，我們可以再一次發現，用其體之體不必皆有形迹之可見者，形上的存有亦可以承載活動並成爲活動的實現資具。船山應爲第一位發現形上存有可以「質料」的角色出現於世界圖譜之中國哲人，此種觀察視野，不僅使形上存有更具眞實感，亦使形上存有對形下的完成有更多的實質參與。在《讀四書大全說・中庸》裡，可以看到相同的詮釋方式：

> 中者，體也；庸者，用也。未發之中，不偏不倚以爲體；而君子之存養，乃至聖人之敦化，胥用也。已發之中，無過無不及以爲體；而君子之省察，乃至聖人之川流，胥用也。……是庸皆用中而用乎體，用中爲庸而即以體爲用。〔註123〕

用中爲庸，中者，即不偏不倚、無過無不及之體；以此體爲活動之根據及運動起用之資材，自必成敦化川流之用。而除了「運用」義外，「用」更有「推盪流動」之義：

> 因我所固有之大用誠，以行乎天所命我之本體性，充實無雜，則人

〔註122〕《正蒙注》，頁97。
〔註123〕《讀四書大全說》，頁451。

　　欲不得以乘之。〔註124〕

　　行者，推盪流動之謂。〔註125〕

用行於體之中，即是推盪流動此體；透過用的活動，體的存在內容及意義完全呈露與開放，此即用對體的「推盪流動」。「用其體」故而展現出二而一的內涵：運用此體以活動，而活動之目的及意義復在推盪流動此體。「用中」者即「運」中以「推盪流動」中，亦即使中的存在內容與意義得以向世界開顯。換言之，體既是用所賴以運持起用者，亦是用所推動流盪者；在體用文法結構的語脈中，體既是用的主詞，亦是用的受詞。而用所賴以運持起用者及所推動流盪者，皆只能是其所自之體，不能為其他，此點為船山所鄭重叮囑：

　　「天以陰陽五行化生萬物」，以者，用也，即用此陰陽五行之體也。
　　猶言人以目視、以耳聽、以手持、以足行、以心思也。若夫以規矩
　　成方員，以六律正五音，體不費而用別成也。天運而不息，只此是
　　體，只此是用。北溪……又云：「藉陰陽五行之氣」；藉者，借也，
　　則天外有陰陽五行而借用之矣。〔註126〕

北溪言天「藉陰陽五行之氣」以化生萬物，船山期期以為不可。以「藉」有「借」義，倘天借陰陽五行之氣以化生萬物，則是以陰陽五行之氣在天之外，質料材體外在、根源本體外在，體用離判，用者用他體，體亦未能有其用，體用之間並無實質意義的連結；如此，體用概念完全失去成為一哲學範疇的必要。

　　用者用其體之「其」乃是「用」的所有格，是對用所自之體的強調。船山藉由「其」字的申明，緊密了體用的連繫，亦使「活動中的存有」浮顯其實在面貌而可為人所知見。對船山而言，「活動中的存有」最能彰示存有的真實，亦最能具現存有的存在本質及內容。「活動中的存有」不只訴說著存有的實在，也同時宣示活動作用的正在進行：存有必定在活動中，活動中亦必有存有，存有的本身即是活動的結果。存有與活動的同時揭露及綿密交涉、互相支援，使存有與活動不能是獨立自為的存在，亦使體用無法割裂，復令體不能外在於用地規範、指揮著用。

　　由以上的理解，可對船山「體者所以用，用者用其體」之思想進行以下

〔註124〕前揭書，頁542。

〔註125〕前揭書，頁520。

〔註126〕前揭書，頁459。

分析：

1. 「體者所以用」所表述者乃「體以致用」之習義，亦即傳達體為用之所以然，為用的發生與活動根據之常義。而透過「用者用其體」之論闡，船山所欲展示者則為：體不僅為用的發生原因，亦是用在活動過程中所需要的資具憑藉，且為此運動的實現場域。體的內涵因而擴大，結構角色亦由此趨向多元。

2. 由形上存有亦可作為活動所需的質材資具而言，形上存有已不能再以高高在上的形象作為結構圖式中的樣貌；結構角色的擴大使其存在狀態由隱而顯，與現象界有更大的貼近。而就形下存有亦可為作用本體論之，形器之地位固已提高；復因兼備活動所需之現實質料義，更增其價值與重要。船山以其體用觀，使形上向現象界貼近，使形下向本體義攀升，二者共向同一條水平線移動，從而重合了二者的存在意義與價值定位。

3. 因為用的實在，體的結構角色得以成立；因為用的推動流盪，體的存在意義得以備成，此即「用以備體」。故而用既是體的活動作用，亦是體的存在原因與完成條件。亦即因此，一旦存有可為人認識知感，即是宣告活動作用的正在進行，並已獲得一定程度的完成，故言「當其有體，用已現」，唯知道者識之。

「體者所以用，用者用其體」，體為用的本體根據，亦是活動所需的材體資具，同時提供了活動的實現場域。是以體既是用的發生原因及活動憑藉，也是用的完成條件。職是之故，一有活動，則無處不見存有的實在，無處非存有，此之謂「活動中的存有」，此之謂「及其用之，無非體」。循船山思路，「活動中的存有」乃是存有最昭然的面目。

在「用以備體」中，用提供體以存在證明、存在原因與完成條件；而由「用者用其體」的論述，可知體亦供給用以發生原因與活動資材、實現場域等完成條件。體既為決定者，亦為被決定者；用既是被決定者，亦是決定者。體有主持之任，然亦參與了襄助作業；用則已脫離作用成果的被動角色，而須擔負起發生推動的積極責任。由「用以備體」與「用者用其體」二思想的共同延展，體用迭為賓主，「體用相因」、「體用相資」於是有了更深邃而親切的意義。

4. 由於「體」義的擴充，豐富了體的角色，增加了體對用的參與形式與範圍，體對用的涉入乃是無時不與，非只存在於用的發生之初，體因此有了

時間的維度。而由於體爲用的實現場域，是以又具備了空間意義。本體之實有偏在義，遂呈顯出前所未有的眞確、具體、切近與飽滿。

5. 用者用其體，故體不能高居天際地俯瞰用的流行，亦不能虛懸外在地指揮用的活動，而必須親自加入用，成爲活動的一部分，參與活動、完成活動，並透過活動完成自身，此即「活動中的存有」最能顯示存有之實在的原因。故而不只虛懸不可能，孤另不可能，根源外在更是不可能。亦緣此故，用者必用其體，如用他體，則不只體非「其體」，此用亦非「其用」，而爲他體之用，已屬另一體用範疇了。

6. 活動由存有而生，存有因活動而顯；活動必發生於存有之域，存有只存在於活動之中。故佛老立體廢用，實並廢其體，而其所立之體亦非體矣。

王弼有「以無爲用」、「唯道是用」、「用仁」、「用義」之說〔註127〕，其說法或許在形式上啓發了船山的聯想；但輔嗣之意只在強調與體相應的「行爲方式」，並未觸及活動資具及活動場域等哲學範疇的思考。

前儒雖皆以體爲用之所以然，亦同樣宣示體用不離之義，然多未能以具確明晰的理路建構與論證來減削本體與現象間的距離感。船山「用其體」之說既鑿刻了體對用的參與深度，也提昇了用對體的決定高度，使得體與用的位置結構、依存結構與本質結構更加糾纏，並使其體用思想具備了邏輯學、存在論與本體論的意義。

第七節　活動與存有的應合，現象與本體的通貫：
　　　　用者皆其體與由用以得體

王弼有「無不可以無明，必因於有」〔註128〕之語，論者遂依此推出「由用得體」以詮釋王弼的體用思想。然究其實，王弼的體用意涵原不與「道體之無」及「萬物之有」相對應，而乃指涉存有的道德特性與行爲特性，二者在價值及意義範疇乃屬同質同層的存有；故以輔嗣「無必因有而明」的主張推衍出「由用得體」的體用觀，或以「即用見體」說明輔嗣由現象認取本體的思想徑路，皆是理論立足點上的失誤。更何況輔嗣雖贊同識「無」須由「有」

〔註127〕《老子注》，《王弼集校釋》，頁93～95。

〔註128〕王弼《大衍論》，見唐・孔穎達：《周易正義・繫辭下》，《十三經注疏》第一冊，頁152下，韓康伯注引。

切入，但因有無爲異質的存有，其間並不存在隱顯表裡的一致性與涵融性，故以有識無，事實上是透過對「有」之不足的認識，否定之、層層剝落之，刪削所有的「相對」，以使「絕對」得以朗現。此種理解進路乃是透過對「有」的損剝過程，步步向「無」逼進〔註129〕。故王弼有言：

> 愈多愈遠，損則近之；損之至盡，乃得其極。〔註130〕

由對現象的否定以見本體，由對有的剝離以顯無之眞境，即使以後世習用之體用常義論之，亦不得謂即用見體、由用得體明矣。

伊川雖未正式提出「由用得體」之論述，然其尋象觀意的認識方法與詮釋進路，固可推出由用得體之思想。事實上，肯定現象、企圖一貫本體與現象之儒學家，必不能排斥由用得體之思路，且須極力證明此方法論、認識論的合理與眞實，否則立足於此認識方法上的一切架構皆是搖盪跻空。

「天何言哉，四時行焉，百物生焉」，天雖不得知見，然四時百物莫非天化天用，下學而上達亦因之成爲可能，此固爲船山所信仰者：

> 故善言道者，由用以得體；不善言道者，妄立一體而消用以從之。「人生而靜」以上，既非彼所得見矣，偶乘其聰明之變，施丹堊于空虛，而強命之曰體。聰明給於所求，測萬物而得其景響，則亦可以消歸其用而無餘，其邪說自此逞矣。則何如求之「感而遂通」者，日觀其化而漸得其原也哉！〔註131〕

善言道者，由用而得其體，觀化而得其原；而之所以能由用得體、觀化得原，其理論根據乃是：

> 用者皆其體也。〔註132〕

此外，船山亦曾表示：

> 天下之用，皆其有者也。吾從其用而知其體之有，豈待疑哉！〔註133〕

「有者，信也」〔註134〕，船山之「有」非徒指形下存在，而是統說一切眞實的存有。沒有比存有更眞實的了，因爲用的實存實在且較易爲人知見聞感，

〔註129〕參見蔡振豐：〈嚴遵、河上公、王弼三家《老子》注的詮釋方法及其對道的理解〉，收於入楊儒賓編：《中國經典詮釋傳統（三）文學與道家經典篇》（臺北：臺灣大學出版中心，2004年），頁295～324。

〔註130〕《老子注》，《王弼集校釋》，頁117。

〔註131〕《周易外傳》，頁862。

〔註132〕《思問錄》，頁402。

〔註133〕《周易外傳》，頁861。

〔註134〕同註133。

故由用得體可謂爲一「由實識實」的可靠方式，而非如佛老「以虛索虛」，逞
其聰明而只能得其影響。

以下即分別闡釋上述二點理論證據。

一、用者皆其體

「用者皆其體」概念之證得，其脈絡實已散見於上述各節論述中。

體生用，然此生非如父子之生；倘體生用如父生子，則父可生可不生，
而大異於體必生用，有是體必有是用，有其體必有其用；故船山以「固有之」、
「同有之」詮此「生」字，以說明體用在存在事實上的共時性。

既然體必生其用，且「至隱者即在顯著之中」〔註135〕，「用者皆其體」
論述之所以可能，遂得到初步的理論基礎。此外，船山又指出：

> 仁不仁之別，須在本體上分別，不但以用。然有其體者必有其用，
> 則聖人之異於人者，亦可於用徵之，而非其異以體者有同用，異於
> 德者有同道也。〔註136〕

不但有其體必有其用，且異體者無同用，一如異德者無同道。換言之，用與
體存在著單一的對應性，故必「有是體必有是用，有是用必有是體」二語並
道方爲整全的說明。正因體用的對應關係是單一而恆定的，「用者皆其體」的
合理性及眞實性遂得到更進一步的保證，由「用」中所察識知見者只能爲此
「用」之「體」，而不能爲他體，體用之間具有恰一且唯一的對應連繫；亦因
此，「聖人之異於人者，亦可於用徵之」，以「用者皆其體」爲基礎，「由用以
得體」的認識方法獲得更大的安全。

其次，如同「有是體必有是用」、「有是用必有是體」在詮釋體用關係時
需二語並道，「體生用」亦得與「用備體」連說，方可以周全船山之意。「體
生用，用備體」說明了體用既決定了對方的發生，也完成了對方的存在。因
此，存有的本身已自宣告了活動的完成，活動的進行亦自證明了存有的實在。
存有與活動故而得到了極大程度的應合，現象與本體也由是有了結構與內涵
上的通貫。是以船山指出：

> 天地有天地之體焉，天地有天地之用焉，而體之所以立，用之所以
> 行，則有天地之道。其爲道也，固不可以名言繫之，而審觀其已然

〔註135〕《四書訓義》，頁126。
〔註136〕《讀四書大全說》，頁657。

之迹，實求其合一之原，則可以一言盡也：體者所以用也，則用者
即其體也。〔註137〕

「體者所以用，用者即其體」乃是仰觀俯察、深思尋繹之後所得出的認知，
其內容蓋在說明：活動既證明、完成了存有的實在，同時是存有的自我呈露，
故可謂即活動即存有，活動乃「存有的活動」，存有爲「活動的存有」。以此
認知爲詮解進路，吾人遂得由已然之迹以推求體用合一之原；換言之，因體
用之存在事實與存在本質的強烈應合，故可「自用而察識其體」。〔註138〕

　　此外，船山「用者用其體」的出色學說，更爲「用者皆其體」之所以可
能建立了全面的理論根據。

　　依船山「用者用其體」之思想，所有「用」的顯現、進行與完成皆是「用
其體」的結果。「用其體」者，運用其體，以其體爲活動的資藉材具及實現場
域而完成活動；而運用其體、完成活動的目的又在推動流盪此體，使體的內
涵得以完全揭示與開顯。故體遂以用的發生原因、活動憑藉（可以抽象的活
動方向及現實的活動質料二種形式顯現）、實現場域及活動目的等角色貫注於
用中，自始至終，自隱至顯，無役不與，無時不存，無所不在。由此角度觀
之，則「用」何莫非「體」！因此，船山進一步提點：

　　　　夫手足，體也。持行，用也。淺而言之，可云但言手足而未有持行
　　　　之用；其可云方在持行，手足遂名爲用而不名爲體乎？〔註139〕

以手足爲體、持行爲用，當手未持、足未行之際，體顯而用隱，用雖在而不
著。然當手已持、足已行，因見手之持、足之行，遂以手、足但爲用而不復
爲體，而不知手足乃是持行之材體及實現場域，體在用中，用中有體，用者
實莫非其體，用者皆有其體的貫注及流行。故船山又說：

　　　　夫言純者以心言爾，言不已者以化言爾。心以運化，而化即其心。

「維天之命之純」以言心，「於穆不已」以言化，此間關連亦即體用關係。心
以運化，體以致用也；化即其心，天用天化莫非本體之呈露，用者即其體也。
唯須注意者，此「即」字、「皆」字，殆非「等同」之意，「用者用其體」、「用
者皆其體」非指「用」等於「體」，而是於「用」之中即可見、且皆可見其「體」
之貫注與流行，皆爲其「體」的具現及開顯。

〔註137〕《四書訓義》，頁202。
〔註138〕《讀四書大全說》，頁558。
〔註139〕前揭書，頁452。

透過以上對體用的共時性、對應性、互全性、共構性與融滲性的強調，船山證明了「用者皆其體」思想的真實性。正是立基於此一視域，船山故可高唱以下結論：

> 誠立而用自行。逮其用也，左右逢原而皆其真體。〔註140〕

二、天下之用，皆其有者也

船山於《周易外傳・大有》中有一段重要的議論：

> 天下之用，皆其有者也。吾從其用而知其體之有，豈待疑哉！……
> 「誠者，物之終始，不誠无物」，何以效之？有者信也，无者疑也。
> 昉我自生，洎我之亡，禰祖而上，子孫而下，觀變於天地而見其生，
> 有何一之可疑者哉！……不與生爲體者，无體者也。夫无體者，唯
> 死爲近之。不觀天地之生而觀其死，豈不悖與！〔註141〕

在上引文字中，船山表達了幾點看法：

首先，船山確立了由用得體的認識徑路，而其理論根據之一即在於用的真實無妄。「天下之用，皆其有者也」，「有」即「實存」、「實在」，用的真實保證了以用爲認識取徑的可靠性。

其次，我們注意到船山對「生生」之義的重視。盈天地間皆陰陽，陰陽推移往來，行化生之用；禰祖而上、子孫而下，莫非二氣化生之實。而依「用者用其體」、「用者即其體」之思路，不只陰陽所化生者爲實有，以陰陽爲化生活動材體的事實，固已宣告著陰陽的實有；因此，「生生」的存在已足以說明一切無妄與真實。「不與生爲體者」，即其存在方式不是透過「生生」所獲得者；倘真有此種存在可能，則只有「生」之對反，即「死」爲近之。然因「死」之概念乃由「生」之對反而得，「死」的成立蓋因「生」之現象的消失，故「死」的實質內涵是爲「生之終」，只可能作爲一相對概念，而不可能無所依傍而成爲絕對、先驗的存有。換言之，「死」乃依傍「生」而有，不得謂「生」依傍「死」而存；陰陽死後方有陰陽之生及生生，此說之不可能亦甚明矣。是以船山指出「物情非妄，皆以生徵」，更以「生」明「有」、以「有」證「誠」：

> 人者，生也；生者，有也；有者，誠也。〔註142〕

〔註140〕《思問錄》，頁417。
〔註141〕《周易外傳》，頁861。
〔註142〕《思問錄》，頁421。

其生而有者，非妄而必眞。〔註143〕

以生證有、以有證生，以生證誠、以誠證生，以誠證形、以形證誠，「生」、「有」、「形」、「誠」遂成爲船山恒常使用的詮釋循環圖式。

　　復次，用爲體的活動，而活動及其所成就的現象多爲人可知感者，由此可確定「用」爲眞、爲實、爲信、爲誠。「有者信也，無者疑也」，此處「有」「無」的定義非常窄，純粹以可否爲吾人感官經驗所知見及證明者爲判斷標準。事實上，感官經驗的確是船山認識世界的重要取徑，亦是船山判斷誠妄的重要檢測標準。不能爲感官所聞見知感者不見得不存在，特或隱幽未見爾；但能爲感官所聞見知感者，則必爲實存無疑，更無僞妄之慮。故船山又曰：

　　　物情非妄，皆以生徵，徵於人者，情爲尤顯。跕折必喜，箕踞必怒，墟墓必哀，琴尊必樂。〔註144〕

喜怒哀樂之已發爲情，則爲釐然可辨、粲然可睹者，故得爲徵驗的判準，亦是無妄的最佳證明。船山以最保守、原始、基本而可供客觀檢驗的感官爲判準，以證明活動之眞、現象之實。

　　而對於感官經驗所無法證驗的存有，船山以「疑」字質問其說之有效性。「無者疑也」，不能爲經驗所證實及說明者，縱不能遽斷其爲妄，但亦難令人承認其爲眞：

　　　謂「天開於子，子之前無天；地闢於丑，丑之前無地；人生於寅，寅之前無人」；吾無此邃古之傳聞，不能徵其然否也。謂「酉而無人，戌而無地，亥而無天」，吾無無窮之耳目，不能徵其虛實也。吾無以徵之，不知爲此說者之何以徵之如是其確也！〔註145〕

雖然如此，船山並非不知道感官能力的限制：

　　　道行於乾坤之全，而其用必以人爲依。不依乎人者，人不得而用之，則耳目所窮，功效亦廢，其道可知而不必知。……今夫七曜之推移，人之所見者半，其所不見者半，就其所見，則固以東爲生，以西爲沒。……碧盧之與黃壚，其經維相通也，其運行相次也，而人之所知者半，所不知者亦半。〔註146〕

〔註143〕《周易外傳》，頁888。
〔註144〕同註141。
〔註145〕《思問錄》，頁467。
〔註146〕《周易外傳》，頁850。

誠如前述,感官之所得察者必爲實有,感官之所不能知者未必不存。粵犬見雪而吠,船山固知其失〔註147〕。船山深切地了解,吾人所認知的世界,或只有實然的一半。正因如此,我們所該說明者,乃是持論如何得以可能,而非以無法證明持論爲不可能爲已足、爲方向。我們所更該致力者,是可以被說明、認識及徵驗的眞實,而非逞私智、得影響,徒爲「談天之豔技」〔註148〕的虛論。「天開於子,地闢於丑」、「酉而無人,戌而無地,亥而無天」,這些說法的眞實性與有效性當如何肯認?當我們不能經由可靠的認識取徑予以辨取及證明時,這些說法的存在意義與存在可能固有極大的討論空間。對此,船山即無奈地指出:

> 他便說有,我亦无從以證其无。及我謂不然,彼亦无執以證其必有。
> 〔註149〕

一個嚴肅而誠懇地面對生命與世界的哲人,不應游辭逃難,以「無法被證明錯誤」來證明自己的正確。法律的無罪推定不適用於人生的圓成及哲學系統的建立。正因爲我們所知是如此有限,更要確保所已知者、所建立者、所成就者乃立足於眞切實有,而非徒勞於無何有之鄉。

感官經驗或許有其偏限,但至少保障了眞實。一個不能被徵驗的學說,終將因爲無法得到客觀證據的支持而有浮明私智之憂。船山強調客觀及徵驗,只有客觀及徵驗可以帶來普遍性,帶來厚生利用的可能,船山將此納入「公」的領域。「公」者,即爲眾人之所有、所能、所得者。感官爲眾人所有所能,故由感官得以徵驗的眞實乃是眾人的眞實,「公」的眞實;與此相對,不能客觀地被認取及檢證者,船山即稱之爲「私智」。

雖然船山強調以感官徵實的合理性及有效性,但並不意味船山主張感官聞見爲識道的唯一取徑。事實上,船山曾指出聖人之所以爲聖人,即因其能「超乎聞見」,不受聞見之累,復能令「聞見皆資以備道也」〔註150〕。「超乎聞見」且令「聞見皆資以備道」,一則指出了聞見的眞實無妄,一則說明了聞見的偏限。如何恰適地利用聞見以觀化得原,乃是學者的重要任務之一,「目遇」、「心覺」,「聞見」、「察識」在此需協力互助,方能完成如實的認識〔註151〕。

〔註147〕前揭書,頁886。
〔註148〕前揭書,頁991。
〔註149〕《讀四書大全說》,頁491。
〔註150〕《正蒙注》,頁364。
〔註151〕關於認識活動的完成,詳見本節下文及第三章第二節。

船山在此所欲批駁者，乃是異端賤棄形色，以形色非道，故主張由形色所得之聞見皆不能爲識道之資，且恰爲識道之蠹。尤有甚者，異端更進一步主張唯有不依傍於耳目所得之玄思方爲識道的唯一方法，也才能有效地認取存在於現象界之外的形上道體。若接受以形色爲賤的前提及假設，則其說亦可有一定的合理性，是以船山根本地否定其前提，且恰恰以聞見的眞實來質疑非聞見的眞實。

即使佛老或陰陽五行家宣稱其所掌握者乃船山所謂的「不見者」、「不知者」之「半」，船山依然認爲「其道可知而不必知」。佛家、陰陽家等所執持者既是不見不知之半，則必無從證驗其說之不是。縱其說爲是，此「半」既屬吾人感官經驗所不得參與者，則必無法對人發生作用，人亦無法參贊；此「半」既無施於人，人亦無所施之。換言之，人所不見不知之「半」並無法與人產生任何生存上的依附，亦因不得親用之而無法與人有任何意義的繫連，二者間既是截然判立、沒有關係、不成結構，則「意義」無從建立，其道可知而不必知。我們可以說，船山的哲學乃是以「人」爲思考及詮釋中心的哲學〔註152〕。因此，船山又說：

> 兩間之有，孰知其所自昉乎？无已，則將自人而言之。〔註153〕

船山固知天地之大、人力之渺，固知天道與人道在「量」上的限界〔註154〕。但人終究爲人，故但當求人之所能，不空覓人所不能；但當致力於人之所知，不妄臆人所不能知，此之謂「實學」，也才是人所當安身立命處，亦是人所得安身立命處。孔子的「未知生，焉知死」、「未能事人，焉能事鬼」之人本精神，在此爲船山完全地承繼。船山理想中的學術態度及生命方向應如是：

> 修其實有，取之現存，以盡循環無窮之理，則可以知死生之情狀而不惑。〔註155〕

「實有」與「現存」充分表現出船山的治學方向與立說選擇，也是船山透過感官經驗的說明，爲「天下之用，皆其有者也」所提供的第一個證據。

〔註152〕楊國榮先生指出：「就其哲學進路而言，相對於對存在的思辨構造，王夫之的注重之點更多地指向現實的世界。在王夫之看來，存在的沈思所應涉及者的，並不是超驗的對象，而是與人相關的世界。」見劉梁劍：《天・人・際：對王船山的形而上學闡明》（上海：上海人民出版社，2007年），〈序〉，頁2。

〔註153〕《周易外傳》，頁1076。

〔註154〕詳見本書第四章第二節。

〔註155〕《周易外傳》，頁979。

　　除了以感官經驗證成活動及現象的眞實外，船山復以現象及活動之萬殊各異以證現象萬有的眞實無妄：

> 桐非梓，梓非桐；狐非狸，狸非狐；天地以爲數，聖人以爲名。冬不可使炎，夏不可使寒，葰不可使殺，砒不可使活。此春之芽絜彼春之苗，而不見其或貿。〔註156〕

存有的差異證明了存有的眞實性。萬物的差異來自萬物不同的屬性及特色；而屬性及特色必得依附於某存有，而不可能憑空無傍地存在世界上。春暄夏炎，秋清冬濕，寅明申晦，非芽不蕊，非蕊不花，各種活動與現象的殊形異質皆是存在的最佳證明〔註157〕。「名」的指稱及建立，必因有「實」的存在，「名」或人爲而可易，但「名」之初起，固已訴說有一待指名之實存。因此，炎寒桐梓之異名，即是實有的明證；道家以「名」之立說不恆，故而懷疑該名所指之眞實，船山恰以「名」的成立來證明該名所指之實在。船山透過活動現象的萬殊與名謂的訂說差異，爲萬有之用的眞實性提供了第二個證據。

　　接著，船山透過生存及意義結構的互相支撐，證明活動及現象的眞實無妄：

> 夫可依者，有也；至常者，生也，皆無妄而不可謂之妄也。奚以明其然也？既已爲人矣，非蟻之仰行，則依地住；非蝡之穴蟻，則依空住；非蜀山之雪蛆不求煖，則依火住；非火山之鼠不求潤，則依水住；以至依粟已飢，依漿已渴。……粟依土長，漿依水成。依種而生，依器而挹。……物物相依，所依者之足依，無毫髮疑似之或欺。……殊形別質，利用安身，其不得以有爲不可依者而謂之妄，其亦明矣。〔註158〕

對於人我、物我、人物、物物之間的關係連結，船山投以極大的注意，對結構的關注亦成爲船山學中極突出的學術性格。船山認爲：天下萬物無可截然分析者〔註159〕，一切存有皆必與其他存有相依傍，從而締構出不同意涵與目的的關係網絡。但言「我」字，則已與「人」相依而成人際網絡；但言「物」字，則已與「人」相依而成天人結構。人依地住，粟依土長，蜀山之雪蛆依

〔註156〕前揭書，頁 861。
〔註157〕前揭書，頁 887。
〔註158〕同註 157。
〔註159〕《周易外傳》，頁 1073。

寒，火山之鼠依煖，依器挹水，水依雨，雨依雲，雲依水，相依乃天理自然，不盡爲了生存需要。

而不論依者與被依者是否有相依的生存需要，只有在相依的情形下，存有才能擁有存在的定位與意義。在關係之網中，存有獲得了座標位置；藉由此座標位置，存有方得以被說明及理解，而只有能被說明及理解，才可能產生意義。一個毫無所依的存有是不可能存在於吾人的認知世界中的；一說及某存有，該存有即已存在於我及天地宇宙中，已與我及天地宇宙相依，更無截然獨立之可能。

既能被定位與說明，則其實存必矣；有所依於外，則有必須依於外的特質；能成爲所依者，亦必有所足依之特質，而「特質」正是存有的明證。在結構關係中，沒有可截然判分的依與所依者，物物相依，彼此支撐對方的存在座標及意義，也接受對方的支撐。船山以揭示現象及活動因相依相傍的必然，深刻地證明了存有的眞實無妄。

三、由用以得體

以用的眞實無妄及用者皆其體二概念爲理論基礎，船山「由用得體」之論述實比前賢擁有更飽滿、堅實的內容與立說根據，船山學的深度及厚度亦由此浮顯出更鮮明的輪廓。

本體雖多隱幽而不可見，然識者既知體在用中，用者皆其體，則固當以用爲下手處，則「左右逢原莫非眞體」。以「眞體」爲言，特強調由用所得之體的眞實不妄；而此體之所以得眞實不妄，固因用之眞實不妄已經證明故。

即使體爲形下存有，「體」仍是極難被說明的。船山對此有極深刻的體會：

> 蓋凡天下之爲體者，可見，可喻，而不可以名言。如言目，則但言其司視；言耳，則但言其司聽，皆用也。假令有人問耳目之體爲何如，則其必不能答，而亦不足答審矣。……若令以一言蔽其體之何若，便通身是口，也不得親切。即能親切於吾言，亦必不能親切於彼心。〔註160〕

形下之體雖昭然可見，但在面臨說明的要求時，昭然可見的事實並不能爲言者及聽者帶來明晰的詮解進路，除非透過對此體之用的闡析。但言耳目之體，

〔註160〕《讀四書大全說》，頁 788。

說其顏色、大小、形狀、存在位置等皆無法令人理解其實質，必得言耳能聽、目司視，聞者方得釋然有悟。又如對南人言麥、北人言稻，亦必告知麥稻有能食止飢之功用，人方脫然知意。由此可以深切地發現：用不只為體的活動流行，更是體的存在意義；或者說，體的功用乃是體之所以為體的最重要內容。除了認識論及方法論意義外，「由用得體」於是更具備了存在論意涵。

形下之體已是如此難以表述，形上之體自更不待言：

> 仁知之體，如何可以言語說得！……聖人答問仁者，直迫顏淵，從不一言及體。……仁之為仁，知之為知，其為體也，唯有者能見之，見者能喻之。……故善問者必不以體為問，善答者必不以體告人。聖門諸賢，……但於其工夫作用請事，終不似晚宋諸公，除卻先生言語，自家一如黑漆。〔註161〕

善問者不以體為問，善答者不以體告人，不由工夫作用言體，體終是虛說無根。

綜上所述，由用得體之立論基礎，以及在認識方法論上的不可替代性殆已證成，然當如何操作？亦即如何實踐並完成此認取過程？對此，船山提出「目遇心覺」之見解：

> 今我所以知兩間之有者，目之所遇，心之所覺，則固然廣大者先見之；其次則其固然可辨者也；其次則時與相遇，若異而實同者也；其次則盈縮有時，人可以與其事，而乃得以親用之者也。……此人之所目遇而心覺，知其化之有然者。〔註162〕

由前文所述，知船山極重視感官經驗的作用及檢證能力，對世界的了解及探索似一皆取之於耳目。但事實上，船山極重視心思的參與，並認為健全的認識取徑非耳目心思之合作不為功〔註163〕。「觀化而漸得其原」，觀者目，思者心，由心目的共同作用、互相資應，整全的認識方得以可能。船山在批評陰陽術數家天開於子、地闢於丑、人生於寅等說法之後，復論述自己所能接受的文明源起：

> 考古者，以可聞之實而已；知來者，以先見之幾而已。故吾所知者，中國之天下，軒轅以前，其猶夷狄乎！太昊以上，其猶禽獸乎！

〔註161〕前揭書，頁 787～788。
〔註162〕《周易外傳》，頁 1076～1077。
〔註163〕耳目為感知，心思為察識。詳見本書第三章第二節。

〔註164〕

驗諸耳目、察以心思，船山對文明的進化提出了極精確而符合實況的論斷：
黃帝以前，中國尙爲夷狄；太昊以上，中國其猶禽獸。此一論斷蓋來自於船
山對當時的實際觀察：同一中國，甲地之文明不若乙地。依此，將空間軸轉
爲時間軸，則可推知歷史之演變固亦如斯；引而伸之，則豈知今日他國未有
文明不如中國者，又豈知他國未有文明之盛於中國者，此亦理之必然也。由
此例，我們可以清楚地看到船山如何共運其心思耳目以觀化得原。對於學者
不能同用心思耳目，或廢聞見而純以聰明求索，或蔽於耳目而遂以隱爲無，
船山皆分別提出校正：

> 因耳目不可得而見聞，遂躁言之曰無，從其小體而蔽也。善惡可得
> 而見聞也，善惡之所自生不可得而見聞也，是以躁言之曰無善無惡
> 也。〔註165〕

對船山而言，佛老的某些思維是極其弔詭的。釋老皆不信耳目，釋氏淨六根、
道家墮耳目，皆對形色感官充滿了不信任。但最後在立說時，卻全盤接收耳
目所傳遞的訊息，而以不聞爲無、不見爲空，甘心爲耳目所主宰。姚江亦不
能免此失，故而以無善無惡爲心之體。〔註166〕

　釋老既以體爲空無，復因不信耳目而拒絕承認現象，故而只能由體得體。
然體不可見，唯以心思，思之不得，強相索求，終不免落入索隱行怪之「邪
說」〔註167〕：

> 世之爲道者，以性命之旨甚隱，而不知至隱者即在顯著之中，乃從
> 而索之焉，若別有其隱之藏，而離乎日用以得之也。於是而知者既
> 非常道，遂因而行之，其爲行也，離乎人倫物理，而爲情所不安、
> 理所不有之事，其行怪矣。〔註168〕

〔註164〕《思問錄》，頁467。

〔註165〕前揭書，頁415。

〔註166〕陽明「無善無惡心之體」之四句教，自非立足於耳目不能知見心體之眞而言
　　　　其無善無惡。船山對王學的批評常有不甚公允之情形，一如對釋道的駁斥，
　　　　此中自有其關懷及時代因素。究其實，船山學與陽明學並不存在根本性的對
　　　　反及衝突。對此，曾昭旭先生即曾指出：「船山之反陽明，半由其學重點之不
　　　　同，半亦由時代之因緣耳。故必明辨其分際，然後知船山陽明之終非對反也。」
　　　　見氏著：《王船山哲學》（臺北：遠景出版社，1983年），頁299～303。

〔註167〕《周易外傳》，頁862。

〔註168〕《四書訓義》，頁126。

對船山而言，釋老的認識方法乃先迷於耳目，後迷於於心思，以立體廢用為極致，終至體用並廢。相對於此，聖門之由用得體，方為不替之論：

> 《中庸》一部書，大綱在用上說。即有言體者，亦用之體也。乃至言天，亦言天之用；即言天體，亦天用之體。大率聖賢言天，必不捨用，與後儒所謂「太虛」者不同。若有未用之體，則不可言「誠者天之道」矣。舍此化育流行之外，別問窅窅空空之太虛，雖未嘗有妄，而亦無所謂誠。佛老二家，都向那畔去說，所以儘著鑽研，只是捏謊。〔註169〕

釋老以現象為妄，故立體廢用；船山則力主現象之無妄，而由用得體。釋老因感官之限制，故以感官所得之現象、活動為妄；船山則恰以感官所得為實、為公，而證現象、活動之無妄。釋老因萬殊之異不可為典要，故以萬殊為僞；船山正以殊異為存在之具象，而由萬殊之異以證存有之誠；道家追求喪偶獨立之自在，船山強調在相依的結構中證成意義。「立體廢用」與「由用得體」之別實不僅在於認識論的方法取徑而已，此中更涉及了本體論、存在論與倫理學的深刻關懷。

第八節　結構的翻轉與意義的切換：相為體用

朱子在《論語集註》中曾引述伊川解釋「子在川上」章之言：

> 程子曰：「此道體也，天運而不已，日往則月來，寒往則暑來，水流而不息，物生而不窮，皆與道為體。」〔註170〕

在這段文字中，「與道為體」特別受到朱子的讚賞及重視，朱子曾就此四字之義蘊與弟子進行多番說釋及問答〔註171〕。然「與道為體」並未出現於今本《二程集》中，或朱子另有所見；睽諸《二程集》，亦不見有可與「與道為體」相呼應、闡發之論述。故由此推之，即使伊川曾有此語，就思想的建構工程而言，此思想之自覺、清明與嫻熟程度當是有限的。

不同於伊川，朱子對「與道為體」四字則有詳細的論釋：

> 「與道為體」，此句極好。〔註172〕

〔註169〕《讀四書大全說》，頁529。
〔註170〕朱熹：《四書集註》（臺北：文化圖書公司，1984年），頁107。
〔註171〕《朱子語類》，卷三十六，頁974～978。
〔註172〕前揭書，卷三十六，頁975。

> 「與道爲體」，是與那道爲形體。道不可見，因從那上流出來。若無
> 許多物事，又如何見得道？便是許多物事與那道爲體。水之流而不
> 息，最易見者。如水之流而不息，便見得體之自然。〔註173〕
> 道本無體，此四者（按：日月寒暑）非道之體也，但因此則可以見
> 道之體耳。那無聲無臭便是道，但尋從那無聲無臭處去，如何見得
> 道？因有此四者，方見得那無聲無臭底，所以說「與道爲體」。
> 〔註174〕

依朱子之說，可爲朱子「與道爲體」義作解如下：

其一：「道本無體」之「體」爲「形體」義，指道無形體，此處之「體」非「體用」範疇之「體」義。

其二：「與道爲體」即「與那道爲形體」。因道無聲無臭，無可睹無可聞者，故若欲見道之本體，只能透過對有形有象者的察識方得。吾人可由日月往來、寒暑推移知天道之化，而見到「那無聲無臭底」；亦可由源泉滾滾、不捨晝夜而「見得道體之自然」。是以日月寒暑川流「與道爲體」或「與那道爲形體」之確義爲：透過形體的活動、流行，道得以向世界開顯自身，並爲人所認識。就此角度而言，固可謂日月寒暑川流提供給道一展現自我的機會；透過日月寒暑川流，人們得以察識道體的本質與內涵。「與」故有「予」之意；「與道爲體」，即予道以展現自身、呈示自身之具象。

其三：由上述理解推而伸之，則不僅日月寒暑川流可「與道爲體」，「便是許多事物與那道爲體」，亦即萬物皆可與道爲體，故朱子又言：「只看日往月來，寒往暑來，水流不息，物生不窮，顯顯者乃是與道爲體。」〔註175〕

其四：天地萬物爲「顯顯者」，亦即道之具顯流現。以此觀之，則天地萬物爲道之用，道爲天地之體；亦即道爲體，「與道爲體者」爲用，而非依字面之義，遂以日月川流爲體，道爲用。故朱子明白表示日月寒暑「非道之體，但因此則可以見道之體耳」，是以「與道爲體」者，即「由此可以見道體」之意，「與道爲體」之萬物皆是道的流行與具象。〔註176〕

朱子「與道爲體」之義並不難知，實即用爲體顯、由用得體之義。故依

〔註173〕同註170。
〔註174〕《朱子語類》，卷三十六，頁976。
〔註175〕前揭書，頁975。
〔註176〕關於朱子「與道爲體」之相關問題，可參看姜眞碩：〈朱熹「與道爲體」思想的哲學意義〉，《孔子研究》二期，2001年，頁73～87。

此類推，「顯者之用」皆可與「隱者之體」爲體，因此朱子又引伸此思維以釋仁、禮之間的關係：

> 《禮經》、《曲禮》，便是與仁爲體。〔註177〕

尊崇朱子的船山對「與道爲體」之說亦寄予極大的注意，於船山集中屢可見此說之迹：

> 陰陽與道爲體，道建陰陽以居。〔註178〕

> 萬物之所自生，萬事之所自立，耳目之有見聞，心思之能覺察，皆與道爲體。〔註179〕

由上述引文觀之，船山蓋亦同意萬物莫不與道爲體，此似與朱子無殊；然仔細尋繹船山之旨，則已與朱子門庭各別，而有更進一步的拓展：

> 「與道爲體」一「與」字，有相與之義。凡言體，皆函一用字在。體可見，用不可見；川流可見，道不可見；則川流爲道之體，而道以善川流之用，此一義也。必有體而後有用，唯有道而後有川流，非有川流而後道，則道爲川流之體，而川流以顯道之用，此亦一義也。……然終不可但曰川流爲道之體，而必曰川流與道爲體，則語仍雙帶而無偏遺。〔註180〕

船山在此爲「與」字下了明確的定義：即「相與」之意，並指出道爲川流之體，川流顯道之用；同時川流亦爲道之體，道以善川流之用。以道爲川流之體，蓋同朱子之意；然以川流亦得爲道之體，則朱子固已直言不可。由此可知，船山「與道爲體」之說雖有承於朱子，但已發展出不同的思維線索及詮釋進路，故只爲命題形式的繼承，而非內容精神的因襲。

以「與」爲「相與」，則是相爲體用義。以「陰陽」與「道」之間的結構說明爲例，船山對「陰陽與道爲體」的更明確解釋爲：

> 道以陰陽爲體，陰陽以道爲體，交與爲體，終无有虛懸孤致之道。〔註181〕

以道爲體、陰陽爲用，此蓋儒者所共言者；然以陰陽爲體、道爲用，則少爲學者所及。

〔註177〕《朱子語類》，頁976。
〔註178〕《周易外傳》，頁992。
〔註179〕《正蒙注》，頁148。
〔註180〕《讀四書大全說》，頁734。
〔註181〕《周易外傳》，頁903。

如前文所述，船山雖以靜繫體、以動屬用，然因動靜相涵，故體中仍有動，用中亦不捨靜；動靜之所以繫屬於陽陰，乃因它們在體用的存在範域中所佔比重的多寡與能見度之高低而定。是以體雖有動，終究以待推盪流動之存有義爲最明顯的面目；用雖不捨靜，但仍以活動流行的作用義爲最昭著的特徵；至若形上形下之別，則非船山哲學中判斷體用歸屬的標準。此外，一切存有皆自有體用，有居有行，同備活動及存有二義，既有須待推動流盪之實在，亦有可推動流盪此實在的活動能力，故不僅是「自有體用」，更可「自爲體用」。

以此檢視罕爲學者系統論述的相爲體用思想，則船山之意蓋甚了然。陰陽以道爲體，道以陰陽爲用，此關係結構成立之原因，蓋因道以「上天之載，無聲無臭」的姿態與陰陽以「化生萬物」的面目相織連之故。換言之，以道爲體，以陰陽爲用，一則在說明道爲陰陽之所以然，一則在突顯陰陽對道的推盪流動之功。透過陰陽二氣的往來推移，透過陰陽二氣運用道且推動流盪道，道的內容、本質及意義得以呈露、開放，並獲得滿足與完成。

同理，道以陰陽爲體，陰陽以道爲用之說之得以成立，乃因於此結構脈絡中，詮釋者原著眼於陰陽絪縕充滿的靜存面，同時在突顯道「於穆不已」的活動狀態。因有絪縕充滿之陰陽二氣，故可爲於穆不已之活動；因有於穆不已之活動以推動流盪陰陽二氣，絪縕充滿之陰陽始可爲人認識，並具顯、完成其存在內容與本質。此即「陰陽爲體，道爲用」的詮釋視角。

無道不有川流，川流所以顯道，此乃眾所習知的「以道爲體，以川流爲用」的體用結構。而若拋開道的普遍性、超越性等思維慣性，而將道鎖限於「川流、道」此一關係網絡中，則以川流爲體、道爲用亦理所當然之體用關係。

以川流爲體，但闡明其作爲「江河」的存在事實，初未涉及「流動」的概念及特質；以道善川流之用，則在顯發道「源泉滾滾」的作用活動。由江河而可滾滾，由滾滾而使江河之存在內容、存在特質及存在意義得以大暢，「道」的目的及功能即在推動流盪江河，使「江河」成爲動態、顯發的「川流」，而爲吾人認識其存在本質與存在內容。依此則川流自是體，道自是用，此亦「體以致用，用以備體」思維的運用。

船山在提出此一極具突破性的詮釋進路之後，不忘提醒學者必言「與」字，川流與道的迴環結構方得被整全地說明與認識，此之謂「語仍雙帶而無

所遺」。

在此，我們可以看出船山理解存有關係時的靈活態度及開闊視野。「群有之器，皆與道為體者矣」〔註182〕，萬物皆與道為體，則皆與道相為體用。事實上，船山確有「器與道相為體用之實」〔註183〕的明確論述。萬物既與道相為體用，則不僅物依於道，道亦有依於物。對世界的說明及理解之所以有別，原肇因於切入角度、觀察視域及思維方式殊異之故。

船山不止在道與萬物之間看到相為體用的迴環結構，同時發現此種迴環翻轉的模式亦存在於許多存有的繫連之間：

> 心之與意，動之與靜，相為體用，而無分於主輔，……互相為因，
>
> 互相為用，互相為功，互相為效。〔註184〕

「心意」、「動靜」相為體用，既是相為體用，則是迭為主輔；迭為主輔，故無分於主輔。兩者皆可為體，皆可為用，既決定對方，也被對方決定；既推動流盪對方，也被對方所推動流盪。此種翻轉迴環的緊密依存，船山又以「互藏其宅，交發其用」說明之：

> 喜怒哀樂，兼未發。人心也；惻隱、羞惡、恭敬、是非，兼擴充。道
> 心也。斯二者，互藏其宅而交發其用。雖然，則不可不謂之有別已。
> 於惻隱而有其喜，於惻隱而有其怒，於惻隱而有其哀，於惻隱而有
> 其樂；羞惡、恭敬、是非之交有四情也。於喜而有其惻隱，於喜而
> 有其羞惡，於喜而有其恭敬，於喜而有其是非，怒、哀、樂之交有
> 四端也，故曰互藏其宅。以惻隱而行其喜，以喜而行其惻隱；羞惡、
> 恭敬、是非，怒、哀、樂之交待以行也，故曰交發其用。〔註185〕

四端為道德情感，四情為自然情感，二者相為體用，而其具體表現則為「互藏其宅，交發其用」。

「交發其用」之意較易為人理解。「用」之目的在乃推盪流動此「體」，使體得以向世界開顯，並展現其存在事實及內容。以惻隱之端為體、喜情為用，意即喜情乃惻隱之端的顯發，其活動方向及活動目的即在推盪流動此惻隱之端。而以喜為體、惻隱之心為用，則詮釋所重者乃惻隱之心的活動義、作用面，同時強調喜情未發存中時的存有義及實在面，而使惻隱之心推盪流

〔註182〕前揭書，頁862。

〔註183〕《正蒙注》，頁97。

〔註184〕《讀四書大全說》，頁423～424。

〔註185〕《尚書引義》，頁266。

動喜，使其昭著於外，爲人所知見。此之謂「以惻隱而行其喜，以喜而行其惻隱」，「故曰交發其用」。相爲體用的二存有間，原有著互相顯發、互相推動、互相形著的依存關係。

舉例而言，見世人老有所終而喜，乃是以惻隱而行其喜；因心靈快樂的油然趨動而願世人皆老有所終，則是以喜而行其惻隱。道德情感與自然情感的關係原爲交互顯發，體用相涵。

至若互藏其宅，船山又稱爲「互載」〔註186〕，即互以對方爲藏載之所〔註187〕。正因四端七情交發其用，且「惻隱、羞惡、恭敬、是非之心，其體微而其力亦微，故必乘之於喜怒哀樂以導其所發，然後能鼓舞其才以成大用」〔註188〕，故在四端的發動中，必有相應於該道德情感之內容與當下情境的喜怒哀樂之情存寓於其中；反過來說，在發而中節的喜怒哀樂等現實情感中，亦必有四端等道德情感的存居、融滲與包藏。〔註189〕

不只「心意」、「動靜」、「形神」、「四端四情」存在著相爲體用的結構模式，形神〔註190〕、理氣〔註191〕、性氣〔註192〕、仁禮〔註193〕、存神過化〔註194〕、詩樂〔註195〕、乃至元亨利貞〔註196〕等，莫不可以「相爲體用」之視域以詮釋其間的依存結構。存有間可相爲體用之由乃因觀照角度之異，「緣仁制禮，則仁體也，禮用也；仁以行禮，則禮體也，仁用也。」〔註197〕相較於朱子但將「與道爲體」之思維運用於《禮記》與仁德之關係說明，船山相爲體用思想不只別開蹊徑，且顯然有著更廣涵的應用範圍，也表現出更

〔註186〕《周易外傳》，頁861。

〔註187〕林安梧曾以「形而上的宅第」與「器的宅第」說明「互藏」之意，以「形而下」藏「形而上」之「藏」爲「具體而實存」的藏；「形而上」藏「形而下」之「藏」爲「本體而根源」的藏。見氏著：〈從「以心控身」到「身心一如」〉，《國文學報》三十期（2001年6月），頁91。

〔註188〕《讀四書大全說》，頁1067。

〔註189〕參見張立文：《正學與開新——王船山哲學思想》，頁180。

〔註190〕《周易外傳》，頁861～862。

〔註191〕《讀四書大全說》，頁1051～1059。

〔註192〕前揭書，頁861。

〔註193〕《禮記章句》，頁9～10。

〔註194〕《正蒙注》，頁97。

〔註195〕前揭書，頁315。

〔註196〕前揭書，頁285。

〔註197〕《禮記章句》，頁9。

高的系統性與圓熟度。

綜上所述，可對船山「相爲體用」思想之哲學意義分析如下：

1. 船山曾以「體用相因」一語說明體用互相決定、互相備成的邏輯結構。在此邏輯結構中，體用的地位、價值、意義之齊一獲得了最堅實的證成，所有因「主輔」、「賓主」等成詞所造成的價值誤解幾乎不再可能〔註198〕。而由於船山「修其實有，取之現存」的學術性格及取向，復使「體用相因」概念不能只有邏輯學意義，而更擁有存在論與本體論的高度。

當二存有以體用模型締連出一存在結構時，固可由體用相因之概念推導出存有間的互因互成。然不論就邏輯概念或存在事實的詮釋而言，由存有間具備體用關係，再由體用相因以證成存有之相依相成，終是經過一層轉手，而爲第二序義。

船山則以其敏銳的洞察力提出相爲體用的觀察視角，直接說明了存有間相互依存、相互顯發、迭爲賓主的結構關係，從而證明了所有存有的意義與位階，也宣示了沒有不重要的存有、沒有可輕賤的存有、沒有不眞實的存有。所有存有都可以成爲根源及原因，可以具備意義及價值，而非可有可無、應迹權假的存在。

2. 由於存有間具備著相爲體用的關係結構，存有的依存度更加緊密。復因存有可與不同的存有交譜出各式體用繫連，如此環環相扣、層層推演，逐步將世界交織爲一龐大的結構之網，嗒然塊然、喪偶獨立不僅沒有現實上的可能性，亦是象徵著對實我的悖離。自我的成就及完成遂必表現爲人我、物我結構的和諧與完善，且只能在結構中完成自我的實現與整全。

3. 船山「相爲體用」概念的提出，首先表現爲一種嶄新的詮釋可能。而任一嶄新而合理的詮釋可能，其最重要的意義乃在指出存有具備另一存在內容的可能性。詮釋幫助我們認識世界、理解眞相。沒有僵固的存有，只有僵固的認知；沒有單線的依存關係，只有單線的思考模式。船山以「相爲體用」的觀照提供了一條詮釋世界的新進路，在此理解視角下，存有間的結構範式變得動態而活潑；存有的結構角色不是可以翻轉，而是理當不斷翻轉，存有的面貌因此多元而紛呈。在不同的組合、不同的結構範式及不同的角色變化中，存有切換出不同的存在面貌與存在意義，並展現出不同的存在內容與特

〔註198〕參見陳贇：〈從「貴體賤用」到「相與爲體」〉，《許昌學院學報》2003年第一期，頁1～6。

質。存有的生命向度因此是開放的，既向世界開放，也向自我開放——存有可以不同的方式展現自身、完成自身，生命因此有著豐富的可能。

第九節　動態辯證的思維模式：體用相涵

經過層層剖析，船山之體用思想固已面目昭然，而可以「體用相涵」一語作爲總結：

> 是故性情相需者也，始終相成者也，體用相函者也。〔註199〕

涵者，即「包涵」、「在中」、「在裡許」之謂〔註200〕，所謂「性涵道，則道在性中」〔註201〕；體用相涵，則亦體涵用、用涵體，體在用中、用在體中之意。性情、始終、體用等對立概念以相需、相成、相涵等形式相互支撐對方的存在、完成共同的結構，此種思維方式毋寧是極其辯證的：對立的存有最終被證明實可彼此相容，且在發展方向及目標的一致性下，互相需要、互相供應，並變化出一個對立而一致、衝突而和諧的圖式。此一辯證的思維模型乃船山理解世界、詮釋世界的基礎，具現於其體用思想，復以此體用思想爲中心，輻射至動靜、終始、陰陽、性情、理欲、道器、天人等所有涵蓋對立概念的哲學範疇中。

然則，體用相涵的具體展現方式爲何？當如何精確地詮說其內容意義？透過前文的重重爬梳，船山「體用相涵」之具體意涵可由五個詮釋面向以發明其義。

其一，邏輯結構的相涵。

無子之叟，不名爲父，「體」之名得立，必因有「用」之實存與之對勘；「用」之座標得定，必得「體」爲其提供經線緯度。當體用結合爲一範疇，體、用概念即無獨立存在之可能，獨立不交於用之體，雖實有於天地之間，然必不能有「體」之「名」，以其沒有「體」的座標，以其未能得位於體用的結構之網。

「所自生者肇生，所已生者成所生」，體、用在邏輯原因及結構圖式中的互相完成與支撐，使體在用中、用在體中的相涵意義成爲可能；亦緣此故，船山方言：「有是體必有是用，有是用必有是體；是言體而用固在，言用而體

〔註199〕《周易外傳》，頁 1023。
〔註200〕《讀四書大全說》，頁 610：「在中者，猶言在裡許，相爲包函之詞。」
〔註201〕前揭書，頁 832。

「固存」矣。

其二，存在時間的相涵。

體爲用的發生根據，用爲體的作用活動；既是本體的作用活動，則用與體自是同有、固有，詮說次序似有先後，然發生時序實無早晚。故船山嘗如此定義「體生用」之「生」：

> 生者，於上發生也：如人面生耳目口鼻，自然賅具。〔註202〕

體之有用既爲自然賅具，則是就發生時點而言，乃有體則有用，有用必有體，體、用二者具有共時性，體用相即；體涵用、用涵體遂爲事理之必然。

體用相涵的共時性不只存在於體用結構發生的始點，更綿延於連續的時間軸之中。「體以致用，用以備體」，只要體用結構存在一日，體、用的獨立自爲即毫無可能。而「用者用其體」之思想復一再提醒我們：作爲「用」的發生原因、活動資具、實現場域及作用目的的「體」，其對用的涉入及參與乃是無時不在，以是得推導出「用者皆其體」的結論。而用雖或有不著不顯之時，但必無離體不存之際；作用活動乃體最眞實的存在內容，割離存在內容與存在將如何可能？

因此，在時間的範疇中，體中有用、用中有體亦展現出一無須臾或間的事實。透過此一觀察視野，體用相涵遂具有時間意義的詮說向度。

其三，存在位置的相涵。除了時間意義之外，體用相涵復指涉了存在場域的空間意義。

前節曾論及四端與四情乃「互藏其宅，交發其用」，而對體用「互藏其宅」的必然現象，船山又稱之爲「互載」。而由「用者用其體」之觀照切點，我們亦已深知「體」不只是用的發生根據與原因，亦是用的活動資材，更是用的實現場域。總此，皆表現出體用在空間上必然要涵會於同一存在場，必然要存在於同一位置。

此存在場及空間位置雖不必然時時具顯於吾人可聞見知感的現實座標中，然其實有實在蓋無可究疑。道與川流、道與陰陽、陰陽與萬物、形與神等之空間位置皆吾人可知見者：即川流、寒暑生殺、萬物與形。而當喜怒哀樂未發之時，發皆中節之和不顯，在現實座標中自不見其位置，然此固僅爲「不著」，而非「不存」；換言之，未發之中與已發之和、四端與四情仍是實在實有，且互藏互載，居處於同一場域，特因體用俱隱而不得出現於經驗界

〔註202〕《周易稗疏》，《船山全書》，第一冊，頁789。

的座標中。然縱使不見於經驗界的座標，固無妨此二者據位於同一空間維度，此即是空間意義的相涵。

空間意義的體用相涵，勾勒出一無限界可分的結構圖式。在此圖式中，體用涵會、統貫於一存在場，而其涵會的方式乃是綿密的融滲與暈染，體用的離判遂更無可能。

其四，存在內容的相涵。體用之間的綿密融滲不只表現在存在位置的涵會，亦見於存在內容的交涉，亦即活動之中具存有，存有之中有活動。

體靜而用動，然「動靜無端」，靜涵動、動不捨靜，「動靜互涵，以爲萬變之宗」；則是體雖靜而有動，用雖動而藏靜。因體有靜有動，故自具動能，此動能使存有要求著活動作用的實現。故體雖因靜態實存義的辨識度較高而顯示出居、靜的面貌，然並不意味存有之中全無活動義在，更不代表存有與活動在內容上可判然離分，而只在時間、空間、邏輯及結構等方面有所交涉。

同理，用之中亦是動靜兼備，唯靜爲動所涵，動爲主，靜爲賓，故自以動爲主要的表現性格，活動作用義遂成爲用最主要的展現姿態。雖然如此，用中仍有體之靜，則是活動之中存有自具，作用之中仍有本體的內容不時浮顯。

合上所述，則是用中涵體，體中涵用，活動之中展示著存有的本質，存有之中具備著活動的能量；此固爲體用存在內容之相涵。唯須注意者，雖言相涵，但並未重合；既言相涵，則體、用之存在內容仍不得不爲二。此意義下之「相涵」爲「涵攝」之義，而非時間、空間範疇的「涵會」、「涵合」，亦非邏輯結構層次的「涵依」。

其次，「體者所以用，用者用其體」，體資助、參與且完成了用的所有歷程，且正於此資助及參與的過程中，體的存在本質與內容得以完全開顯。換言之，體的存在內容原即存在於用之中，而非僅由用以顯、恃用以現。甲由乙顯、恃乙以現，甲、乙仍有爲判然二物之可能；但若甲之內容原存在於乙中，則甲、乙之綿密交涉已是涯畔難分。此方可謂「體在用中」。

而由船山對「用以備體」的強調，可知體的發生、實現及完成，資取於用者亦深矣。體因用顯、體由用備，「凡言體，皆涵一用字在」，故一旦有體，兀已昭告著用的流行與實在；以此角度觀之，則不只體由用顯，用的存在內容與本質實亦賴體具現與完成，亦即存在於體的實有之中，是以船山說：「當其有體，用已見」。用的存在內容與本質見於體中、顯於體中、成於體中，則

是體的存有之中本即涵具著用的實在，此之謂「用在體中」。對於體用存在內容的相涵及交涉，船山曾以虛實、動靜、清濁等對立概念為喻加以說明：

> 兩端者，虛實也，動靜也，聚散也，清濁也，其究一也。張子。……
> 濁入清而體清，清入濁而妙濁，而後知其一也，非合兩而以一為之
> 紐也。〔註203〕

體清而妙濁者，清為體，濁為用。濁入清、清入濁，此即體用存在內容的融滲與交涉；由於此融滲及交涉的形式綿密無際，故船山以「入」形容之。船山屢屢強調體用之涯畔難分、垠鄂難畫，固非僅指存在疆域之不存楚河漢界而已。

　　而隨著體用存在內容的相涵互滲，一個和諧而一致的體用結構於焉產生。此結構之存在內容非「體」加「用」的合兩以為一，而是一經過對立、滲透、涵融而走向諧和一致的相淪貫之一。相加為一的兩造仍可能有不同的價值歸止，相涵為一的彼此則必凝視相同的方向；合兩以為一的內容可能存在扞格不入的衝突，相涵為一的內容則必趨向和諧均衡的一致，故船山說：「濁入清而體清，清入濁而妙濁，而後知其一也，非合兩而以一為之紐也」，相涵而一是動態之一，經過彼此的互動、求索、應答等作用後所成的有機體之「一」，而非機械而靜態的數學之「和」。

　　其五，完成意義的相涵。

　　「性情相需者也，始終相成者也，體用相函者也」，船山於此言中，固已指出了體用相涵最重要而深刻的意義：即動態的備成是也。

　　「體以致用，用以備體」，此語除了可彰示體用在邏輯原因及結構完成上的相因相資，更指涉了體、用在實現自身時對彼此的需要。體決定了用的內容及開展方向，用則決定了體向世界開顯的程度。而體用的彼此決定殆非終始於一剎，而是無時無刻不在進行。

　　船山極重視生生大義，氣化生生不息，世界亦變動不居，天、地、人恆處於日新又新的遷變之中〔註204〕。是以體用的結構雖然不變，但其內容卻可能因體或用的可能改變而產生不同的面貌：當體的道德高度攀升，則用自然有更為華美的展現方式與範圍；當用對體的推盪流動愈徹底，體亦將得到更大的開顯與實現。船山說：

〔註203〕《思問錄》，頁 411。
〔註204〕生生之義及日新之旨，見本書第四章第一節。

> 仁是近己著裡之德，就中更無上下，但微有熟、不熟之分，體之熟
> 而用之便。……蓋仁之用有大小，仁之體無大小。體熟則用大，體
> 未熟則用小，而體終不小。〔註205〕

重視生生及變化的船山對存有的面容投注以最深刻的凝視。存有的本體每天
都可能有不同的開顯狀態、每刻都可能有不同的呈露程度，開顯及呈露的向
度及程度既殊，則面目豈得無異？由本體而生發的活動作用又豈能無別？以
仁體為例，仁德乃是天則，天則只是「一」、只是「善」，不可能再於一、善
之中分高低；既然如此，人皆秉此天則之性，何以有聖賢與盜跖之別？

　　對船山而言，仁體雖人人無別，但每人所呈露、實現之仁體則有程度之
差。對仁體的體貼不足，即是仁體的內容無法被充分展示，此時，仁體所現
者小，其用亦小，此之謂「不熟」。仁體所現者小非其不足而真小，而是受到
遮蔽而無法向主體及世界開顯其自身所有。一旦仁體得以完全開顯、充分實
現，亦即去除遮蔽、朗現全體，則體全而用大，斯所謂「義精而仁熟」。由此
可知，用有大小，「大用」即意謂著用的完全踐發與流現，亦即用的充分開展。
而用之大小決定於體之熟疏，用的高度決定於體的態度。

　　另一方面，體用相因、體用相資，全體可顯其大用，亦唯大用得朗現全
體：

> 因我所固有之大用誠，以行乎天所命我之本體性。〔註206〕

行者，推盪流動之謂也。「用」之存在目的即在推盪流動「體」，令「體」的
內容得以展現，「有體則必生用，用而還成其體」〔註207〕，體決定用，用亦決
定體；故用推盪流動的力道若干，體的呈露程度就有若干。因此，不僅是用
的高度決定於體的態度，體的高度同樣決定於用的態度。

　　在此，我們看到船山動態而辯證的思維展現：體用互相規定、互相限制，
然亦互相顯發、互相充拓；就互相規定及限制而言，體用二者乃是對立的存
有；但由互相顯發、互相充拓觀之，體用又是互相涵融且互相需要的侶伴。
而就在這辯證的互動過程中，體用不斷展現出相涵而一的新內容，此內容不
能單名為「體」，亦不得獨稱為「用」，更不能詮解為「體」加「用」，而是
體、用二者相摩相盪所變合出來的成果，而指陳著體、用共同的內容、境界

〔註205〕《讀四書大全說》，頁694。
〔註206〕前揭書，頁542。
〔註207〕《正蒙注》，頁16。

與方向。

由於此相涵之一乃體、用摩盪變合而成，摩盪變合的組成形式固有萬端，故所成面目亦自萬端，這就使得「體用相涵」思想充滿了時間感、動態感及歷程感，也使得「體」的面容隨著相涵光影的流動而時時變化。事實上，辯證的思維方式必然是動態的，亦必然因此動態的發展進程而格外注意時間與空間的維度，格外重視結構及互動。「體用相涵」正是總結著這一切關注的深刻思維。

因體用相涵意謂著一動態的進程，因此不能有一定的內容，「工夫至到，本體透露」〔註208〕即在申明其義。亦緣此故，船山繼承朱子「全體大用」思想，力求學者以體拓用、以用充體，直至全體大用。雖言充拓，其實只是令體、用之涵蘊完全開顯，故全體大用實只為體用自身的完全實現，而非外來的增添。此外，體用相涵尚意指著：全體大用須被自覺的開發與成就，而不可能現成的鋪展與降受。

以體用相涵的思維模式為詮解核心，船山將輻射出其浩博而深厚的哲學體系。

〔註208〕《讀四書大全說》，頁412。

第二章　「體用相涵」思想之運用及開展之一
——以天道論爲中心的考察

第一節　陰陽者，太極所有之實

　　〈繫辭〉「一陰一陽之謂道」及「易有太極」等文字，素樸而深邃的語言爲中國哲人提供了開闊的想像空間及豐富的詮釋可能，成爲儒學宇宙論及本體論的主要骨架。以此骨架爲基礎，哲人建構出不同的天道論體系，並藉由對《易經》不同的擇取及應和方式，發展出個人的思維模式、學術性格與思想旨趣。

　　在〈繫辭〉這兩段文字中，思想家對「太極」的詮釋或有不同，但以「易」、「道」爲根源本體及價值的歸趨，並以陰陽爲道之用，則爲哲人所共認。船山以其體用思維模式出發，重新檢視了〈繫辭〉的記載，並對易、太極、陰陽、道之間的關係進行深刻的解說。

一、體以致用，用以備體：一陰一陽之謂道

　　船山曾爲道、太極、陰陽作過以下解釋：

　　　　道者，天地人物之通理，即所謂太極也。〔註1〕

　　　　「道」謂天道也。「陰陽」者，太極所有之實也。……合之則爲太極，
　　　　分之則謂之陰陽，不可強同而不相悖害謂之太和，皆以言乎陰陽靜
　　　　存之體，而動發亦不失也。然陰陽充滿乎兩間，而盈天地之間唯陰

〔註 1〕《正蒙注》，頁 15。

陽而已矣。〔註2〕

「道」、「太極」、「太和」同旨而異名，太極即道，道即太極；而若爲強調天地和同而不相悖害的和諧感、秩序感，則不妨以「太和」狀寫之。至於太極、道最眞實的存在內容，則可以「陰陽」作爲說明。天地絪縕皆陰陽二氣，「陰陽之外无物，陰陽之外无道」〔註3〕，陰陽之外無天地，亙古今，窮六合，未有無陰陽者。

在船山的哲學體系中，陰陽或爲形下之可見者，或指形上之不可見者，端視論述語境而定。與形器相對，形器的鑑識度遠過於陰陽，故形器爲顯，而陰陽爲隱；與道、理並舉，道、理之能見度遠遜於陰陽，故以道、理爲隱，而以陰陽爲形下之顯。

船山曾以體用思維爲〈繫辭〉第五章的重要思想進行詮釋：

> 「一陰一陽之謂道」，一之一之云者，蓋以言夫主持而分劑之也。陰陽之生，一太極之動靜也。……則其爲實，既可爲道之體矣。……則其數，既可備道之用矣。……是以道得一之一之而爲之分劑也。……故道也者，有時而任其性，有時而弼其情，有時而盡其才，有時而節其氣，有所宜陽則登陽，有所宜陰則進陰，……兩相爲酌，而非无主以渾其和也。……孰爲爲之而莫不爲，則道相陰陽；孰令聽之而莫不聽，則陰陽亦固有夫道矣。……其一之一之者，即與爲體，挾與流行，而持之以不過者也。……一之一之而與共焉，即行其中而即爲之主。道不行而陰陽廢，陰陽不具而道亦亡。〔註4〕

船山於此段論述中，詳細說明了道與陰陽之間的綿密依存。

首先，道非陰陽加總之謂，對於論者或以陰陽之「摶聚而合一之」的簡單數學來理解道之蘊涵，船山曾有「微言絕而大道隱」之嘆。〔註5〕

作爲陰陽的形上本體，道雖隱而實存，其最具體的表現即在於擔負著對陰陽的主持分劑之責，斟酌之、裁成之、輔相之，因時制宜，或任其性、或弼其情、或盡其才、或節其氣，規定著陰陽的活動方向，使陰陽的活動不致盲目而悖亂，此即「道相陰陽」。由道決定陰陽之活動方向而言，道固可謂爲陰陽之

〔註2〕 《周易內傳》，頁 524～525。
〔註3〕 《周易外傳》，頁 1012。
〔註4〕 前揭書，頁 1004～1005。
〔註5〕 前揭書，頁 1002。

「主」。陰陽因道而作用、依道而活動，道爲陰陽之所以如此活動者，故可由陰陽的活動中窺知道的內容與存在，故言「陰陽亦固有夫道者」，亦即道在陰陽之中。萬物雖莫不由陰陽推移化生，莫非由陰陽的活動以成，然在「四時行焉，百物生焉」之中，必有道的主持參與，非陰陽可自成。故由此論之，萬物之中亦莫不有道，不只「於陰而道在，於陽而道在」，於人、於器亦莫非道在〔註6〕，道在陰陽之中、道在器中、道在寒暑之中、「道在性中」〔註7〕。透過道與陰陽的相涵，道與萬物的相涵亦成爲無可置疑之眞實，此中關係直可一言以蔽之：即「體在用中」。

其次，陰陽因道以流行，倘無道之主持分劑，則陰陽的往來推移將不可能，既無法展現自身、亦不能實踐自身，存在內容及存在意義並皆蕩然，故言「道不行而陰陽廢」，無體則自無用。

另一方面，「陰陽與道爲體，道建陰陽以居」，陰陽以有形質故，遂得以作爲道的存在疆域，亦即爲道之載體，故船山在此亦表明陰陽之「爲實，既可爲道之體」。除了作爲道的存在疆域及載體，陰陽復因有六九之數得備道之用。換言之，道之居存及顯發皆有賴於陰陽，陰陽既是道的存在條件，也是道的活動條件與資材。沒有陰陽的支撐，道的存在將無法可能，故言「陰陽不具而道亦亡」。

在此，我們可以說，在船山的思想體系中，道非陰陽，陰陽亦非道，唯一陰一陽之謂道。一陰一陽之謂道，其關鍵在於「一之一之」。「一之一之」所突顯者爲道與陰陽對彼此的決定與備成，所朗示者爲一動態的相涵結構與由此而來的不息生生。道雖爲主，有主持分劑之德，但陰陽並不因此而減損價值，甚至因陰陽對道體開顯的決定地位，使得陰陽具備了本體論的高度。在道與陰陽的結構範式中，「體以致用，用以備體」的思維有了具體的應用與開展。

二、體用相即：易有太極，是生兩儀

「太極」之名首見於〈繫辭〉，對原文充滿宇宙論意趣之文字，船山有如下之說解：

> 「易有太極」，固有之也，同有之也。太極生兩儀，兩儀生四象，四象生八卦，固有之則生，同有之則俱生矣，故曰「是生」。「是生」

〔註6〕前揭書，頁1005。
〔註7〕《讀四書大全說》，頁832。

者，立於此而生，非待推於彼而生之，則明魄同輪，而源流一水
也。……唯易有太極，故太極有易。所自生者肇生，所已生者成所
生。……固合兩儀、四象、八卦而爲太極。其非別有一太極，以爲
儀、象、卦、爻之父明矣。……是太極有於易以有易，易一太極也，
又安得層纍而上求之？〔註8〕

對於〈繫辭〉「易有太極」一段富涵宇宙論意味的文字，船山以體用思維加以
轉換之、消解之，不僅淡化了原文的宇宙論色澤，也再一次地展現出道氣相
涵的世界圖式。

船山將「易、太極」與「太極、兩儀四象八卦」，二組範疇定位爲體用結
構。由於相對待的存有與詮釋角度之異，太極分別以「用」、「體」的不同身
份與「易」、「兩儀四象八卦」產生繫連，進而發展出各自的連結脈絡。

「易有太極」，易爲體，太極爲用；「太極生兩儀」，太極爲體，兩儀爲用。
而不論是易之「有」太極，或太極之「生」兩儀，由於此「有」爲體有用之有，
此「生」爲體生用之生，故而爲「固有」、「同有」的自然賅具，所自生與所生
之間並無發生時序之別、價值高下之殊，有則同有，無則同無，易與太極、太
極與兩儀之間，原具備共構性與互備互成性。《周易稗疏》說得更痛快明白：

生者，非所生者爲子，生之者爲父之謂。使然，則有有太極無兩儀，
有兩儀無四象，有四象無八卦之日矣。生者，於上發生也，如人面
生耳目口鼻，自然賅具；分而言之，謂之生耳。……要而言之，太
極即兩儀，兩儀即四象，四象即八卦，猶人面即耳目口鼻。〔註9〕

體之有用、生用，乃自然賅具，船山形容爲「於上發生」；則體之與用，乃立
地而有、就地而有的「相即」，存在相即，發生相即，如耳目口鼻之於面，更
無先後可說。

由於《易》爲中國哲學所共尊之終極根源〔註10〕，復因易與太極爲體用
關係，而體用相因相備相成，故太極的根源義亦因而獲得確認。既爲根源，

〔註8〕 前揭書，頁 1023～1024。

〔註9〕 《周易稗疏》，頁 789～790。

〔註10〕 自漢以降，即以《易》爲六經之原，學者亦多認可，故多致力於解易，以
求探本得源。漢・班固：《漢書・藝文志》：「六藝之文，樂以和神，仁之表
也；詩以正言，義之用也；禮以明體，明者著見，故無訓也；書以廣聽，
知之術也；春秋以斷事，信之符也；五者，蓋五常之道，相須而備，而易
爲之原。」清・王先謙：《漢書補注》（臺北：新文豐出版公司，1975 年），
頁 860。

則其上更不可能另有根源，因此，濂溪「無極而太極」所予人的「誤解」遂可一併澄清：

> 太者，極其大而無尚之辭。極，至也，語道至此而盡也，其實陰陽之渾合者而已，而不可名之爲陰陽，則但贊其極至而無以加，曰太極。太極者，無有不極也，無有一極也；唯無有一極，則無所不極，故周子又從而贊之曰：「無極而太極」。〔註11〕

依船山之解，「無極」但爲讚美太極「無有一極」、「無所不極」之形容詞，而非名詞，亦非太極之上另有無極。此外，易雖有太極，但易亦非太極之上的存有。易爲體，太極爲用，體用相資、體用相涵，互爲存在根據及完成條件，二者既涯畔難分，更不能有上下高低先後之判。故船山說：「太極有於易以有易，易一太極也，又安得層纍而上求之？」「太極有於易以有易」之立論，實爲「用有於體以有體」思維的開展。倘若易爲根源，那麼支撐、供應、備全易的太極亦是根源，太極之上已無易，何能更有無極？

船山以本體論轉化〈繫辭〉的宇宙論色彩，已爲學者論及，但船山以其體用觀所鋪陳出的詮釋進路及思維軌跡，則鮮爲學者鈎掘。船山以體用結構說明「易、太極」，「太極、兩儀四象八卦」之重要意義有三：

其一，透過體用範疇的勘定，「易有太極」、「是生兩儀」之「有」與「生」有了同質的內容與規定，莫說化生，即連姿態之生、邏輯之生的意味都降到最低〔註12〕，而爲自然眩具的「於上發生」。宇宙發生論色彩因而大幅淡化。

其二，由於「易、太極」及「太極、兩儀四象八卦」各爲體用結構，「易有太極」、「是生兩儀」、「兩儀生四象」、「四象生八卦」由上而下的層次感完全泯除，其間的連結方式由縱軸轉化爲橫軸；且由於「太極」的居中斡旋及銜接，使得易、太極、兩儀、四象、八卦全處於同一時間平台，並環環相扣爲一結構網絡、波波相涵爲一絪縕世界。由於易、太極、兩儀、四象、八卦與萬物的共時共構性，物物有太極，「日習於太極」〔註13〕等說亦因之得以證成。

其三，「太極有於易以有易」，陰陽有於太極以有太極；易不能離太極而

〔註11〕《周易內傳》，頁561。

〔註12〕牟宗三先生嘗對王弼思想中的「道生萬物」進行解釋：「道……遍與萬物而生全之，即遍與萬物而爲其體也。……此遍在之體只是『虛』義，非『實』義。倘若有客觀實體之姿態（有客觀性，實體性之姿態），實則只是一姿態，故非『存有形態』也。」見《才性與玄理》，頁149。

〔註13〕《周易外傳》，頁1024～1025。

存，太極不能離陰陽而有，陰陽與易、太極並爲第一序義，陰陽即太極所有之實。

三、豈待可用而始有體：太極動而生陽，靜而生陰

濂溪《太極圖說》頗費後哲「疏解」之處除「無極而太極」之外，尚有「太極動而生陽，靜而生陰」一語。依字面義觀之，極易得出三結論：其一，太極先陰陽而有；其二，由太極之動而生陽，因太極之靜而生陰；其三，陰陽之發生有先後。對此類「誤認」，船山訂正其義曰：

> 誤解《太極圖說》者，謂太極本未有陰陽，因動而始生陽，靜而始生陰。不知動靜所生之陰陽，乃固有之蘊，爲寒暑、潤燥、男女之情質，其絪縕充滿在動靜之先。動靜者，即此陰陽之動靜。〔註14〕

船山在此首先將「動而生陽、靜而生陰」之「陰陽」重新定義，以寒暑、潤燥、男女之情質等「陰陽屬性」爲界說方向，以與陰陽二氣本尊相區隔。其次，船山將「太極動而生陽，靜而生陰」之主詞易之以「陰陽之動」、「陰陽之靜」，亦即將活動的主體由太極轉變爲陰陽。此說法之成立基礎乃建立在太極與陰陽的體用連結上。

依船山對世界的觀察結果，發現體用模型常可翻轉結構，體用的角色亦可進行切換；最重要的，在轉換詮解視域之時，世界實因此而呈露了更多的真相。太極爲體，陰陽爲用，二者相資相因、相備相成，亦且相爲體用。太極即道之異名，「道以陰陽爲體，陰陽以道爲體，交與爲體」，船山即以此理解爲立論根據，證明其以「陰陽之動」、「陰陽之靜」詮說「太極動而生陽、靜而生陰」的合理性及合法性：

> 陰陽者，二物本體之名也，盈此間皆此二物。……周子曰：「動而生陽，靜而生陰」，生者，功用發現之謂，動則陽之化行，靜則陰之體定爾，非初無陰陽，因動靜而始有也。今有物於此，運而用之則曰動，置而安處之則曰靜，然必有物也以效乎動靜。太極無陰陽之實體，則抑何所運而何所置邪？抑豈止此一物，動靜異而遂判然爲兩耶？……陰陽必動必靜，而動靜者，陰陽之動靜也。體有用而用其體，豈待可用而始有體乎？〔註15〕

〔註14〕《正蒙注》，頁 24。
〔註15〕《周易內傳》，頁 659～660。

船山在此以陰陽為體、太極為用,而將動靜解釋為太極的眾多活動內容之一。由於吾人的思維慣性使然,此解須得稍舉例說明之。以太極為用,猶如以陰陽的推移往來為用,推移往來的形式及內容甚夥:寒暑、生殺、動靜、升降皆是,故動靜為太極之用的活動形式之一實無可疑。

動靜既為活動,則必要有活動的主體;活動不可能憑空無所傍的存在、發生,必得表現為某存有的運動及伸展。沒有存有的活動在現實及概念上皆是不可能的,倘陰陽因動靜而有而生,則是活動可先於存有,可獨立於存有之外,活動不必以作為存有的伸展而顯現;若果如此,活動將如何展現自身?如何可能?又將以何處為實現場域?活動又豈能先於存有而存在?船山清楚地看到此一理論困難,故提出質疑:「太極無陰陽之實體,則抑何所運而何所置邪?」「運」者,即活動主體;「置」者,即活動的實現場域。

用者用其體,體不只是用的發生根據,也是用的活動資具及活動進行的場域。陰陽為體,太極為用,「體有用而用其體」,故「太極動而生陽,靜而生陰」之說,自可順理成章地被詮解為陰陽之動與陰陽之靜了。

至於陰陽之動靜何以又生陰陽,乃因主、受詞之陰陽界義有別,主詞為陰陽「二氣」,受詞為陰陽「體性」。由陰陽之動靜所生之陰陽,所強調者為陰陽之體性。二氣之動時,「健而動,其發浩然」〔註16〕,陽的特質有較高的能見度,面貌亦較昭著,故曰動而生陽;「生者,功用發現」,亦即以功用之易見者為詮說之主,而非陰陽之動時無陰。反之亦然。由陰陽之動使陽之體性得以形著,由陰陽之靜使陰的特質得以彰顯,此亦可謂「體生用,用成體」思維之具顯;亦即透過活動(靜亦是活動方式),陰陽得以呈露其本質。故船山說:

> 健順,性也;動靜,感也;陰陽合於太和而相容,為物不貳,然而陰陽已自成乎其體性,待感而後合以起用。……體生神,神復立體;緣神之復立體,說者遂謂初無陰陽,靜乃生陰,動乃生陽,是徒知感後之體,而不知性在動靜之先本有其體也。〔註17〕

陰陽絪縕於太和之中,雖未應感成形,但陽健陰順之體性具在,特隱而未顯。陰陽之動靜作為乃起於感,因感而有動、靜等不同的活動形式及方向,此即「體生神」。而陰陽動時,陽健之性易顯,亦即透過「動」的活動方式,陽健

〔註16〕《正蒙注》,頁82。
〔註17〕前揭書,頁366。

之性得以開展並完成自身；同理，陰陽靜時，陰靜之性易彰，亦即透過「靜」的活動方式，陰靜之性得以呈示並實現自身，故曰「動則陽之化行，靜則陰之體定爾」，此即「神復立體」之意。「體生神，神復立體」，即「體生用，用復成體」之思維模式。然論者多囿於目見，唯見「神立體」、「用成體」、「動生陽」、「靜生陰」，遂以爲動靜之前無陰陽，陽果因動而有，陰果由靜而生；如此的理解方式直是失落了「體生用」一截，而以「用成體」爲世界全貌。以「用成體」可支撐、完成整個體用架構，其謬誤實不可以道里計！凡此皆徒知「感後之體」、「用成體」後之體，只看到動靜後所成的陽健陰順之性，而不知體生用之體，不見動靜之用所自生的陰陽之體。「豈待可用而始有體」爲船山對此類說解所提出的最無奈疑問。

此外，由於「獨陰不成，孤陽不生」〔註18〕，陰陽相涵相運一如體用，「陰中有陽，陽中有陰」〔註19〕，故亦無陰陽先後之可能。以動而生陽、靜而生陰者，則是意謂著陰陽可獨立二判、先後而成，此認知固已離道遠甚，難以與言了。

四、用者用其體：天以陰陽五行化生萬物

在本書第一章中，曾引過下列文字：

> 「天以陰陽五行化生萬物」，以者用也，即用此陰陽五行之體也。猶言人以目視，以耳聽，以手持，以足行，以心思也。……天運而不息，只此是體，只此是用。

以陰陽五行化生萬物，此自是學者共識，但既以陰陽五行爲本體而復用此體，則爲船山之卓識殊見。陰陽爲體，化生爲用，「用此體以成用」於理亦甚明，然活動的主格爲誰？由誰發動作用、由誰起用？

> 拆著便叫作陰陽五行，有二殊，又有五位：合著便叫作天，猶合耳、目、手、足、心思即是人。不成耳、目、手、足、心思之外，更有用耳、目、手、足、心思者！則豈陰陽五行之外，別有用陰陽五行者乎？〔註20〕

「天以陰陽五行化生萬物」，陰陽五行即是天，故用陰陽五行以化生萬物者，實即陰陽五行自身；故船山直言陰陽五行之外無用陰陽五行者。由此可知船

<hr>

〔註18〕前揭書，頁47。
〔註19〕同註18。
〔註20〕《讀四書大全說》，頁459～460。

山之意:用其體者即其體也,此亦即自用其體。體既是承接活動的角色,同時也是活動的指揮官:指揮活動以自身爲資材,以完成活動,也完成自身的存在。陰陽五行作爲化生之用的本體,既提供化生的現實質料,也諭令化生以己身爲質料。自用其體意謂著存有的意向性,其目的在同時完成存有與活動,使自我實現、自我呈露,乃是自我完成的過程。原因及目的都來自自身,既不能爲其他存有所指揮駕御,也不能指揮駕御其他存有。

在此一理解層次上的陰陽五行因此是自足且至足的,故可與太極異名同構,成爲天地萬物之本體,以其不只有活動及化生的質料供給,也表現出方向感與意向性,而可成爲價值與意義的泉源。亦即因此,「天運而不息,只此是體,只此是用」方可被理直氣壯地揭示。天運而不息,只是此陰陽五行之體,只是此陰陽五行之用;故天地萬物根源之本體,陰陽五行實足以當之。

但更多時候,船山以道與陰陽五行共構,爲天地萬物之化生過程及內容提供了更豐富的層次感:

> 一陰一陽之道善其生而成其性,而生乃伸。……形陰氣陽,陰與陽合,則道得以均和而主持之。〔註21〕

陰陽爲萬物之形供應構成質料,一陰一陽之道則爲萬物之性提供根源;唯體用相涵,形中自有道在,性中亦有氣存,以形繫氣、以性繫道,如同以動繫陽、以靜屬陰,皆是以能見度與鑑識度的高低作爲表稱之主的方便說明,而非形中只有氣,性中只具道。

而在陰陽與道共成生生的過程中,乃並用陰陽與道而得致,陰陽用道之體而生生,道亦用陰陽之體而生生,此種雙向資取的狀況,船山稱之爲「挾與流行」〔註22〕,即道挾陰陽以行,陰陽挾道以行。以道爲體,陰陽爲用,則陰陽用道之體,亦即陰陽以道爲化生、活動之資具,令「道」爲陰陽的活動提供規則及方向,此乃陰陽挾道以行。以陰陽爲體,道爲用,則道用陰陽之體,以陰陽爲道用之活動資具,爲道用的活動提供質料,此乃道挾陰陽以行。

陰陽與道挾與流行,共爲生生之體,共成生生之用,「夫一陰一陽,易之全體大用也」〔註23〕,「一陰一陽」者,合陰陽與道爲言,故稱全體大用,此可謂天地間最大的奧秘。

〔註21〕《周易外傳》,頁 1043。

〔註22〕前揭書,頁 1005。

〔註23〕《周易內傳》,頁 525。

五、用者皆其體：道生天地，即天地體道是也

天以陰陽五行化生萬物，而盈天地間皆陰陽，無間隙、無生滅，太極與道皆需寓居於陰陽之中，以陰陽爲載體及存在疆域，故陰陽之外無道，陰陽之外無太極。

道行於陰陽之中，主持分劑陰陽之活動流行，故但見陰陽，已自有道，此亦「即其用之，無非體」之意。故船山說：

> 道者，物所眾著而共繇者也。物之所著，惟其有可見之實也；物之所繇，惟其有可循之恒也。既盈兩間而无不可見，盈兩間而无不可循，故盈兩間皆道也。可見者其象也，可見者其形也。……兩間皆形象，則兩間皆陰陽也；兩間皆陰陽，兩間皆道。〔註24〕

船山由陰陽與形象的體用連結證明陰陽之實有，復由道與陰陽的體用關係證明道之實在，由顯而隱，步步進逼，即用見體，由用以得體。

形象爲陰陽之用之顯，盈兩間既無不可見之形，盈兩間既皆形象，故是盈兩間皆陰陽。陰陽爲道之用之顯，盈兩間皆陰陽，故知盈兩間皆道。以是推之，道的具體實在，即表現爲天地萬物的生成：

> 道使天地然。……道者，天地精粹之用，與天地並行而未有先後者也。使先天地以生，則有有道而无天地之日矣，彼何寓哉？……夫道之生天地者，則即天地之體道者是已。故天體道以爲行，則健而乾；地體道以爲勢，則順而坤，无有先之者矣。〔註25〕

雖然船山極重視生生之義，但在語言表達上並不喜歡用「道生天地」、「道生萬物」的詞彙來強調道的發生根源義。因「道」隱幽難見，本易予人遙遠邃古的想像，再加上不斷強調其超越性的思想傳統，「道」愈易與現象界分離，而成爲外在虛懸的概念存有。在此背景下，「道生天地」之語極易予人截然分析之感，且易造成道在天地先的錯覺；「道使天地然」毋寧是船山比較喜歡的敘述方式。

即使言道生天地，此「生」亦是體生用之生。道爲體，天地萬物爲用，故道之生天地，猶體之生用，乃同有之、固有之，「於上發生」，而非「先後發生」，亦非老氏的「不生之生」，更不待邏輯的推演思辨而生。

同有、固有代表著道的自我顯發。體有用而用成體，用有於體以有體，

〔註24〕《周易外傳》，頁1003。
〔註25〕前揭書，頁822～823。

用者皆其體，天健地順的特質即是道生天地的最佳證明，也是道最清楚的輪廓與面貌。「天地體道」即天地以道爲體，而天地爲道的精粹之用。道與天地間的體用關係是「道生天地」唯一正確、眞實而合理的說明；同理，道生萬物的具體表現方式亦是萬物體道，即萬物爲用，道爲體。

　　天地與萬物所呈顯出的內容即道的內容，天地的運行變化即是道對世界的傾訴與開放，由隱而顯的過程其實是自我實現的過程。「盈兩間皆形象，盈兩間皆陰陽，盈兩間皆道」於此又有了更幽遠的意義。

　　釋老見不及此，否定現象，實爲對道體的否定：

> 故不知其固有，則絀有以崇无；不知其同有，則獎无以治有。无不可崇，有不待治，故曰太極有於易以有易，不相爲離之謂也。……
> 或且曰：「七識以爲種子，八識以爲含藏，一念緣起無生」。嗚呼！
> 毀乾坤以蔑易者，必此言夫！〔註26〕

對船山而言，釋老不知道與天地萬物同有、固有的體用相涵繫連，分割體用，滅用以崇體，則體將因無法向世界開放而閉鎖萎縮，亦必因無從實現自身而虛懸孤另，遑論其所得之體非體，在方法論上已自錯步了。

第二節　理氣相涵

一、理與氣互相爲體

　　理氣之辨爲中國哲學史的極重要議題，它既關涉著哲人對萬物生化及存有本體的解釋，也反映出根源價值的歸趨，並由此輻射出哲人的天人性命之學。船山對理氣之辨的基本看法，可簡單列舉一二：

> 天地間只是理與氣。〔註27〕
> 乾之以其性情成其功效，統天始物，純一清剛，善動而不息，豈徒其氣爲之哉？理爲之也。合終始於一貫，理不息於氣之中也。〔註28〕
> 理與氣互相爲體，而氣外無理，理外亦不能成其氣。善言理氣者，必不判然離析之。〔註29〕

〔註26〕《周易外傳》，頁1025。
〔註27〕《讀四書大全說》，頁549。
〔註28〕《周易內傳》，頁53～54。
〔註29〕《讀四書大全說》，頁1115。

依此，船山對理氣的最基本詮解為：

其一，天地間只是理與氣，更無其他。天地萬物皆由理、氣成就，故理、氣可謂最原初的存有。

其二，統天始物皆理、氣共為，徒氣不可，徒理不能；天地萬物之成須賴理、氣「善動不息」、「合終始於一貫」而得。「善動不息」、「合終始於一貫」，意謂理、氣在成就萬物時綿綿不盡、無有間斷的參與及灌注。

其三，理、氣皆無獨立存在之可能。「氣外無理，理外亦不能成其氣」，既指明了理、氣於存在範域上的互藏互載，也說明了就存在的完成而言，理氣乃是互為原因、依據、完成條件及實現支撐的；換言之，理氣於存在的完成上乃是相須相備，此為「合終始於一貫」的又一義。職是之故，船山遂提出一明確有力之論述：理與氣互相為體。

「理氣互相為體」乃船山理氣觀之獨異於前人處。在船山之前，學者多僅言理體氣用，而少有以氣為體、理為用者，更遑論提出理氣相與為體之深刻觀照。以下即分別就船山「理體氣用」與「氣體理用」二詮解視角加以說明。

（一）作用中的本體與推盪本體的作用：理者理乎氣而為氣之理

以理為體、氣為用，蓋多數宋明儒者之共說，為宋明理學的主流意見及判讀；此意見下之理規定著氣的活動內容與方向，乃是氣活動及實現的原因與依據。對此基本看法，船山並未全然反對：

> 氣凝為形，其所以成形而非有形者為理。〔註30〕

> 理以治氣，氣所受成，斯謂之天。理與氣元不可分作兩截。〔註31〕

理為氣之體，乃氣的活動與實現原理，規定著氣的活動內容與方向，故船山以「所以」及「治」形容之。氣所以有活動、可活動、如此活動，皆由理負責說明；此亦自程朱以來之習義。

雖然船山繼承了理體氣用、理形上氣形下的基本觀點，但由於思維方式及關注焦點之別，仍使其理氣關係展現出不同於前儒的學術性格與論述傾向：

> 理只在氣上見，其一陰一陽、多少分合、主持調劑者即理也。凡氣皆有理在，則亦凡命皆氣，而凡命皆理矣。〔註32〕

〔註30〕前揭書，頁716。

〔註31〕前揭書，頁991。

〔註32〕前揭書，頁727。

首先，作爲氣之體的理雖是氣的活動依據，但並非以平面、靜止的規章形式高懸於氣上，外在而靜態地規定著氣的活動；而是融貫於氣中，主持調劑著氣的發用，具體地參與並完成氣的流行。以律則形式來說明形上本體之義，理的存在樣態猶如法令條文，是外在孤懸的指導原則；以主持調劑的動態參與來理解形上本體，「形上」只是不可見之「隱」，而非位階的高高在上。理與氣的體用位階或有從順之別，開顯狀態或有隱顯之異，但存在本質並無差殊，皆是宇宙間最原初的存有形式，故不可分作兩截。

　　爲避免「死人乘馬」〔註 33〕之譏，船山極力強調理的動態感及參與義。理雖爲氣之指導，但並非外在的指導、形式的指導，而是內化的指導、以身相就的指導；因此，做爲氣之體的「理」不再是個名詞，而乃以動詞身份締結著氣並建構與氣之間的關係，同時也以動詞身份說明自身的存在意義與內容。故船山恒常以「主持調劑」、「分劑」、「秩敘」等極富動態感及參與度的詞彙說明理對氣的指導形式及實際作用，甚至直接以「理」爲動詞：

　　　　理者，原以理夫氣者也。〔註 34〕

「理以秩敘乎氣」〔註 35〕、「理治夫氣」〔註 36〕或「理夫氣」等強調，除了表示理的不息動能外，更說明了理只有在對氣的主持調劑上方得顯示其意義、證成其存在；離開了氣，離開了理治其氣、主持分劑其氣的存在內容，即無所謂理，亦即氣外無理也。〔註 37〕

　　其次，理爲氣一陰一陽、多少分合、主持調劑者，故只要有氣化流行，必有理分劑條理的身影，故謂「凡命皆氣，而凡命皆理矣」。而另一方面，這也顯示了理只有在作爲氣的主持調劑之形上本體時，方有存在及完成的可能，且其存在方爲可說明與可理解者。「理只在氣上見」一語，遂不只在稱說

〔註33〕 曹月川曾批評朱子「理之乘氣，猶人之乘馬」之說曰：「若然，則人爲死人，……理爲死理。」「死理」之譏可謂朱子理氣之說所遭受的最大責難。曹月川語見清・黃宗羲：《明儒學案・諸儒學案上二・學正曹月川先生端》，《黃宗羲全集》（臺北：華世出版社，1987 年），第八冊，頁 1064。

〔註34〕 《讀四書大全說》，頁 923。

〔註35〕 前揭書，頁 549。

〔註36〕 前揭書，頁 923。

〔註37〕 陳贇先生亦注意到船山「理」的動詞性意義：「作爲動詞的『理』（治理、使之有理）對於作爲名詞的『理』（文理、條理）具有存在論上的優先地位，名詞性的『理』只有在『治理』的活動中才能得以顯現。」見氏著：〈王船山理氣之辨的哲學闡釋〉，《漢學研究》20：2（2002 年 12 月），頁 258。

由用見體或即用顯體之認識取徑義，同時更深刻地宣告：理的存在與完成須交由氣來說明，此中固已涉及存在論的領域。故船山指出：

> 理者，原以理夫氣者也，理治夫氣，爲氣之條理。則理以治氣，而固託乎氣以有其理。是故舍氣以言理，而不得理。〔註38〕

體之與用，原相因相備、相須相成，「用以備體」〔註39〕之思想乃船山特爲重視及標舉者，故捨氣言理，不只不得理，且是根本無「理」。理對氣有主持分劑之決定能力，亦正是因對氣的主持分劑之實存實有，理才得以存在，完成存在；「無氣則無理」與「無理則無氣」是同時並存且同等重要的命題。因此，固「言氣即離理不得」〔註40〕；然若捨氣而言理，亦將不得理。船山對理的動態參與及其存在須交由氣來說明等義的強調，自有對朱子學修正的意味。爲闡發此蘊，船山常以「氣之理」一詞說明理的存在本質、內容與意義：

> 理即是氣之理，氣當得如此便是理。〔註41〕

> 夫性即理也，理者理乎氣而爲氣之理也，是豈於氣之外別有一理以游行於氣中者乎？〔註42〕

「氣之理」一詞非船山始創，羅欽順於《困知記》中即曾拈「氣之理」之名〔註43〕。船山雖繼承了整菴「氣之理」的詮釋語彙及若干思維進路，但思想內涵與整菴仍頗有不同，學說體系之自覺度、清晰度與圓融度尤有精粗之別。〔註44〕

〔註38〕《讀四書大全說》，頁923。

〔註39〕《周易外傳》，頁1023。

〔註40〕《讀四書大全說》，頁1114。

〔註41〕前揭書，頁1052。

〔註42〕前揭書，頁1076。

〔註43〕明・羅欽順：《困知記・續卷上》（北京：中華書局，1990年），頁68：「理只是氣之理，當於氣之轉折處視之：往而來，來而往，便是轉折處也。」

〔註44〕整菴提出「理只是氣之理」、「理須就氣上認取」、「理氣爲一物」等，似乎意指了理爲氣之從屬；但整菴又反對「氣萬理亦萬」之說，而主張「理一」，亦即仍強調理的價值本體義與超越性，並在道德價值的視域下，將理氣進行一定程度的切割。此種詮說方式或許可如楊儒賓先生所言，將其理解爲「悖論的同一」；但不論如何，整菴對理氣觀的說明方式的確造成後世解釋的極大紛歧。船山「理即是氣之理」之思路固有承於整菴處，但其主張氣理恰一且唯一的對應關係及理氣二者的超越義與本體義，乃至將理氣二概念並繫於本體論及整體論視域中加以闡釋，並令理具有動詞意味，此論辯之清晰度與深刻度皆非整庵所及。關於整菴之氣論思想及後世詮釋的歧異，請參見楊儒賓〈羅欽順與貝原益軒──東亞近世儒學詮釋傳統中的氣論問題〉，《漢學研究》23：

船山「氣之理」之說，除在表明理只能由氣上認取外，更在強調理只能藉氣的推盪流動而完成存在，一如船山以「用」的最重要意義乃在推盪流動「體」；此外，復有闡發氣與理的唯一對應之義，此亦即「有其體必有其用，有其用必有其體」的體用對應觀。理爲氣之理，乃指理只得爲此氣之理，不可能爲彼氣之理；同樣的，條治安排、主持分劑此氣者亦只能爲此理，而不能爲他理。換言之，理爲氣之理，不只在說明理，也在說明氣，乃是對氣、理恰一且唯一的對應關係之雙向闡揚。

（二）本體的開顯與完成：氣之妙者，斯即爲理

「天無無理之氣」〔註45〕，「其一陰一陽、多少分合、主持調劑者即理也」，理對氣的秩敘條治、規定指導，皆是理爲體，氣爲用的說明。那麼，在何種意義上，方可說氣爲體，理爲用呢？船山曾指出：

> 陰陽顯是氣，變合卻亦是理。〔註46〕

人多以變合之道、推移原則爲理，而罕言陰陽推移變合的作用爲理。船山則以陰陽二氣爲體，以變合之理爲陰陽活動作用的呈象與說明，使得氣體理用之詮釋觀點得以成立。在此，我們必須指出：此「氣體理用」之觀照乃船山之獨見，亦爲其「理氣互相爲體」說的主要立論可能之一。

體以致用，有陰陽方有變合，故有氣斯有理；用以備體，由變合而顯陰陽，故因理以成氣。船山說：

> 理只是以象二儀之妙，氣方是二儀之實。健者，氣之健也；順者，氣之順也。〔註47〕

> 一動一靜，皆氣任之。氣之妙者，斯即爲理；氣以成形，而理即在焉。兩間無離氣之理，則安得別爲一宗，而各有所出？〔註48〕

吾人常言氣之妙用，亦即將「用」繫之於氣；但船山卻說「氣之妙者，斯即爲理」，此乃是以理來稱述氣的變合生化妙用，亦即以氣爲體，理爲用，以陰陽爲體，健順爲用，故言「理只是以象二儀之妙，氣方是二儀之實」，此種詮釋角度大異於前儒的理體氣用觀。〔註49〕

1（2005年6月），頁261～288。

〔註45〕《讀四書大全說》，頁1076。

〔註46〕前揭書，頁1055。

〔註47〕前揭書，頁1052。

〔註48〕前揭書，頁716。

〔註49〕王廷相、吳廷翰等人雖亦以氣爲「體」，然此「體」乃近於自然主義的本體，

氣之妙處至少有三。其一，氣有神化之用，生生不息，妙應無窮。其二，氣之妙亦可見於透過神化作用而展示出的活動律則及實現原理，此中充滿著深厚智慧與倫理價值，是天道向世界的開顯；仰觀俯察者，即在察觀此信息與奧義。其三，氣之妙又見於神化作用所完成的現象及成果，品物咸亨、並育不害、一本萬殊的和諧秩序乃是天道最昭然的示相。

以上氣之眾妙，俱皆爲理。變合活動是理，變合原則是理，變合所成之現象亦是理。就理可主持分劑此氣，提供氣存在與發用的依據而言，理固爲氣之體；但若著眼於此實現原理可推盪流動氣的升降往來，則理對氣的秩敘調治實正表現爲氣的活動作用，此時之理直可視爲氣之變合，亦即氣爲理之體，理爲氣之用。此詮解視角正如以天地爲體，健順爲用一般，健順乃天地所顯現之理，亦是推盪流動天地的原因，也是天地向吾人的示現及開顯。「用」包涵了作用及作用所成之功效，氣體流行所成之現象及功效乃秩然有節、相調相適的和諧秩序，此和諧秩序非「理」而何？故船山以一言詮之：「氣之妙者，斯即爲理」。

（三）互為體用的結構範式：理氣交充而互相持

綜上所言，則是氣推盪流動理，亦是理在推盪流動氣；因陰陽變合而得實現此健順之理，故曰氣推盪流動理；而由健順之理的驅動推盪，天地陰陽故能實現並展示自身，此謂理推盪流動氣。前者爲理體氣用，後者則是氣體理用。進而論之，理乃是一動詞化的實現原理，亦爲一名詞化的作用活動，名詞的形式裝裹著動詞的本質，故得與氣相爲體用，既爲氣之體，復可詮解爲氣之用，二者翻轉爲注，呈現出理、氣的不同切面及豐富的意義層次。

依此，學者只認知到理體氣用或氣體理用者俱非是。氣、理實互爲體用，相因相生、相備相成，必得兩面兼顧、雙邊詮說，方能得氣理涵蘊之全貌。船山著作等身，文字豈止百萬，理氣概念無所不在，自是難以處處提點，更不能每言及氣、理，便反覆論闡此義，而令文氣受阻。雖然如此，船山仍在極大程度上做到雙面論說，努力彰示氣理互爲體用、相充相持之義：

> 氣固只是一箇氣，理別而後氣別。乃理別則氣別矣，唯氣之別而後見其理之別。〔註50〕

亦即以氣爲萬物存在的根本實體、宇宙的根本存在元，缺乏形上學的超越意涵，與船山此處的本體義並不相同。詳見下文。

〔註50〕《讀四書大全說》，頁1058。

夫理以充氣，而氣以充理，理氣交充而互相持，和而相守以爲之精。
〔註51〕

理別則氣別，乃是理決定氣；氣別而後理別，則是氣決定理。而在前引「理治夫氣，爲氣之條理」一語中，「理治夫氣」申言了理對氣的規定，此語脈下乃是以理爲體，氣爲用；而「理爲氣之條理」卻又充分表現出理對氣的依傍，此語境下則是以氣爲體，理爲用。相同的情形亦表現在「理以治氣，而固託乎氣以有其理」一語中：船山以「理以治氣」說明氣對理的從屬，隨即又以「固託乎氣以有其理」指出理因氣而得存在的事實〔註52〕。因此，船山不只表示「理爲氣之理」，亦指出「凡言理氣者，謂理之氣也」〔註53〕；「氣之理」與「理之氣」的雙面肯認，即理氣互爲體用的最具確說明。

理氣既是互爲體用，則二者皆對方「所生」，亦爲對方「所自生」者。故不論就發生時間、存在位階，甚或邏輯結構而言，理、氣俱爲首序，無分先後，更不判主輔。船山嚴正地申明此義：

理即是氣之理，氣當得如此便是理。理不先而氣不後。〔註54〕

天地間只是理與氣，理與氣互相爲體，交善其用，故無主從先後，既互相備成，亦共同完成天地萬物。統天始物者，莫非此氣，亦莫非此理；順天成物者，莫非此理，則亦莫非此氣。理與氣乃最原初的存有，亦是天地最本來的面目：

太極雖虛，而理氣充凝，亦無內外虛實之異。〔註55〕

盈天地之間，絪縕化醇，皆吾本來面目也。其幾，氣也；其神，理也。〔註56〕

橫渠言「太虛即氣」〔註57〕，而對船山來說，氣必有理，且氣理互爲體用，

〔註51〕《周易外傳》，頁947。
〔註52〕林安梧先生亦曾說明此義：「就『理以氣爲體』而言，理是就氣之表現而說的理，這樣的理是『條理之理』，……就『氣以理爲體』而言，理乃是能夠主持調劑一陰一陽之氣的理，這樣的理是『主宰之理』。見氏著：《王船山人性史哲學之研究》，頁99。
〔註53〕《讀四書大全說》，頁992。
〔註54〕《讀四書大全說》，頁1052。
〔註55〕《思問錄》，頁430。
〔註56〕前揭書，頁434。
〔註57〕宋·張載：《正蒙·太和》，《張載集》（臺北：漢京文化事業公司，1983年），頁8。

則太虛即氣者,即氣與氣之理也;故船山將理氣並繫以明太極雖虛(即太
虛),而理氣充凝,絪縕化醇,皆萬物本來面目。「本來面目」者,即最原初
的存有,最本原的存在形式,亦為宇宙萬物的根源本體。船山又指出:

> 凡虛空皆氣也。……若其實,則理在氣中,氣無非理;氣在空中,
>
> 空無非氣,通一而無二者也。〔註58〕

船山雖言「虛空皆氣」,然隨即指出「理在氣中,氣無非理」,則此氣非無理
之氣亦甚明矣。「理在氣中」之命題,除在說明「氣皆有理」〔註59〕、「氣原
是有理底」〔註60〕的存在事實外,亦表明了氣為理的載體,氣不只提供理以
存在原因,亦是理的存在疆域及活動場域。換言之,氣理必存在同一空間場,
此為氣理存在的充要條件,也是理氣關係的基本結構,而完全符應於船山體
用相涵於同一空間場域的思維格式。

朱子亦以理「存乎是氣之中」〔註61〕,然朱子「理在氣中」的表現形式乃
是理「掛搭」在氣上〔註62〕,與人之乘馬相似〔註63〕,朱子又稱之為「附著」
〔註64〕。以理掛搭於氣、附著於氣上,則理與氣明是可離的二存有,且二存有
間之關係彷彿人之於客舍,疏離且無藏居之必然性。雖然朱子亦有「天下未有
無理之氣,亦未有無氣之理」〔註65〕的說法,但「萬一山河大地都陷落了,畢
竟理都在這裡」〔註66〕及「理先氣後」等論述,皆令「無氣之理」獲得概念及
存在上的可能,且更加重了理掛搭於氣的暫時感及權假意味。〔註67〕

氣對理之載藏,船山以「凝」字形容:「有是氣以凝是理者也」〔註68〕。

〔註58〕《正蒙注》,頁 23。
〔註59〕《讀四書大全說》,頁 1059。
〔註60〕前揭書,頁 1058。
〔註61〕《朱子語類》,卷一,頁 3。
〔註62〕同註 61:「無是氣,則理亦無掛搭處。」
〔註63〕《朱子語類》,卷九十四,頁 2376。
〔註64〕《朱子語類》,卷一,頁 3。
〔註65〕前揭書,卷一,頁 2。
〔註66〕前揭書,卷一,頁 4。
〔註67〕關於朱子「天下未有無理之氣,亦未有無氣之理」及「理先氣後」二說法的
　　　矛盾,劉述先先生認為此乃朱子在不同哲學問題下的說法:「理和氣同時並
　　　存,故由宇宙論的觀點言孰先孰後,乃是一無意義的問題,是由形上學的觀
　　　點看始可以說理先氣後。」見氏著:《朱子哲學思想的發展與完成》(臺北:
　　　臺灣學生書局,1982 年),頁 274～275。
〔註68〕《讀四書大全說》,頁 716。

凝字有結、藏之意，既生動地傳達出理在氣中的存在位置，也寓指了氣於存在位置及內容方向上對理的供應與範圍。而體用原是「互藏其宅，交發其用」，更何況氣理本相爲體用。故不只氣爲理之藏載處，理亦爲氣之藏載處；當理顯氣隱，如四季更迭之道可見而陰陽不可見時，四季更迭之道即爲陰陽之藏載處，亦即理爲氣之藏載處。是故，不只氣凝其理，理亦凝其氣：

　　　　實則未嘗動時，理固在氣之中，停凝渾合得住那一重合理之氣。〔註69〕

理固在氣中，然在氣中之理，亦「停凝渾合得住那一重合理之氣」。停凝渾合者，即是範圍及藏載；理對氣的範圍及藏載，說明了不只理在氣中，氣亦在理中，故理方得範圍之、停凝之、渾合之；也因爲理藏載氣，氣載藏理，故氣方爲「合理之氣」，理方爲「氣中之理」。理、氣的互相停凝渾合，彼此供應，交相範圍，正是船山「體用相涵」思維的具現，船山故以「理氣相涵」闡明理氣關係：

　　　　理氣相涵，理入氣則氣從理也。〔註70〕

「氣載理」〔註71〕或「氣凝是理」，即「理入氣」。就存在位置之具象化描述而論，言「載」、言「居」、言「宅」；而若就存在內容的融滲交涵觀之，則言「入」；至於「凝」、「藏」、「涵」等，則可以並顯其義，亦爲船山所偏好者。〔註72〕

　　要言之，理、氣互藏其宅的相涵之義，乃非一塊狀、條狀地藏居於彼此之中，更非掛搭與附著的存在狀態；形象化地說明之，則可謂每一氣分子皆包覆著理，亦爲理所包覆；每一理分子皆裝裹著氣，亦爲氣所裝裹，理氣二者皆具有滲透性、可入性及包容性，可滲入及包覆對方，且必滲入及包覆對方，故曰理氣「相淪貫而爲一體」〔註73〕，「未嘗有封畛也」。〔註74〕

　　因此，理氣雖然有體用及形上形下等不同的分說向度，實則「理氣無分體」〔註75〕，「理氣同體」〔註76〕，凡氣皆理，凡理皆氣，「理一氣，氣一理」

〔註69〕前揭書，頁1055～1056。

〔註70〕《思問錄》，頁413。

〔註71〕《讀四書大全說》，頁549。

〔註72〕張立文：《正學與開新──王船山哲學思想》，頁212，釋「理入氣則氣從理」
　　　　曰：「入非『入主』，從非『服從』。入氣從理，有相互蘊涵之意。」

〔註73〕《正蒙注》，頁362。

〔註74〕《思問錄》，頁413。

〔註75〕《讀四書大全說》，頁717。

〔註76〕前揭書，頁1115。

〔註77〕，理氣乃「通一而無二」也。唯須注意：「同體」、「無分體」之「體」蓋指同一存在位置，而非同一開顯狀態，更非指同一存有。此外，「理一氣，氣一理」之「一」，非「等一」之「一」，而是「相涵爲一」之「一」；凡氣皆理、凡理皆氣亦「用者皆其體」之義，而非理即氣、氣即理之全然等同，如全然等同，則更不必分言理、氣了。

二、體用可離？氣失理

（一）至理與條理：倫理學與存在論的分梳

船山將「理」分爲二：

> 凡言理者有二：一則天地萬物已然之條理，一則健順五常、天以命人而人受爲性之至理，二者皆全乎天之事。〔註78〕

船山區分至理與條理之目的，主要在於透過分際天人的方式解釋氣化的善惡問題。至理亦即性理也，乃天命於人，人受於天的健順五常之德，合於吾人之道德認知與價值判斷，其本質之善固不待言。條理則爲最廣義之物理，寒暑晝夜、牛羊草木、壽夭窮通、長短豐殺，乃至陰陽之升降浮沈，盡皆屬之。

雖然如此，萬不可以「理一分殊」與「至理、條理」作爲理解的對應〔註79〕。天命於人之性理，雖不同於牛羊犬豕所得之理，然皆是萬殊之理，未可因「至」之一字，遂將健順五常之性理視爲「理一」。「至」字於此乃爲一道德斷詞，所指涉者蓋爲倫理學意義；如就存在論角度思考，則至理亦條理之一耳。

船山區分至理（性理）及條理，一則在突顯性理之善，一則在說明何以氣皆有理，然氣化結果卻多有失理非理之責難。語言慣性既反映了思維慣性，也影響著思維慣性，「理」之一字是充滿價值判斷的文字符碼，其倫理意義乃有不待言說者，失理、非理、合理等習慣用語固已充分表現了「理」的倫理位階與道德重量。是以當思想家以理氣詮解存有與本體、化生及根源之時，「理」即因語言及思維雙重慣性下所累積的先天優勢，而理所當然地佔住了制高點，將天地間所有舛差令氣概括承受。

〔註77〕前揭書，頁1056。
〔註78〕前揭書，頁716。
〔註79〕船山之「理一」或言「一本」，其內容乃「生生之道」，此亦船山對「一本」的特殊理解。詳見本書第四章第三節。

設或不想令氣承受舛差之責,並確保理、氣之無有不善,則另可以「無理
之氣」之思路爲天地所以有不善的事實解套;亦即將氣視爲純然物質性的構成
元素,而由理主宰駕御、主持調劑。氣既爲無意向、無計度的物質性存有,則
不需負擔舛失之罪;而因氣未傍理而化生,故舛失之過亦不當由理負責。

以天地間另有無理之氣,或另有氣未依傍理而活動的情形來爲氣化之舛
差解套,此二種詮解方式皆非船山所能同意。氣之無有不善,乃船山所欲強
力保全者;而氣理互爲體用,相涵相充,更船山所切切叮囑者。船山區分至
理、條理,最重要的目的即在保障氣之無有不善,並解釋天地間的舛差悖逆。
透過對「理」的判分,即使不能扭轉人們限縮理、氣涵蘊的思維慣性,至少
可揭示此思維慣性,使吾人之理解更加全面、客觀與清明。

對於氣之非惡且無不善,船山極力稱說之:

氣一向是純善無惡。〔註80〕

氣皆有理,偶爾發動,不均不浹,乃有非理,非氣之罪也。〔註81〕

氣原無過,氣失其理則有過。〔註82〕

倘不以條理、至理之說爲詮解基點,則「氣皆有理」與「氣失其理」直爲悖
反。依船山之意,氣之往來屈伸、浮沈推移皆有條理,至於所謂的「非理」、
「失理」,所遠失離反者實爲健順五常之至理、性理,亦即倫理學範域之理,
而非存在論視野之理。即使氣化所成有違失至理之處,氣中仍自有條理,只
是此條理之道德內容不符於人們的要求與期待,故繫之以「非理」、「失理」
之名,其實氣皆有理,氣莫非理也。是以船山指出:「壽夭窮通,氣也;而長
短豐殺,各有其條理,以爲或順或逆之數,則亦非無理之氣矣」。〔註83〕

另一方面,理既爲氣之主持分劑者,是以氣化縱有舛失,亦非氣之罪。
故船山又說:

理善則氣無不善,氣之不善,理之未善也。如牛犬類。〔註84〕

牛犬之理自非健順五常之至理,而只得爲條理,條理的內容決定了氣化的內
容,故吾人所以爲的「氣之不善」,實「理之未善」耳;唯此未善之理乃相對
於人性獨得的健順五常之至理爲言,亦即著眼於倫理學與道德形上學立論,

〔註80〕《讀四書大全說》,頁 1059。
〔註81〕同註 80。
〔註82〕《讀四書大全說》,頁 716。
〔註83〕前揭書,頁 727。
〔註84〕前揭書,頁 1052。

而非一存在論的說明。倘脫離人情的測度，而以天道視之，則所有的未善之
理實則「無有不善」，此乃倫理學與存有論的分野。故船山進一步指出：

> 氣原是有理底，盡天地之間無不是氣，即無不是理也。變合或非以
> 理，則在天者本廣大，而不可以人之情理測知。……在天之變合，
> 不知天者疑其不善，其實則無不善。〔註85〕

善、不善，得理、失理，合理、非理等道德判斷乃是人道的價值評量，而以
健順五常之性理爲判準。以此說明人道、秩序人道，固爲人道之本然及應然，
但若以人道範圍天道、審斷天道，則屬以管窺天的無知。吾人但見陰陽之變
合有生殺豐欠、長短盈虧，遂言氣化或非理而不善；然究其實，非理及不善
之判斷只因此氣化結果不同於一般人對「善」的刻板印象，或不符人道健順
五常之判準而已。

吾人常以「非理」說明不善，亦即以合理、非理作爲善與不善的判斷標
準。然「理」字之定義爲何？如將「合理」之「理」定位爲健順五常之至理，
則須知此但爲人道之善惡標準，未可強加人道之測量於天道的運行之上。以
人道之刻度權衡天道之價值，既不知天之廣大，亦不明人之限制，徒然暴顯
己身之無知妄爲。而若將「合理」之「理」界義爲天地萬物已然之條理，則
治之理爲理，亂之理又豈非理？生殺豐欠、長短盈虧之變合屈伸亦莫不各合
其理，又何非理失理之有？故船山說：

> 有道、無道，莫非氣也。……氣之成乎治之理者爲有道，成乎亂之
> 理者曰無道。……斯二者，天也。〔註86〕

有道亦天，無道亦天；治之理，天也，亂之理，亦天也。「道」與「理」承載了
相同的語言慣性，爲一具強烈道德暗示的符碼；是故，當我們以「道」、「理」
二字說明天道的內涵時，常會因此文字符號所富涵的道德暗示而不自覺地將「非
理」、「無道」者排除於「天」的蘊具之外，限縮了天道，也限縮了自身的認知。
究其實，「道二：仁與不仁而已」〔註87〕，長短豐殺，亦各有條理。仁、不仁之
名乃是人爲的分派，判斷標準原當適用於以人爲詮釋主體的世界；將道德認取
混同於存在認取，僅以「有理」者爲「理」，既無法認識全面而眞實的存有，亦

〔註85〕前揭書，頁1058～1059。
〔註86〕前揭書，頁991。
〔註87〕《周易內傳》，頁68。此原爲孔子言，見《孟子·離婁上》，《四書集註》，頁
　　　285。

不能安排「非理者」的存在地位，更是人道對天道的侵凌與僭越。

　　須知吾人所以爲之非理者，實僅爲倫理學上不符健順五常之德的價值；然就存在論意義言之，則所有非至理者亦皆天地萬物之條理，是皆理也。分辨客觀實存與倫理價值，認取存在之理與道德之理的別異，乃是對廣大天道的如實還原。故船山又說：「於人見非理者，初無妨於天之理」〔註88〕；即在此理解基礎上，船山「氣無有不善，變合或非以理而不善」之說遂可獲得更精確的說明：「變合或非以理」者，非以至理也，亦即變合結果的倫理向度不符健順五常之性理，不能相應於一般人的道德判斷，故「不善或成」。然爲表明此不善只爲人倫所規定的不善，船山隨即提點：「在天之變合，不知天者疑其不善，其實則無不善」。此一詮解角度，解決了前儒無有不善之體何以能起或有不善之用的理論困難，也再度展現出船山的圓融觀照及細密的思辨能力〔註89〕。船山更申明此義：

　　　　唯一任夫氣之自化、質之自成者以觀之，則得理與其失理，亦因乎
　　　　時數之偶然，而善不善者以別。若推其胥爲太極之所生以效用於兩
　　　　間，則就氣言之，其得理者理也，其失理者亦何莫非理也？就質言
　　　　之，其得正者正也，其不正者亦何莫非正也？〔註90〕

「得理」、「失理」、「得正」、「不正」等，皆爲倫理學意義下的道德認取；「何莫非理」、「何莫非正」則爲存在論意義下的存在認取。即使何莫非理、何莫非正之「理」、「正」有道德判斷義，亦屬天道的道德判斷，其判斷標準原不能由人設立與決定。故人道之非理，就存在論而言，實皆天道之條理，亦皆天道之至理。天道廣大，固非人情得以測量，人以爲不善非理者，焉知非天道之合理且善者？地震於人爲苦爲害，但亦只是地殼釋放能量的自然之理，亦是天道運行之常度，與冰河時期的發生、恐龍的絕滅等歷程一般，俱爲天道之善。

　　行文至此，可更對船山區分至理、條理之意進行系統之梳解：

〔註88〕《讀四書大全說》，頁1114。

〔註89〕陳來先生嘗對船山之說提出質疑：「若氣本無不善，而且氣中有理，爲何變合的過程就會導致了非理？這一點船山並未做出合理的說明」。實則，氣中有理爲氣有條理，變合或有非理，蓋指變合或有非健順五常之至理者，如牛羊類；船山業已提出說明，且無扞格不通之處。陳來先生之語見氏著：〈王船山的氣善論與宋明儒學氣論的完成〉，《中國社會科學》2003年第五期，另亦見氏著：《詮釋與重建——王船山的哲學精神》（北京：北京大學出版社，2004年），頁186。

〔註90〕《讀四書大全說》，頁861。

1. 健順五常之至理爲萬殊不齊的條理之一，其中充滿了道德意涵，乃爲一倫理判斷，亦是廣大天道的內容之一。

2. 條理萬端，其中有合於至理者如「治之理」，有不合於至理者如「亂之理」；然不論是否合於至理的道德判準，皆是廣大天道的內容，故船山明白指出：「斯二者，天也」。

3. 一切存有皆各有條理，但不定然合於至理。當存有之條理合於至理的倫理要求時，吾人習慣稱之爲「合理」；當存有之條理不符至理的道德判斷時，吾人習慣名之爲「非理」、「失理」。倘若拋開吾人將「理」認定爲「健順五常的倫理道德」之思維慣性，則一切存有既各有條理、必具物理，即是一切存有皆是有理、得理而合理者。

4. 遵行健順五常之至理爲道德認取，認識治亂生殺、豐欠虧盈之條理爲存在認取；前者爲倫理學的價值判斷，後者爲認識論的理解認知。以健順五常爲倫理判準，乃是人道自覺的擇取，未必合於廣大天道的審斷。站在天道的制高點，莫說地震乃是釋放地殼能量的天道之善，即土石流、溫室效應等大自然的反撲亦是天道的道德行爲，其中自具倫理及價值，特不能爲常人所認識。

5. 船山分梳至理與條理之目的，與其說在區分存有與倫理，不如說在分際天人、彰示天道與人道的各有倫理。對一般人而言，存有之條理並非皆合於健順五常之倫理，不合者即是非理、失理；換言之，存有不盡然是道德的，存有不盡然是合於倫理判準的，此故殺亂悖逆所以爲惡，夭短潦旱所以舛差。但就天道而論，「得理者理也，其失理者亦何莫非理」，一切存有皆是合理而道德，一切存有皆有其價值，存有皆具倫理，存有即是倫理；船山固已肯定了一切條理的價值義與道德義。

6. 雖然船山闡明天道無有不善，但「天道無擇，而人道有辨」〔註91〕，自萬殊的條理之中鈎掘出健順五常之至理以爲宇宙的核心價值與人倫的依循標準，乃是聖人精思熟慮、善體天心之後的大作爲。明道曾有一語最能昭示此中曲折：「愚者唯目象所見，故以東爲東，以西爲西；智者知東不必爲東，西不必爲西；唯聖人明於定分，故須以東爲東，以西爲西。」「明於定分」者，即「人道有辨」後的自覺選擇。

然而，雖人道有辨，吾人仍不可反客爲主，因條理或有違失至理之處，

〔註91〕《周易內傳》，頁529。

遂遽指天道有不善，氣化有不善，最終推出氣有不善。以氣有不善說天道，乃是不知天人分際的誤認。

以上述認知爲基礎，船山提出以下的結論：

> 人之性，只是理之善，是以氣之善；天之道，惟其氣之善，是以理
> 之善。〔註92〕

此語非指理氣關係在人道與天道二範域有不同的開展形式，亦即非指在人世界爲理規定氣，在天則爲氣規定理。其正確之義應爲：人道世界中，乃由對理的肯定而肯定氣，因見性理之善而認取氣質形色之善；而在天道範疇下，則因知陰陽之浮沈升降、往來屈伸皆道，氣化不齊乃變合之自然、本然與應然，固無所謂的舛差，而進一步由氣之善認取一切條理之善。

雖然船山以條理、至理對「理」進行細緻的分辨，力圖在以「道」、「理」言天時，能還原其廣大意涵，且擴充其價值維度，但潛移默化的思維慣性畢竟不可移轉於一時，「凡言理者，必有非理者爲之對待，而後理之名以立。猶言道者必有非道者爲之對待，而後道之名以定」〔註93〕仍是絕大多數人先入爲主、難以改變的思想模式。職是之故，船山認爲以「道」、「理」言天，莫如以「誠」、「幾」言天，或更能使學者了解天道氣化無有不善、何莫非理之義蘊：

> 陰陽顯是氣，變合卻亦是理。純然一氣，無有不善，則理亦一也，
> 且不得謂之善，而但可謂之誠。有變合則有善，善者即理；有變合
> 則有不善，不善者謂之非理。謂之非理者，亦是理上反照出底，則
> 亦何莫非理哉！大要此處著不得理字，亦說不得非理，所以周子下
> 箇「誠」、「幾」二字，甚爲深切著明。〔註94〕

「大要此處著不得理字，亦說不得非理」，此言說明了在思維慣性及語言慣性的作用下，以理言天所遭逢的窘迫。以理言天，則不免將不合健順五常之非理者摒棄在外，而失天道之全；然下個「非理」二字，則又萬萬不可。是以，莫若以「極頂字」、「更無一語可以反形」〔註95〕之「誠」，或道德印象淡化許多的「幾」字言天，以彰示天道之無所不涵，以繫明氣化之無有不善。

以此深刻理解爲基礎，吾人自可精確地掌握船山反對程子「以理言天」

〔註92〕《讀四書大全說》，頁 1052。
〔註93〕前揭書，頁 1110。
〔註94〕前揭書，頁 1055。
〔註95〕前揭書，頁 995。

之確指，進一步討論船山對天、理、氣範疇之詮釋。

（二）「天者，理之所自出」與「天者，理而已矣」

船山於《讀四書大全說‧孟子》中以極長的篇幅闡論「以天爲理」、「以理言天」之不當，並指出「天者，固積氣者也」。依此，理氣豈非可離？船山對天、理、氣之關係究竟持何看法？由於此段文字極長，環環相扣，層層推進，乃爲一極富理致的推演論闡，莽斷予以割裂，既難以抉發船山思路，亦或引來斷章取義之譏，故只得一一具引，再申明其義：

> 理雖無所不有，而當其爲此理，則固爲此理，有一定之例，不能推移而上下往來也。程子言「天，理也」，既以理言天，則亦是以天爲理矣。以天爲理，而天固非離乎氣而得名者也，則理即氣之理，而後天爲理之義始成。浸其不然，而舍氣言理，則不得以天爲理矣。何也？天者，固積氣者也。乃以理言天，亦推理之本而言之，故曰「天者，理之所自出」。凡理皆天，固信然矣；而曰「天一理也」，則語猶有病。

> 凡言理者，必有非理者爲之對待，而後理之名以立。猶言道者，必有非道者爲之對待，而後道之名以定。道，路也。大地不盡皆路，其可行者則爲路。是動而固有其正之謂也，既有當然而抑有所以然之謂也。是唯氣之已化，爲剛爲柔，爲中爲正，爲仁爲義，則謂之理而別於非理。

> 若夫天之爲天，雖未嘗有俄頃之間、微塵之地、蜎孑之物或息其化，而化之者天也，非天即化也。化者，天之化也；而所化之實，則天也。天爲化之所自出，唯化現理，而抑必有所以爲化者，非虛挾一理以居也。

> 所以爲化者，剛柔、健順、中正、仁義，賅而存焉，靜而未嘗動焉。賅存，則萬理統於一理，一理含夫萬里，相統相含，而經緯錯綜之所以然者不顯；靜而未嘗動，則性情功效未起，而必繇此、不可繇彼之當然者無迹。若是者，固不可以理名矣。無有不正，不於動而見正；爲事物之所自立，而未著於當然；故可云「天者，理之所自出」，而不可云「天一理也」。〔註96〕

〔註96〕前揭書，頁 1109～1110。

首先，船山指出了「理」字在界說範疇上的兩個不同涵蘊：「理雖無所不有」與「固爲此理」。「理雖無所不有」意指理的稱說內說原是開放而周廣的，治、亂，生、殺，豐、欠，升、降，善、惡，牛、羊，人、犬，草、木等，皆是理的廣大內容。然「當其爲此理」時，「此」之一字已限定了「理」的範域，或爲生、殺，或爲人、犬，或爲治、亂，此即爲此，彼即爲彼，更「不能推移而上下往來」，此即「一定之例」，一定之範圍與內容也。

接下來，船山開始申論程子「以理言天」的可與不可。以理言天之理必「無所不有」之理，而非定例而不能推移之理固不待言。其次，「天地之間，皆理之所至；理之所至，此氣無不可至」，「盈天地間，人身以內，人身以外，無非氣者，故亦無非理者」〔註97〕。氣必有理，而理者氣之理；理必有氣，故氣者理之氣，理氣相涵，元不可分作兩截。明得此義，方可說「天，理也」，程子之語亦方得成立。正是在此立論前提下，船山亦嘗鄭重地高唱：「天者，理而已矣，得理則得天矣」。〔註98〕

有前提地贊同程子以理言天，以表明自身之學術立場並未全然乖違程、朱學統之後，船山接著由四個不同角度論述「以理言天」之或欠周密，並將「天，理也」之論述修正爲更圓融無弊的「天者，理之所自出」。

第一，雖然學者多能言理氣不離，但多屬格言化、常識性的泛論，實非源於深刻的認知、眞切的體證與沛足的信仰。在長期由理說氣、以理定氣的主流詮釋脈絡下，「理氣不離」常只是應酬性、客套性的虛說，並未眞實地進入學者的思想血脈；學者或皆知有其理必有其氣，但卻未必盡能在理上帶著氣。程、朱對理的側重，即使船山亦不能否認；程子「天者，理也」之論述，是否眞帶著氣、兼及氣，其實船山也不敢保證。職是之故，當慶源以理、氣並釋「仁者樂山、智者樂水」之義蘊時，船山方盛讚：「慶源於『理』上帶一『氣』字說，其體認之深切，眞足以補程、朱之未逮」。亦緣此故，船山保留地表示：如會得理爲氣之理，則「天，理也」之義可成，「浸其不然，而舍氣言理，則不得以天爲理矣」；且更以「天者，固積氣者也」一語以救孤另地以理言天之不足。

第二，如前所述，「理」之一字承載了巨大的思維慣性，常令人將「理」之涵蘊直覺地限鎖於剛柔、中正、仁義等健順五常的至理範域中。一旦不能

〔註97〕前揭書，頁857。
〔註98〕《周易外傳》，頁516。

超越此思維與語言的雙重慣性，以理言天、以天爲理之詮釋勢必導致天道範圍的限縮，亦即誤將人道有辨的道德認取理解爲天道無擇的存在認取，排斥「非至理」之「條理」，以「非理」者即非「理」非「天」，而封閉了對廣全天道的認識可能。

究其實，陰陽之動莫不合其理，莫不各有條理，此即「動而固有其正之謂也」，既有其當然亦有其所以然。此「正」字與下文之「中正」之「正」義別，乃合理性、合法性、有效性、常態性之謂，亦「氣稟雖偏，偏亦何莫非正哉」〔註99〕之「正」。所有的氣化皆是合理、合法、正常而有效的，莫非天道之所許，亦莫非天道。倫理意義下的得理、失理其實皆「固有其正」，故以「理」言天，未若以「誠」言天，船山於下文隨即申說此意。

第三，理雖無所不有，但人所習知慣取者多爲定例之此理或彼理，亦即在氣化過程中所顯現的氣之條理。定例而不能上下往來之條理必有隱現：氣化之成果爲生、豐之時，自不見殺、欠之理；氣化之表現爲悖、亂之際，順、治之條緒節文亦無由得顯，此即「唯化現理」之旨。換言之，唯化所現之理，乃定例之理，定彼定此之理，亦即萬殊之理。

然而，天道之運化實未有暫息，定例之理未現，包覆理亦爲理所包覆的氣亦自汩汩存在、時時湧動，此方爲天之本體、實體。至於氣化及氣化所現之條理則爲天化之用，其所呈示者乃天的紛然活動，而非能繫明「天」之本體。故船山在下文即表述「以理言天，雖得用而遺體」〔註100〕，復更申言「天之爲天，雖未嘗有俄頃之閒、微塵之地、蜎子之物或息其化，而化之者天也，非天即化」。

由於人多僅識理之「條理」義、「氣之條理」的作用義，爲免造成誤認，故不宜以理言天。雖然如此，船山仍極力強調程子之言雖有小疵，實不悖大義：「以理言天，雖得用以遺體，而苟信天爲理，亦以見天於己而得天之大用，是語雖有所遺而意自正。」〔註101〕

第四，包覆理且爲理所包覆之氣、裝裹氣亦爲氣所裝裹之理爲天之本體，一切氣化升降及氣化升降所成之條理莫不由此本體而起、而用、而生、而成，是此本體之理氣實涵蘊著無限的內涵及可能，往來屈伸之萬殊莫不涵於其

〔註99〕《讀四書大全說》，頁961。
〔註100〕《讀四書大全說》，頁1111。
〔註101〕同註100。

中，治亂生殺之眾理亦皆賅於其內。原初素樸的存有形式開展出豐富多采的存在樣貌，單純的本體藏載著生命的無限可能，此之謂「萬理統於一理，一理含夫萬理」。

倘若能究明「萬理統於一理，一理含夫萬理」之本體義與作用義，而將「天者，理也」之「理」界義爲裝裹氣且爲氣所裝裹之理，將「天一理也」之「理」定說爲「含夫萬理」之「一理」，是否就可以理言天、以天爲理呢？對此，船山仍是以爲不夠周密。

「理」字之形上學特色之一，即在說明事物之所以然與當然，亦即在說明事物及行爲的合理性、合法性與有效性。「理」所負責詮發者，乃是事物及行爲「必得如此」的原因根據及堅定意向。因此，「理」的「所以然」與「必繇此而不可繇彼」的刻板印象已成，我們對「理」的了解常是立基於「萬殊之理」的視域上。而天道雖是即體即用、即氣即化，氣化未曾暫息、無有或歇；但就理論上說，當相涵之理氣尚未進行氣化之時，亦即含夫萬理而尚未開展爲萬理之際，此時「停凝渾合得住那一重合理之氣」的「理」，只有素樸的存在形式，沒有必得由此、不能由彼的一定意向。是以，此時之「天」實未可以理詮定，因「所以然者不顯」、「必繇此不可繇彼之當然者無迹」故也。

綜上所述，船山遂將程子「天者，理也」之論述修正爲「天者，理之所自出」，更申論其意曰：

> 太極最初一○，渾淪齊一，固不得名之爲理。殆其繼之者善，爲二儀，爲四象，爲八卦，同異彰而條理現，而後理之名以起焉。氣之化而人生焉，人生而性成焉。繇氣化而後理之實著，則道之名亦因以立。是理唯可以言性，而不可加諸天也，審矣。〔註102〕

太極最初的存有形式只是理氣相涵、彼此包覆、互相裝裹的渾淪存有，既非至理，亦非條理，「固不得名之爲理」，勉強可說爲「氣之理」。條理乃由氣化而得，至理則因人道而定，俱爲天化之用，而非天之本體。爲更昭著此義，船山進一步拈出「化之理」之名以稱述天地萬物已然之條理與健順五常之性理，而與「氣之理」分別說明天化之用與天道本體：

> 就氣化之流行於天壤，各有其當然者，曰道。就氣化之成於人身，實有其當然者，則曰性。性與道，本於天者合，合之以理也；其既有內外之別者分，分則各成其理也。故以氣之理即於化而爲化之理者，正

〔註102〕《讀四書大全說》，頁1110。

之以性之名，而不即以氣爲性，此君子之所反求而自得者也。〔註103〕
此處之「道」，蓋指氣化流行之條理；「性」則自是健順五常之至理。「性與道本於天者合」，即皆本於「氣之理」，其意蓋指性、道（性理、條理）之本來面目俱爲彼此包覆、互相裝載之渾然理氣，由氣化而有內、外之別，性、道之分，至理、條理之名；故曰「氣之理即於化而爲化之理」。

唯此處須特別注意，由氣之理而化之理，此僅爲一由隱而顯的示現漸層，乃是由不可被感知及說明者向可被感知及說明者的座標位移；二者或有邏輯次序之可說，但絕無存在時間之先後，縱或不著而隱，但必同有固有。「氣之理」爲本體，「化之理」爲用，體以致用，用以成體；天爲體，化爲用，由天而能化，因化以成天。

正因學者常落下「氣」而單認箇「理」，復因「理」字在符號系統中的諸多「原罪」，故以「理」言天不若以「誠」繫天。「誠」無對反字，乃是純然一善、眞實無妄的極頂字，既無「理」、「道」的符號糾纏，又有「合內外，包五德」〔註104〕之廣涵義蘊，加上《中庸》固已有「誠者，天之道」之指引，故以誠說天、以理明化，以誠言本體、以理表作用，乃是最適切的詮說方式。因此，船山遂以「化理誠天」爲此一大段論闡作結：

> 誠則能化，化理而誠天。天固爲理之自出，不可正名之爲理矣，故
> 《中庸》之言誠也曰「一」，合同以啓變化，而無條理之可循矣。是
> 程子之竟言「天一理也」，且令學者不審而成陵節之病，自不如張子
> 之義精矣。〔註105〕

船山雖有「天者，理而已矣，得理則得天」之語，但對以理言天之流弊仍極力闡論如上。雖然如此，萬不可因船山力陳不可以天爲理，並著意發明理爲氣之理與虛空皆氣之精義，遂遽指船山爲唯氣論者，並以「氣本論」定位船山學。關於以「氣本論」定位船山學之可商，將在下節進行討論。

三、以「氣本論」定位船山學之商榷

（一）「本」的定義及其可能的詮釋向度

要檢視以氣本論定位船山學的恰適性，除須對船山的理氣範疇有確切的

〔註103〕前揭書，頁1111。
〔註104〕同註103。
〔註105〕同註103。

理解，更需申明氣本論之所謂究竟何指。氣本者，自是以氣爲本，然此「本」之定義爲何？其所指涉者究爲何種哲學視域？未能確定此「本」之義，則任何以心本、理本、氣本之名謂分判哲人理論模型者，其信度及效度皆不免有所缺憾。是以本書嘗試爲「本」的哲學意指進行釐梳，俾爲本節的探索主題提供較具確、紮實而有效的討論基礎。關於「本」在中國哲學思想中的詮釋向度，至少有以下幾種可能：

1. 認識取徑之首序

此定義乃接近認識論的理解視域，爲認識論意義的第一序。唯此第一序不宜被界位爲認知主體，因認知主體必爲「人」，而以中國傳統之思想術語而言，此認識主體即爲「心」〔註106〕，固無涉於以理爲本或以氣爲本之爭議。

將「認識取徑之首序」的理解放在理氣範疇中，即表現爲當由氣認取理或由理認取氣；置於心性論架構下，則可延拓出尊德性與道問學的工夫進路之異，甚至知行問題亦可涵納於其中。唯須注意者，認識取徑之首序者不必然等同於根源本體。舉例而言，《易‧繫辭》中「易與天地準，故能彌綸天地之道。仰以觀於天文，俯以察於地理，是故知幽明之故」，「幽明之故」乃由對「天文地理」的觀察契悟而得，故「天文地理」爲認識取徑之首序；但在本體意義上，作爲「幽明之故」的「易」，其位階及序第自是高於天文地理的。

2. 宇宙本體

此爲宇宙論視野下的定位，其意義蓋在給予萬物根源以說明，其所指稱者乃天地萬物的生成始源、原因及根據，亦即宇宙的根源本體。在中國的思想傳統中，萬物本元、宇宙本體可以是形上的，亦可以是形下的；可以是具體實在，亦可以是概念實有；可以是自然主義、宗教主義的，亦可以是倫理意義；然皆不妨其爲根本實有。要之，皆是各哲人透過感官、思辨及想像所得出的不同契悟，亦由是而產生了許多不同家派的論述。

例如《老子》言「道生一，一生二，二生三，三生萬物」、「天下萬物生

〔註106〕中國文化所說的「心」，不只是精神與價值上的 mind，亦是生理上的 heart，身心二概念是交融互滲的。參見徐復觀〈心的文化〉，收入氏著：《中國思想史論集》（臺北：臺灣學生書局，1975 年），頁 242～249；黃俊傑〈東亞儒家思想傳統中的四種身體〉，收入氏著：《東亞儒學——經典與詮釋的辯證》（臺北：臺灣大學出版中心，2007 年），頁 186～250。

於有，有生於無」，「道」、「無」即為老子的宇宙本體，唯此「道」、「無」之實際內容當作何解，則後人又各有不同的領會。而由《呂氏春秋・大樂》中的「太一生兩儀，兩儀出陰陽，陰陽變化，一上一下，合而成章」〔註107〕之說，亦可見「太一」為該篇作者理解中的宇宙本體。漢王符則以「上古之世，太素之時，元氣窈冥，未有形兆，萬精合併，混而為一」〔註108〕之語，明確地表述了漢代普遍以「元氣」為宇宙本體的看法。〔註109〕

3. 萬物的構成基質

此亦是宇宙論視域下的說明，旨在揭示天地萬物最根本的組構元素，此組構元素亦可稱為根本存在元，對根本存在元的探索，可謂哲學形成的初步表徵之一。

然須說明者，對某些思想家而言，宇宙本體即等同於宇宙萬物的構成基質，如前引王符之元氣論，元氣既是最根源的宇宙本體，亦是宇宙的根本存在元。但對某些哲人來說，宇宙本體與萬物構成基質是不同的概念，即使根本存在元組構了天地、宇宙，但在此基質之上，另有更根源的存在為其終極本體，並解釋著此基質的存在。《淮南子・天文訓》曰：

> 道始於虛霩，虛霩生宇宙，宇宙生氣。氣有涯垠，清揚者薄靡而為天，重濁者凝滯而為地。〔註110〕

《淮南子・天文訓》以氣為天地萬物之構成基質，但在氣之上，另有宇宙、虛霩等概念，故氣仍當不得宇宙最始源的終極本體，真正的宇宙本體仍在於「道」，即使此「道」可能只為一形上實有、境界說明或狀態描述。

以氣為萬物構成基質的根本存在元乃是中國源遠流長的觀念。經歷西周的長期蘊釀與演變，《老子》「萬物負陰而抱陽，沖氣以為和」之說雖未明確表示陰陽之氣為萬物的構成基質，但其後《莊子》、《荀子》、《管子》及兩漢元氣說皆指出「氣」為天地萬物的構成基質〔註111〕，而此一理解亦漸成為中

〔註107〕秦・呂不韋編，陳奇猷校釋：《呂氏春秋校釋》（臺北：華正書局，1985年），第一冊，頁255。

〔註108〕漢・王符：《潛夫論・本訓》，頁154；收於《新編諸子集成》（臺北：世界書局，1983年），第二冊。

〔註109〕以氣或元氣為宇宙本體乃漢唐的主流看法。關於漢唐元氣論之思想異同，可參看張立文：《中國哲學範疇發展史・天道篇》（臺北：五南圖書出版公司，1996年），頁151～168。

〔註110〕漢・劉安編，高誘注：《淮南子》，頁35；收於《新編諸子集成》，第七冊。

〔註111〕關於「氣」概念在兩漢以前的演變狀況，可參看張立文：《中國哲學範疇發展

國思想傳統的共識。

　　雖然後世思想家對氣的體會及定位或有不同，但以氣爲宇宙的根本存在元，以天地萬物皆陰陽變合所成，則已是不消說明的認知。當然，萬物的構成基質是否只有氣，而此氣是否只具有物質性的意義，則又是見仁見智的哲學問題了。

4. 宇宙規律

　　不論氣被定義爲宇宙本體或根本存在元，亦不論哲人所意想中的宇宙本體爲何，人們在建構了對宇宙本體及萬物組成基質的認知後，勢必會繼續對此基質及本體的活動原則產生好奇與興趣。《國語・周語上》記載周幽王二年三川地震後，伯陽父即指出：「夫天地之氣，不失其序；若過其序，民亂之也。陽伏而不能出，陰迫而不能蒸，於是有地震。」〔註112〕

　　由伯陽父之言可以知道：陰陽有其應然的活動原則，此原則即是「序」，當失去了這原則，即是天地之氣失其序，地震於焉而生。「序」概念與天地運化連結地被思考與討論，說明了早在西周時期，人們已對天地的活動原則有所注意。其後，哲人更致力於揭示天地活動原則的內涵〔註113〕，此一活動原則即表現爲宇宙本體生化運動與組構元素排列變合的秩序、原理、規範、法則、原因或依據等等，乃是哲人自宇宙本體或組構元素所展現出的活動變合與現象流行中，所觀照、提煉出的內在信息；對此內在信息，本書統稱之爲「宇宙規律」。

　　宇宙規律與宇宙本體並不相同，如王弼所理解的本體爲「無」，宇宙規律則是「不禁其性，不塞其源」的無爲；漢代元氣論者之宇宙本體與萬物構成基質爲元氣，而其宇宙規律則是講求天人感應的五運推移。

　　猶如各哲人對宇宙本體與宇宙規律的體貼皆不盡相同，哲人對宇宙本體與宇宙規律之間、組構基質與變合原理之間的關係結構亦存在不同認知，二

　　史・天道篇》，頁 145～149；張立文：《氣》（北京：中國人民大學出版社，1990 年），緒論至第二章；小澤野精一、福永光司、山井涌：《氣的思想》（上海：上海世紀出版集團，2007 年），第一章、第二章。

〔註112〕《國語・周語上》，卷一，頁8，《四部叢刊本》。

〔註113〕劉長林先生在〈說「氣」〉一文中指出：「漢代學者已不再滿足於從構成上，確認氣爲萬物的基礎，以此說明世界的統一，而希求通過揭示氣的本性，來構築宇宙的內在聯繫。」收於楊儒賓編：《中國古代思想中的氣論與身體觀》（臺北：巨流出版社，1993 年），頁 113。

者之邏輯次序、時間先後、因果關係、存在形式，乃至孰隱孰顯、孰體孰用，亦各有不同的詮釋與領會。

5. 價值本體

此為本體論意義的定位，其目的乃在給予天地萬物以根源價值的說明，亦即為人提供一價值方向與歸趨。價值本體之所以為價值，即意謂著其內容寓涵著行為的應然性，而與宇宙規律的必然性有所區隔。

但在講求法象天地、天人合一的中國思想傳統下，價值本體常表現為對宇宙規律或宇宙本體的呼應，哲人對宇宙規律的理解，固在極大程度上決定其對價值本體的認知；換言之，討中國多數哲人而言，應然與實然乃是重合而不悖的，此固不言自明之真理。《黃帝內經》「人能應四時，天地為其父母」之語，即是將價值繫屬於天道運化所呈示的理則、規律之下；《老子》言「人法地，地法天，天法道，道法自然」，自然之原則既是宇宙賴以運行的規律，也是天地人共同的價值歸趨與行為準則；而漢儒演繹陰陽五行推移變化之律，其重要意義之一亦在為人提供行事活動的原則與方向。

由漢代多以機械性的五行運化為行止準依與價值歸止，可知價值本體不盡然是理性的、道德的，如欲令價值本體理性而道德，價值本體所要呼應重合的對象，則必須是道德本體。

6. 道德本體

此為道德形上學視域下的理解，富涵倫理學意義，乃是將倫理學上提至本體論的位階，而為先秦儒者所特別著意者，亦是宋明理學極力鈎掘闡揚者。對儒家而言：價值即結穴於道德，道德本體與價值本體乃是自然且必然地重合為一。

雖然如此，並非所有思想學派皆論及道德本體，或承認天地間存在此道德本體；即使儒家內部，亦非所有儒者皆能認取此道德本體，遑論發皇之、光大之。此亦宋明理學之所以為唐君毅、牟宗三、勞思光諸先生特別推崇之故。〔註114〕

〔註114〕唐君毅先生指出宋明理學之形上學為真的道德之形上學，而其道德為形上學的道德，此非真知儒家德樂一致之旨與天道之真者所不能至。見氏著：《中國哲學原論・原道篇三》（臺北：臺灣學生書局，1986 年），頁 439。牟宗三先生則以宋明儒者對孔子與先秦儒家「仁與天為一，心性與天為一，性體與道體為一」之生命智慧有所認識，能決定出儒家的本質者；見氏著：《心體與性體》（臺北：正中書局，1986 年），第一冊，頁 13、35。勞思光先生亦以宋明

　　而如前所述，中國哲學的特色之一，爲價值本體對宇宙規律的呼應；表現在多數的宋明理學中，道德本體遂透過價值本體而與宇宙規律相結合，既令道德本體因此具有普遍性與超越性，復令宇宙本體、宇宙規律富涵倫理意義及道德價值。

　　漢儒以「氣」建構了完整的宇宙論架構〔註 115〕，在天人感應、五行推移的氣化宇宙觀下，人事全依陰陽而行，「人文多歸化『自然』」〔註 116〕；唯此自然非老子清明虛靜之自然，但爲自然主義之自然。漢儒所理解與掌握的宇宙規律蓋傾向數理式與機械性的律則，人的「歸化」也帶著趨吉避凶的怖畏色彩，缺乏理性的輝光，勞思光先生以是斥其爲「中國文化一大沒落」。〔註 117〕

　　職是之故，當明道脫然有懷地說：「吾學雖有所受，但天理二字，卻是自家體貼出來」〔註 118〕時，此既表現出明道對自己在儒學發展位置上的高度自覺，亦宣示著宇宙規律向道德本體的呼應。明道所體貼者，既是朗現於自家心上的天理，亦是天道流行運化所展現的秩序與規律、所傳遞的奧義與信息，此信息即爲理、爲天、爲天命於人而爲性者，爲天人俱有的道德本體，亦是道德實踐所以可能的先驗根據。

（二）以「氣本論」定位船山學之困難

　　在對「本」所具有的可能詮釋向度作出分析後，「氣本」的意義可望有較明確的界義，而唯有在明確的界義下，爲哲人思想建立理論模型的恰適性及有效性，方有客觀而可供討論與檢證的判準。

　　氣本者，即以氣爲本，亦即以氣爲宇宙天地之根源本體，爲宇宙天地之第一序義。而此本體義及第一序義，至少可由前述種種哲學意義檢證其是否得以成立：認識論意義之第一序、宇宙論意義之宇宙本體、萬物的構成基質及提供天地萬物以價值定位的道德本體。對絕大多數的宋明理學家來說，「提

　　　儒學重建先秦儒學之心性論，爲能重建儒學價值之哲學；而陽明致良知說，更令最高主體性由此大明。見氏著：《中國哲學史》（香港：友聯出版社，1980年），第三卷上，頁 6。
〔註 115〕參見劉長林〈說「氣」〉。
〔註 116〕此借楊儒賓先生論陰陽家人天相應之語。語見《中國古代思想中的氣論與身體觀》，頁 29。
〔註 117〕勞思光：《中國哲學史》，第二冊，頁 8。
〔註 118〕《二程集》，第一冊，頁 424。

供天地萬物以價值定位的道德本體」為宇宙規律、價值本體與道德本體的重合，其理由則已如前述；事實上，賦予宇宙規律倫理意義，認取及發揚兼具超越與內在義的道德本體，皆為宋明理學的重要任務，宋明理學亦由是可謂一充滿理性價值意義的哲學。〔註119〕

上述各詮釋向度中，認識論意義之第一序自是於認識論下立說，宇宙本體與萬物構成基質的範域兼具宇宙發生論及存在論意涵，宇宙原理乃並具宇宙論與形上學色彩，而具根源價值義的道德本體則已涉及本體論、形上學及倫理學之領域。以下次第討論之。

1. 由認識取徑之首序義所進行的檢證

認識論意義下的理氣之序，所究明者蓋為認取進路，亦即由氣認取理或由理認取氣，此範疇所展示者乃探本溯源的工夫進路，固不可謂無涉於本體。

船山力稱「理者氣之理」，「天下豈別有所謂理，氣之妙者，斯即為理」；凡此，皆在提醒學者，理隱而不可見，只可由氣化所成的天地萬物認取理，由氣之真實證明理之真實。此一認識進路乃是先認取氣，再由氣認取理，氣為認識意義之首序固無庸置疑。

然而，船山又提出另一觀照：與作為活動依據及原因的理對舉，氣固為形下之顯；但當理具顯為氣之條理時，條理反為形下之顯，而擁有比氣更高的辨識度。船山言：

> 理本非一成可執之物，不可得而見；氣之條緒節文，乃理之可見者也。〔註120〕

就一般理解而言，理似為不可得而見者，然究其實，氣化所成之條理因已具顯為現象界之條緒節文，開顯為經驗界的森羅萬象，故可為人聞見知感，可為人輕易認取。值此之際，陰陽二氣反為形上之隱，不若形下之條理顯而易察。舉例而言，治亂之氣不可見，而治亂之理可見；又如人唯賴豐、殺之理的具顯，方能認取此豐、殺之氣的實存實有與運行推移。換言之，當條理展現為現象界的事物，此時的陰陽之氣固須透過氣之條理以展示自身、說明自身。

〔註119〕張立文先生即指出：「『理學』是倫理學說的概括和昇華，而又具有濃烈的倫理色彩；它在倫理學的刺激下完成，而又使倫理學說哲理化；倫理學說既是『理學』邏輯結構的貫徹，而又是理學的宗旨。這種錯綜複雜的情況，說明理學構造了一個納自然、社會、人生為一體的哲學體系。」見《宋明理學邏輯結構的演化》（臺北：萬卷樓圖書有限公司，1993 年），頁 246～247。

〔註120〕《讀四書大全說》，頁 992。

由此可知，船山學中的認識進路既是由氣認取理，亦是由理認取氣。「由用得體」為船山一再標舉之認識取徑，而氣、理既互為體用，是皆具本體、作用二身份，故必互為彼此彰顯存在，亦互為對方提供認取條件。

綜上所述，則理、氣各在不同的詮釋切點下作為認識意義之首序，故在此範疇中，不論以「氣本論」或「理本論」詮定船山，固皆不得成立矣。

2. 由宇宙本體及萬物構成基質為判準所進行的檢證

一般而言，絕大多數的宋明理學家，皆以《易‧繫辭》中的「太極」為宇宙本體〔註121〕，船山亦然。而依本章第一節所言，船山思想中的太極乃是互相包覆裝裏的理氣，原不能單以「理」或「氣」概說之。然而，在船山集中，卻依然可見只以理或氣來詮說太極之蘊者：

> 道者，天地人物之通理，即所謂太極也。〔註122〕
>
> 陰陽者，太極所有之實也。……合之則為太極，分之則謂之陰陽。
> 〔註123〕

如前節所述，船山之理氣觀乃是「理以充氣，氣以充理，理氣交充而互相持」的理氣相涵，兩者互相決定顯發，相因相備，相須相成；是言理即有氣在，言氣而理自顯。至若為何有時重言理，有時重言氣，陳來先生對此已有所注意：

> 船山理氣觀與朱子學的不同處，更多地在於船山運用其理氣不離的觀點對許多具體問題的討論，在這些討論中可明顯看到，凡朱子學表現出重理輕氣的地方船山必強調氣，凡朱子學言氣離理的地方船山則注重理，凡朱子學的說法中容易把理氣變成各自獨立的二物之處，船山必定強調理氣合一。由此可見，我們有理由把船山理氣觀的要點歸結為理氣互體，理氣合一。〔註124〕

船山《讀四書大全說》主要在闡釋及修正朱子學的若干不安處，其中理氣關係即為船山關注的焦點之一，故該書所論遂依對朱子文字的檢校而所有側

〔註121〕濂溪《太極圖說》的「無極而太極」究以無極或太極為宇宙本體，當時與現今的學界皆存有不同意見。此外，橫渠亦少言太極，而多言太虛；而其太虛究為「神」或「氣」，學者意見仍是不盡相同。

〔註122〕《正蒙注》，頁15。

〔註123〕《周易內傳》，頁524～525。

〔註124〕陳來：〈王船山「論語」詮釋中的理氣觀〉，《文史哲》2003年第四期（總號第二七七期），頁62。該段文字亦見於《詮釋與重建──王船山的哲學精神》，頁119。

重。究其實，理氣相涵方爲船山的認知，張立文先生亦指出船山理氣關係與朱子大有不同，朱子從邏輯上分理先氣後，船山不只以理氣無時間之先後，甚至把「邏輯上的先後也一併否定了」。〔註125〕

那麼，作爲宇宙本體的太極到該如何理解呢？於前節引文中，船山實已爲太極的內容做出一極富興味的定義：

> 太極最初一〇，渾淪齊一。

「太極最初一〇，渾淪齊一」，「〇」當非闕字，實是缺乏相應之單字以精準地表述太極本體之內容，故不得不以「〇」暫代之。一語以蔽之，太極乃是互相包覆、彼此滲透的相涵理氣，其體狀甚難以文字描繪；雖然如此，船山仍勉強形容之：

> 太和絪縕，有體性、無成形之氣也。〔註126〕

> 盈天地之間，絪縕化醇，皆吾本來面目也。其幾，氣也；其神，理
> 也。〔註127〕

太極本體原只是絪縕之氣，「絪縕」者，言其尚未成形凝質、化生萬物時之體狀。但船山又恐人誤認此時唯有氣而無理，故強調此氣雖「無成形」，然「有體性」；「有體性」即「氣原是有理底」，此時「理固在氣之中，停凝渾合得住那一重合理之氣」。每一個絪縕瀰漫的氣分子包覆著理分子，亦爲理分子所包覆，此即吾等的本來面目，亦宇宙天地的根源本體。家學淵源的王敔繼承父教，於《正蒙注》張子「太虛無形，是其本體」一語下，更註曰：「理具陰陽，陰陽具理，理氣渾然，是爲本體」〔註128〕。王敔以「理氣渾然」釋本體之蘊，必承父說無疑；事實上，船山固常理氣雙帶，以「理氣」並闡存有本原的具體內容：

> 太極雖虛，而理氣充凝，亦無內外虛實之異。〔註129〕

> 未生則此理氣在太虛爲天之體性，已生則此理氣聚於形中爲人之
> 性，死則此理氣仍返於太虛。〔註130〕

〔註125〕張立文：《正學與開新——王船山哲學思想》，頁 213。唯令人不解者，張氏既知船山理氣觀乃是「連邏輯上的先後也一併否定了」，何以又將船山的哲學邏輯結構以「氣——理——物——氣」（前揭書，頁 153）說明之？按：船山的哲學邏輯結構當爲「理氣——物——理氣」。

〔註126〕《正蒙注》，頁 82。

〔註127〕《思問錄》，頁 434。

〔註128〕《正蒙注》，頁 17。

〔註129〕《思問錄》，頁 430。

〔註130〕《正蒙注》，頁 120。

總結上引文字，吾人可以發現：理氣充凝的渾然一「○」，不僅是船山所理解的宇宙本體之蘊，亦是萬物的構成基質，因無一相應之字可精詮之，故權以「○」寄意。

　　由此論之，不管就宇宙本體或宇宙的根本存在元而言，以氣為本或以理為本皆非船山學甚明。其實學者對船山理氣相涵互體之思想特質亦多有認知與發揮，但仍主張船山學為氣本論，實令人不解〔註131〕。單單以「氣」為太極本體及根本存在元，而逕以未加細校之「氣本論」定位船山學，乃視船山「理與氣互相為體」之命題如無物也。

3. 由道德本體與價值本原為判準所進行的檢證

　　船山究竟繫道德根源於氣或理，須分天道、人道二範域論述之。

　　就天道而言，常人或見氣化有悖、亂、短、殺之不善，遂疑氣化不善，氣有未善，「非理」者非「理」；然究其實，「一治一亂，其為上天消息盈虛之道，則不可以夫人之情識論之」〔註132〕。悖、亂、短、殺，亦各有其理，各有其正當性及有效性，特其善不能為一般人所認識與肯定。天人雖有本質的

〔註131〕陳來先生曾指出船山之「理氣在存在上不可離」，且說船山「認定有一陰陽和合、理氣不分的渾淪實體，此為氣之本體，為宇宙的本原，亦稱太極、天、誠。」見氏著，《詮釋與重建——王船山的哲學精神》，頁192、184。此外，張立文先生亦不斷強調船山理氣之互相為體、相即相依、交充相涵、不能分別（《正學與開新——王船山哲學思想》，頁212、213、217）。如此，又何能指稱船山為氣本論者？

　　另有一不同情況的矛盾論述。林安梧先生嘗指出：「作為本體論意義的『體』時，『氣』是『理』、『氣』二者的辯證之綜合。……我們便可清楚的斷定就本體之未開展時的狀態而說『理氣合一』是截然無疑的，而此時的『合一』則仍以『氣』為首出而談其辯證的合一。由於在本體論上理氣是合一的，則本體之體的氣所開展為個體的氣當然即隱含著理在。」林氏由此反駁以「唯氣」論船山之不當。但與此同時，林氏卻又說：「就本體論而言，祇要有『氣』就足夠了，因『氣』已含有理。」林安梧先生之說的矛盾及困難在於：氣既為理氣辯證之綜合，「如就本體論而言，祇要有『氣』就足夠了」，同理，則為何不可說：「就本體論而言，祇要有『理』就足夠了」？又，氣之「首出」該如何說明並且論證其義？復次，「本體論上理氣是合一的」，則為何又只單提氣為本體？此外，既是以氣為首出且「就本體論而言，祇有氣就足夠了」，則如何能有效地批評以船山為「唯氣論」之不當？恐恰足為其明證耳。是故劉又銘先生即引用林氏之語以證船山學果為「氣本論」。林安梧言見前揭書，頁100～101；劉又銘言見〈宋明清氣本論研究的若干問題〉，收入祝平次、楊儒賓編：《儒學的氣論與工夫論》（臺北：臺灣大學出版中心，2005年），頁214。

〔註132〕《讀四書大全說》，頁1114。

貫通之處，但畢竟量受有別，天地之道，固有人所不能者〔註133〕；故氣化之純善無惡，亦有人所不能察識處。

然不論人識與不識，天道固運行如斯，有善無惡如斯。天道既為至善之誠，則是氣善而理善，亦理善而氣善，更無根源何在之可辨，亦可謂氣、理皆是道德根源，復為此道德根源所輻射而成的道德圖象。故若由此視角立論，則船山既是氣本論者，亦是理本論者。

然由另一方面論之，「天道不遺于禽獸，而人道則為人之獨」〔註134〕，既為人，則須以人道為依，亦當致力於立人道之極；妄言捨人而從天，其實只是向人禽不辨的生物性與機括性靠攏而已。氣之理為天道之善，而由氣之理所標拔出的健順五常性理則為人道之善。受身為人，自當以人道之善為判斷是非、修身立世之準則，亦即以健順五常之性理為至善之本，道德之原。

雖然性理亦氣化所命，由二氣五行所凝，然健順五常之德既是此氣之條緒節文，是只能見之於條緒節文，亦只能由條緒節文以見。繼善成性之後，仁義禮智之性理可見，而二氣五行不可見，故只得由仁義禮智之性認取道德本體與價值根源，而不能向隱幽不見的氣上虛討光影。故船山說：

> 其或可以氣言者，亦謂天人之感通，以氣相授受耳。其實，言氣即
> 離理不得。所以君子順受其正，亦但據理，終不據氣。〔註135〕

「亦但據理，終不據氣」，船山在此明確地指出了價值的取捨及依據。船山據理不據氣的另一原因，殆因氣之意向性乃由理決定，理為氣之主持分劑者，而只有健順五常之性理才具有無可移轉的倫理向度。

天道廣大，無有不善，氣理的一切開展皆指向「誠」，故不必以理善來範圍氣善，亦即凡氣皆善，凡變合皆善。然人道不能如此。天道無擇，人道有辨，天道無有不善，人道則須嚴別善惡、是是非非，即使此善惡及是非的確只是人道世界中的善惡與是非。故氣化的多元面向遂令氣不得成為道德依據與倫理根源；尤有甚者，由於氣化的開放性，吾人須得以健順之理御氣、以五常之理養氣，令氣化方向皆合於仁義禮智之至理：

> 以理養氣，則氣受命於理，而調御習熟，則氣之為動為靜，以樂以
> 壽，於水而樂，於山而樂者成矣。〔註136〕

〔註133〕《思問錄》，頁403：「易簡者，天地之道，非人之能也。」
〔註134〕同註133，頁405。
〔註135〕《讀四書大全說》，頁1114。
〔註136〕前揭書，頁690。

以理養氣，使氣皆從健順五常之至理，則氣機所至，必現仁者之樂，智者之壽，從容中道，周旋中禮。

由以上論闡可知：在道德本體此一視域，不論就天道或人道而言，以氣爲道德本體皆當有辨。在天道，氣、理皆可謂道德根源，亦皆是「本」。在人道，則船山顯然將道德本體繫之於健順五常、仁義禮智之性理，則是以理爲本，非以氣爲本矣，故方有君子「亦但據理，終不據氣」的終極選擇。

透過對認識進路、宇宙本體、構成基質及道德根源等哲學意義的檢索，以「氣本論」定位船山學之不愜固已極爲昭然。以船山爲氣本論者，既無視於船山雙面進逼、體用相涵的工夫進路，也忽略了「理與氣互相爲體」之哲學命題在船山思想體系中的重要性。

雖然本書認爲未可以船山爲「氣本論」者，但此結論絕不意謂否定「氣」在船山思想體系中的重要性。事實上，筆者完全認同氣概念乃貫穿中國哲學、醫學等的最重要主線之一，亦認可明中葉以後，對朱子理氣關係的修正乃是彼時學界的重要工作〔註137〕，而此種修正當與哲人對身體及欲望的安置存有一定程度的關聯〔註138〕。

在氣範疇發展史上，實未有如船山般予氣如此堅實的道德根基者，在船山的思想體系中，氣尊嚴而親和，與理渾一而共爲宇宙本體，亦與理共爲天道的道德根源，而之所以得證成此論，「理氣相與爲體」之說乃是最重要的論據與保障。唐君毅先生指出：

> 中國哲學之主要概念有三：曰理、曰心、曰氣。以朱子重理，陽明重心，但於氣之重要性亦不忽略。船山通過心、理以言氣，此船山之眞能重氣，即使氣之存在高度及格局超越物質、功利、實用、生物本能，迥非清儒可比。〔註138〕

通過「心」、「理」以言「氣」，船山以此進路提昇了氣的高度，開拓了氣的格局，理氣心性情才等範疇並皆得到提昇與拓充。或許這是執著於氣本論的詮

〔註137〕筆者認爲，明中葉後特意標舉氣的重要性之哲人所關心的並不是理、氣何者具優先性的問題，而是理氣關係的重新定位與詮發。馬淵昌也亦指出：「對理氣論的修正，以及對性氣關係的修正，應可視爲『氣的哲學』的首要指標。」見氏著：〈明代後期「氣的哲學」之三種類型與陳確的新思想〉，收於《儒學的氣論與工夫論》，頁163。

〔註138〕關於此思想史議題，筆者當於日後撰文專論。

〔註138〕唐君毅：《中國哲學原論・原教》，頁664。

釋進路之外,另一條理解船山的路向吧。

第三節　器道相須而大成

《易·繫辭》「一陰一陽之謂道」及「形而上者謂之道,形而下者謂之器」二語,爲後世學者提供了深邃而豐富的思想素材。此二語之原意爲何言人人殊,二語中之「道」是否指涉著同樣的內容與向度亦難以遽斷;但就船山的理解而言,二語境下之「道」的確存在些許差異。

「一陰一陽之謂道」之「道」乃「天地人物之通理,即所謂太極也」,亦即「天道」〔註139〕是也。在中國哲學的語義系統下,「天道」即意指宇宙的終極眞理,總結著天地萬物所有關於起源、法則、秩序、目的及價值等答案。至若與「器」相締爲體用結構之「道」,多指「此」器之道,具有內容上的特殊性及範圍上的侷限性,與普遍而超越的天道有涯量之別;雖則器之道的一切意義必指向天道、涵歸於天道、收攝於天道,但終究不能貿然等同於作爲「通理」的天道。

如前節所述,絪縕充滿之理氣爲宇宙間最原初的存在形式,一切形象器物皆由包覆理且爲理所包覆的陰陽二氣升降浮沈、變合組列而成;因此,形象器物可說是結構形式較複雜的存有,具現於現象界而可爲人知見聞感。莫說四時寒暑、車筆人物、日月山川,即「《詩》之比興、《書》之政事、《春秋》之名分、《禮》之儀、《樂》之律」〔註140〕,莫非象也,亦莫非器也,故船山直言:「盈天地之間皆器矣」。〔註141〕

以上述理解爲基礎,以下將就船山學中的器道關係進行分析。

一、上下無殊畛,道器無異體

船山於《周易內傳》中曾爲「形而上者謂之道,形而下者謂之器」進行詮釋:

> 形而上者,當其未形而隱然有不可踰之天則,天以之化,而人以爲心之作用,形之所自生,隱而未見者也。及其形之既成而形可見,形之

〔註139〕《周易內傳》,頁 524:「道謂天道也。陰陽者,太極所有之實也。……合之則爲太極,分之則爲陰陽。」

〔註140〕《周易外傳》,頁 1039。

〔註141〕前揭書,頁 1026。

> 所可用以效其當然之能者，如車之所以可載，器之所以可盛，乃至父
> 子之有孝慈，君臣之有忠禮，皆隱於形之中而不顯。二者則所謂當然
> 之道也，形而上者也。形而下，即形之已成乎物而可見可循者也。形
> 而上之道隱矣，乃必有其形，而後前乎所以成之者之良能著，後乎所
> 以用之者之功效定，故謂之形而上，而不離乎形。〔註142〕

在本書第一章第一、二節中，曾引用船山《讀四書大全說》「形而下者只是物，
體物則是形而上。形而下者，可見可聞者也；形而上者，弗見弗聞者也」一
段文字。於該段文字及論闡中，道器之體用關係已告確定。其次，形下之器
爲可聞見知感之經驗界器物，形上之道則爲不可聞見之抽象存有；雖然如此，
固不妨於道之實有實存，不可聞見的形上之道只是「隱」，並非「無」。此外，
形上之道決定了形下之器的發生、功效現象及活動方式；一言以蔽之，形上
之道爲形下之器的所以然，乃是「所以體之而使枝爲枝，葉爲葉」者。

在本處所引文字中，船山除再度強調道隱器顯的開顯狀態之異外，復明
確地指出形上之道即器「之有」此良能及「之所以可」爲此功效的原因及根
據。「二者則所謂當然之道也，形而上者也」之「二者」非良能及功效，而是
「之有」及「之所以可」；良能及功效是器的活動呈現，「之有」及「之所以
可」則爲規範及說明此活動得以呈現的理由，亦爲完成此活動的資具及條件。
原因及根據不可聞見，故船山言其「未形」，然形下之器的發生與活動確由此
未形之道所主持分劑，故船山又稱其爲「隱然而不可踰之天則」，此即「體者
所以用」思維方式的投影。

道主持分劑器的發生及活動，然由另一觀照點檢視，器復以道爲活動憑
藉及資材，運用道所提供的線索及軌路，而完成其流行與運動，亦即器用道
以成器，此又船山「用者用其體」思維模型的輻射；「天以之化，人以爲心之
作用」，「以」者即「用」也，所用者乃用此「天則」，亦即用此道也。

一如「用者用其體」爲船山所銳意標舉之體用思想，「天以之化」之「以」
字亦爲船山所極力強調者。在《讀四書大全說》中，船山曾特別宣示：

> 《易·象》下六十四個「以」字，「以」者，即以此而用之，非法
> 之之謂也。言法，則彼爲規短，此爲方圓，道在天下而不在己矣。
> 〔註143〕

〔註142〕《周易內傳》，頁 568。
〔註143〕《讀四書大全說》，頁 736。

〈大象〉六十四卦皆以「君子以……」成句，船山認爲〈象〉傳所言即是用此六十四卦之道以行事處世的證據，亦爲「用者用其體」的最佳說明。「用道」而非「法道」，意謂著道在器中，亦指陳著道爲器之本有、固有，道器二者乃並生互載〔註144〕，道非外爍，器不後有，在以時、空爲軸度的座標圖上，道器既處於同一座標點，亦共同營構出位於現象界中不同的存在場域。故船山表示：

> 謂之者，從其謂而立之名也。上下者，初無定界，從乎所擬議而施之謂也。然則上下無殊畛，而道器無異體。〔註145〕

形上之道與形下之器雖有稱說內容與意義向度之別，但就存在範域而言，乃是無定界、無殊畛、無異體者，亦即處於同一存在場。「道器無異體」猶如「理氣無分體」一般，「體」非體用之體，而是與「界」、「畛」同義，但爲存在位置的說明。而此存在位置即此器也，即此形也，道在器中，「象外无道」〔註146〕，故船山又言：「形而上者謂之道，形而下者謂之器，統之乎一形」。

至於爲何以形上、形下稱說道、器，上下之名的擬議根據爲何，船山也提出了個人的理解：

> 器而後有形，形而後有上。〔註147〕

> 上之名立，而下之名亦立焉。上下皆名也，非有涯量之可別者也。〔註148〕

> 形而下者只是物，體物則是形而上。形而下者，可見可聞者也；形而上者，弗見弗聞者也。如一株柳，其爲枝爲葉可見矣，其生而非死亦可見矣。所以體之而使枝爲枝、葉爲葉，如此而生、如彼而死者，夫豈可得而見聞者哉？物之體是形，所以體夫物者則分明是形以上那一層事，故曰形而上。然形而上者，亦有形之詞，而非無形之謂。〔註149〕

船山於「器而後有形」一段文字分說形、器，乃是順著〈繫辭〉敘述所作的疏釋。實則形、器同指現象界中可爲人知見聞感的具體存有，唯在此語境下，

〔註144〕《周易外傳》，頁 861～862：「由其並生，知其互載，則群有之器，皆與道爲體者矣。」
〔註145〕前揭書，頁 1027。
〔註146〕前揭書，頁 1038。
〔註147〕前揭書，頁 1029。
〔註148〕前揭書，頁 1028。
〔註149〕《讀四書大全說》，頁 504～505。

「器」所強調者爲此具體存有物，「形」所著重者則爲此器之可爲人知見聞感的存在狀態。當氣組化融結爲形象器物時，即成可爲人聞感知見的現實存有，亦即有了可見可聞之「形」，故船山曰「器而後有形」。

而任一形器的發生與完成，必有其原因、根據與條件，此即器之道。道規範著器的發生、運動與呈象，器之有良能及之所以可爲功效，皆賴道爲其說明及成就。作爲原因、根據及條件的道，實在實存，道雖無可聞見，然無此道則此器不成、此形不現；因此，器成形現即意謂此道之必有，是以船山指出「形而後有上」。以「上」言道，蓋爲同時表述道弗見弗聞之隱幽狀態、道器無分體的存在位置，以及道主持分劑的本體地位，故擇定「形而上」一詞表達上述特質，並以「形而下」一語指陳「器」，使道器涵統於一「形」，以「形」收攝道器，務使在以形上、形下之名突顯道器的不同指涉範疇之時，不致有道在器外的誤認。就船山之理解，形上之名乃在說明道爲所以然本體及弗見弗聞的存在內容與特質，而「上」之名既立，「下」之名自是應運而生，正好用來揭示器爲現象之然與可見可聞的面向。一言以蔽之，上下之名的擬議目的乃在說明道體器用能否被聞見之特質，既無關於時序先後，亦不指涉存在位置，更無與於價值高低。究其實，道器不僅無異體，亦無貴賤之別，故船山方言：「上下皆名也，非有涯量之可別者也」。

道器在價值上的等齊源於二者間存在著唯一的對應關係。猶如用必其體之用，體必此用之體，器因道有，道由器顯，有此道而有此器，有此器必有此道，二者之存在意義與價值乃一貫無殊。船山說：

> 灑掃應對，形也；有形則必有形而上者。精義入神，形而上者也；然形而上，則固有其形矣。故所言治心修身、詩書禮樂之大教，皆精義入神之形也。灑掃應對有道，精義入神有器，道爲器之本，器爲道之末，此本末一貫之說也。物之有本末，本者必末之本，末者必本之末，以此言本末，於義爲叶。〔註150〕

精義入神爲成德的精神狀態，爲弗見弗聞的形上之道，而必有可見可聞的形下之顯，舉凡治心修身、詩書禮樂之大教皆是精義入神之器，灑掃應對自亦屬之。而正因精義入神有器，灑掃應對有道，故可下學上達，可由孝弟爲仁。道爲器之本，器爲道之末，此人所共言，但船山在此共說之外，格外強調本末的對應性及相備性。「本者必末之本」，以「本」爲言，則必因有「末」與

〔註150〕《讀四書大全說》，頁 885～886。

之對勘，無「末」則「本」義何生？故曰「本」者，必此末之本。船山強調道器本末的嚴密對應，其目的不只在說明二者價值及本質的齊一，亦在突顯二者相須相備的結構關係。

二、無其器則無其道

對道器互相備成之體用結構，船山曾有極精闢的論闡：

> 无其道則無其器，人類能言之。雖然，苟有其器矣，豈患无道哉？君子之所不知，而聖人知之；聖人之所不能，而匹夫匹婦能之。无其器則无其道，人鮮能言之，而固其誠然者也。洪荒无揖讓之道，唐虞无弔伐之道，漢唐无今日之道，則今日无他年之道者多矣。未有弓矢而无射道，未有車馬而无御道，未有牢醴璧帛、鐘磬管弦而無无樂之道。則未有子而无父道，未有弟而无兄道，道之可有而且無者多矣。故无其器而无其道，誠然之言也，而人特未之察耳。〔註151〕

猶如「體以致用」為人所習言，「用以備體」卻少為學者系統論述一般，「無其道則無其器」眾莫不知，然「無其器則無其道」則鮮為論者意及。船山由於深察體用相備之理，故不僅注意到道對器的發生握有決定權，也認識到在現象界中，器對道的存在與否亦擁有絕對的決定地位。

無子之叟，不名為父；無弟之男，不名為兄；當是時，父道兄道自不能發生於此叟、此男身上，遑論成就父兄之道。是以若聖人未有子女或無有兄弟，則縱深悉得父兄之道，亦不能實現之、成就之，父兄之道對聖人而言，永遠只能是無法落實的概念存有，此即「聖人之所不能，而匹夫匹婦能之」的無奈限制。在此可明顯地看出：器的有無決定了道能否被實現及完成。同理，沒有車馬、璧帛、管弦之時，駕御及禮樂之道既無由得顯，甚且因為沒有車馬璧帛等器做為禮樂之道的實現場域，故無法在現象界中擁有具體的存在位置。因此，若無車馬璧帛，現象界中不只無法體現禮樂之道，甚且可謂在現象界中沒有禮樂之道。

若將「器」的涵指範圍由人、物、事、象更擴大到時代及地域，船山「無其器則無其道」的觀察更顯現出歷史發展的縱深及社會文化的廣表，船山學術的遼闊視野及深邃思維亦於斯可見。

蠻貊洪荒自無揖讓之道的存在可能，揖讓之道如能被實現及展示，則該

〔註151〕《周易外傳》，頁 1028。

時空必不謂之「洪荒」；同樣的，唐虞盛世無弔伐之道的存在空間，漢魏宋明亦無今日之若干制度與風尚。時代背景與時代意識，社會價值與社會風情乃是互爲因果、迭爲賓主，道規定著器的發生與面貌，器決定著道的存在及姿容；船山同時觀察到道對器的建構作用以及器對道的形塑能力，更由此而推論出「今日無他年之道者多矣」的歷史發展事實。他年之道不有於今日之時空，乃因今日無他年之器，無其器則無其道，今日之時空中遂不能見此道，亦不存此道，但終不可謂此道之竟無，不可謂此道不存於天地之間。究其實，不論於現今或遠古，他年之道皆以抽象存有的形式存在於宇宙天地，但因其無法透過相應之器開顯自身，故亦無法被實現與完成，此即「道之可有而且無者」，亦即「可實現而未能實現」之意。

　　未有子而無父道、未有弟而無兄道、未有車馬而無御道，乃至洪荒無揖讓之道等，皆在說明缺乏「器」的承載及結構支撐，缺乏器爲其提供活動資材與實現場域，道將無法在經驗界中擁有具體的存在座標，亦無法實現自身的存在意義、具顯自身的存在內容，終令其在現象界中缺席，而只能成爲一概念存有。

　　雖然如此，切不可因此道不顯於現象界遂論斷天地間無此道。缺乏「器」完成其現實存在的「道」雖不存於經驗界，但無妨其實有；抽象存有如一加一等於二之類，並不比現實存有遠離眞實。猶如未行仁義但爲道心不顯，而非無有道心，「未有子而無父道」亦是父道可實現而未能實現的經驗界陳述而已；惟仁義不履爲主體的責任，父道未成則爲客觀環境的限制。

　　但未能被實現之道縱然存在，終究不可言「完成」。用不只爲體的流行活動，更是本體的存在意義與存在內容之所在，此乃船山念茲在茲的「用以備體」之深意。故而缺乏「器」成就其現實存在之「道」，遂因其存在意義及內容的失落而造成存在事實的餒弱與缺殘。職是之故，船山遂提出「器道相須」的有力論述，明指唯有體用俱全的存有方是飽滿完足的的存在事實，方具有沛實豐盈的存在意義：

> 是故以我爲子而乃有父，以我爲臣而乃有君，以我爲己而乃有人，以我爲人而乃有物，則亦以我爲人而乃有天地：器道相須而大成焉。未生以前，既死以後，則其未成而已不成者也，故形色與道互相爲體而未有離也。是何也？以其成也。故因其已成，觀其大備，斷然近取而見爲吾身，豈有妄哉！〔註152〕

〔註152〕前揭書，頁905。

子之未生，父道不顯，此謂之「未成」；父之既死，父道不存，此謂之「已不成」，故船山又言：「據器而道存，離器而道毀」〔註153〕，存毀之標準在於道能否獲得體現、實踐與成就。概念存有雖為存在形式之一，但對強調實學的船山而言，內涵未彰、意義未成之道終是嚴重的不足與缺憾。道之能否成就，道的存在內涵與意義能否完全對世界敞開，皆賴器為其襄助及周全，反之亦然，此之謂「器道相須而大成」。故船山又指出：「義莫重乎親始，道莫備乎觀成」〔註154〕，唯「成」而道始「備」，「備」意涵著體用結構、現實位置、自我開顯、存在內容與存在意義等向度的完就及整全。而將概念存有之道落實為現象界中的備成之道，用以備體，器以載道〔註155〕，正是船山學的首要目標。

三、無恒器而有恒道

當現實中無器可周全道的具顯及完成時，可有而且無者之道乃是隱而未顯，而非根本不存在的「無」。道的存在形式乃弗見弗聞的抽象存有，故具有時空上的超越性及自由度，不若可見可聞的形下之器，因質象形物的具體存有特質而只能存在於一定的時空之中。換言之，器的存在時間是有限的、存在空間是固定的，未若抽象存有之道可縱橫綿亙於浩瀚時空。故船山表示：

> 形而上，即所謂清通而不可象者也。器有成毀，而不可象者寓於器以起用，未嘗成，亦不可毀，器敝而道未嘗息也。〔註156〕

此處器有成毀、道無成毀之說，似與「據器而道存，離器而道毀」之語悖反。然究其實，「據器道存，離器道毀」之成毀判準蓋在於道能否於現象界中開顯並實現其自身，而此處「未嘗成，亦不可毀」之成毀則意如生死，乃是根本徹底的存在問題，而非現象界中的實現問題。

事實上，本段文字原在闡述生死聚散之理。盈天地之間皆器也，器為氣之凝聚融結，人獸鳥木、山川水火莫非器，莫非氣之聚。氣聚則有生，氣散則消亡；相對於形下可見可聞之器，氣乃形上之弗見弗聞者。器有成毀生死，氣則「未嘗有有無」〔註157〕，器雖毀敝，然其中所涵之氣並未因而斷滅，而

〔註153〕前揭書，頁861。
〔註154〕前揭書，頁903。
〔註155〕前揭書，頁992：「象日生而為載道之器。」
〔註156〕《正蒙注》，頁21。
〔註157〕同註156。

是散入太虛之中。「清通而不可象者」，氣也；「未嘗成，亦不可毀」者，氣也；「未嘗息」者，亦氣也。器有生滅，氣但有聚散；器有成毀，氣但有顯藏。草木枯槁於秋冬，但生氣並未滅絕無餘，特藏於地中，「希微而人不見爾」〔註158〕。器雖敝，絪縕之氣不息，生生之道不息；如水涸火燼，但水流火燃之道固自不息；又如君子見害，君子之道亦未絕於天地。道只有消息升降、隱顯藏現，絕無生滅之理。

　　其次，形上形下的不同存在形式也決定了存有在時空範疇中的超越性或侷限性。只要是經驗界中的具體存有，必不能躲避成、住、壞、空的命運；而抽象存有之道則不因器之毀亡而隨之滅裂息絕，而是絪縕於天地之中，待時而現蹤，因器以開顯。道雖爲形上存有，但實亦理氣所成〔註159〕，與「器」相較，「氣」仍是「清通不可象」的形上存有。何況此時此地之器或毀亡，但焉知同時異地未有他器之凝成；甲地有父亡，乙地有子生，父道不在甲地，仍存於乙地，故父子之道終不絕滅於天地。換言之，道或隱於此地而現於彼地，或藏於此時而現於彼時，若因器的毀敝遂以爲道亦斷滅息絕，乃是鎖限於一僵固的時空象限中所做的論斷，完全忽略了道在時空範疇的遍在性與超越性。對此遍在性及超越性，船山稱之爲「恒」：

> 張子曰：「日月之形，萬古不變」。形者，言其規模儀象也，非謂質也。質日代而形如一，無恒器而有恒道也。江河之水，今猶古也，而非今之水之即古水；燈燭之光，昨猶今也，而非昨火之即今火。水火近而易知，日月遠而不察耳。爪髮之日生而舊者消也，人所知也；肌肉之日生而舊者消也，人所未知也。人見形之不變而不知其質之已遷，……陽而聚明者恒如斯以爲日，陰而聚魄者恒如斯以爲月，日新而不爽其故，斯以爲无妄也歟！〔註160〕

抽足復入，已非前水；今之明月非秦時明月，昨夜星辰非漢唐星辰；常人但覺其同，然識者終見其異。船山於此分說形、質，日遷之質猶如一切具體存有的組成分子，有生死成毀，乃日息而日消；如一之形則可比做該存有之分子結構、組列原則及活動呈現，其存在模型具恒定性，在時空中具有普遍性。如水的分子結構爲 H_2O，但萬水千流中的氫氧分子皆各各不同，亦時時不同，顯示出器在時空中的侷限性；相對於此，H_2O 的分子結構卻萬水千流一致，

〔註158〕同註156。
〔註159〕《讀四書大全說》，頁974：「形而上之道與形而下之器，莫非乾坤之道所成也。」
〔註160〕《思問錄》，頁453～454。

展現出一恒定性與普遍性。

　　雖然質器日遷日消，但卻也同時日代日生、日新日息，綿密不絕，曾無罅隙，故日月之質雖日有消息，但陽而聚明之日道、陰而聚魄之月道恒因質器的承載及支撐而未有消止，故而道器相須的狀態非但不曾遭到任何破壞，且能日新而不爽其故。日新者，日新其中之陰陽分子；不爽其故者，不爽其陽而聚明之日道、陰而聚魄之月道，此之謂「無恒器而有恒道」，亦為「器敝而道未嘗息」的又一深刻說明。

　　是以不可因「無恒器而有恒道」及「器敝而道未嘗息」之語遂推言道在器外、器外有道。船山此二語之立說重點原在表述道器因其形上形下的存在形式而衍生出的存在特質，而不在藉此說明道器的體用結構。猶如「道之可有而且無者多矣」一語，乃在強調唯有透過器的承載及支持，道方能獲得完全的呈露及開放，方能完成其存在意義，開敞其存在事實。缺乏器支持的道猶如無用之體，其存在事實雖不可謂「無」，但終因結構、位置、內容及意義無法備成而虛餒欠失，只能成為一口說浮談的概念，缺乏真實活潑的動能與生命感。嚴格說來，此時餒弱虛欠的概念之道與充足飽滿的備成之道不論就價值、意義或內容而言，皆有本質之異，其別實極判然，此亦船山所諄諄叮囑者：失用之體，其體亦非體者。是故，「道之可有而且無者」所揭示之內容既不與「無其器則無其道」相抵，亦未有違「天下無象外之道」的陳述。象外無道者，無備成之道也。嚴別概念之道與備成之道，一方面透顯出船山思考的細密，一方面再度宣說著船山要求在實踐中完成本體存在的學術關懷。

第三章 「體用相涵」思想之應用及開展之二
——以心性論爲中心的考察

　　在天人一貫的思想大傳統下，中國哲人藉由對天道的觀察增加對心性的了解，也透過對心性的掌握以映證對天道的詮釋，心性論於是兼具形上學、本體論及倫理學的多重意義，也成爲中國哲學的重要範疇。

　　對心、性、情、才、意等概念的釐定及其間關係的說明，構成了心性論的討論核心，環繞這些核心概念所發展出的問題如善惡及踐履如何可能等等，亦是心性論的探討焦點。以下即以船山之體用思維爲詮釋線索，略窺其心性思想。

第一節　性資情以盡，情作才以興

一、體用範疇的勘定：情以御才，才以給情，情才同原於性

（一）性

　　船山思路清晰，檢釋前儒著作時，能明辨各家思想異同，對同一語詞在不同思想語脈下所展現的相別義旨亦能釐分至清。如論及「心」字一義，即將《大學》與《孟子》所指區隔〔註1〕，而闡發「誠」之意旨時，亦指出《孟子》「反身而誠」與《大學》「誠意」之「誠」的差異〔註2〕。因此，船山屢屢在文中表示：字只一個，須隨文看；讀書須活讀，不可「泥經文以爲次」〔註3〕；並指

〔註1〕《讀四書大全說》，頁892～894。
〔註2〕前揭書，頁994。
〔註3〕前揭書，頁416，此指《大學》正心誠意之次第，詳見本章第三節。

出經傳典冊之撰述，除有闡明大義處，亦有爲求文勢暢順所作的書寫：

> 經傳之旨，有大義，有微言，亦有相助成文之語。〔註4〕

職是之故，倘「字字求義，而不顧其安，鮮有不悖者」〔註5〕。船山行文亦頗注重文勢、美感，尤好對仗，偶有以文礙義處，或許上述叮嚀亦可作爲閱讀船山著作時的必要認知。

船山言「性」，字義不一。或有專指人性者；或泛指人物之性，而以「明德」代替人性：

> 性是二氣五行妙合凝結而生底物事。……明德唯人有之，則已專屬
> 之人；屬之人，則不可復名爲性。性者，天人授受之總名也。〔註6〕

此處之「性」泛指人物之性，爲天人授受之總名，義如「天地之命人物也，有性、有材、有用」〔註7〕語境下之「性」，至於此語境下之「人性」則由「明德」當之。

然而，於船山學中，「明德」概念實不能涵括人性的所有內容。綜言之，船山嘗由五個詮說向度闡論人性之蘊：

1. 好惡靜躁之性

> 性，陽之靜也。氣，陰陽之動也。形，陰之靜也。氣淶形中，性淶
> 氣中，氣入形則性亦入形矣。形之撰，氣也；形之理則亦性也。形
> 无非氣之凝，形亦无非性之合也。故人之性雖隨習遷，而好惡靜躁
> 多如其父母，則精氣之與性不相離矣。〔註8〕

船山在此表明：由於形氣相淶、性氣相淶，環環相扣的體用結構使得形性相淶，形對性亦因而產生了一定的規定性。對此凝於氣、受於父母之形者，船山稱之爲「精氣」，精氣與性不相離，影響了性在好惡靜躁面向的表現，亦即表現爲性格、喜好，而與父母有著相當程度的類似，船山在此展現了對遺傳的注意。

2. 攻取之性

> 耳目口鼻之氣與聲色臭味相取，亦自然而不可拂違，此有形而始然，
> 非太和絪縕之氣、健順之常所固有也。……蓋性者，生之理也。均

〔註4〕前揭書，頁432。
〔註5〕同註4。
〔註6〕前揭書，頁395。
〔註7〕《思問錄》，頁435。
〔註8〕前揭書，頁407～408。

是人也，則此與生俱有之理未嘗或異；故仁義禮智之理，下愚所不
能滅，而聲色臭味之欲，上智所不能廢，俱可謂之爲性。……故告
子謂食色爲性，亦不可謂爲非性，而特不知有天命之良能爾。〔註9〕

張載曰：「口腹於飲食，鼻舌於臭味，皆攻取之性也」〔註10〕，其內容與告子
「食色，性也」相若，而爲船山所繼承。唯船山接受此說法之目的蓋爲橫渠
氣質之性說「解套」〔註11〕，且只用於對《正蒙》本文之梳解，而非船山所
用之常義。

雖然船山亦贊同孟子「君子不謂性」的嚴擇人、物態度，亦曾對告子之
說提出針砭，但在肯定欲望的合理性及承認攻取之性亦性的態度上，實比宋
儒緩和許多。〔註12〕

3. 明德之性

此義最爲習見，亦是宋明理學心性論的核心概念。以明德之性爲「善」，
殆爲絕大多數儒者所共認。人物雖各受命於天，雖各有性，然「唯人全具健
順五常之理，善者，人之獨也」〔註13〕，此說乃船山所再三申言者。上智下
愚皆具此性，雖聖人不能增，雖愚夫不能無：

孟子曰：「人無有不善」，就其繼者而言也。「成之」者，謂形已成
而凝於其中也。此則有生以後，終始相依，極至於聖而非外益，下
至於梏亡之後猶有存焉者也。於是人各有性，而一陰一陽之道妙合
而凝焉，然則性也，命也，皆通極於道。〔註14〕

「繼善成性」固〈繫傳〉之意。依船山之見，由陰陽相繼而有善，凝而爲形，
形即成性，性雖小而能載道之大，性之彰正所以藏道之隱〔註15〕，故言性「通

〔註 9〕　《正蒙注》，頁 127～128。

〔註10〕　《正蒙注》，頁 123。

〔註11〕　船山尊橫渠，但反對二分天地之性與氣質之性。故爲迴護橫渠，一則將「氣
　　　　　質之性」說歸於程子；一則以橫渠「氣質之性」爲「攻取之性」，而將「才」
　　　　　與「氣質之性」分立。參見韋政通：《中國思想史》（臺北：大林出版社，1980
　　　　　年），頁 1370；董師金裕：〈王船山與張橫渠思想之異同〉，《哲學與文化》20：
　　　　　9（1993 年 9 月）。

〔註12〕　詳見本章第四節。

〔註13〕　《正蒙注》，頁 126。

〔註14〕　《周易外傳》，頁 526。

〔註15〕　《周易外傳》，頁 526：「道大而性小，性小而載道之大以無遺；道隱而性彰，
　　　　　性彰而所以能然者終隱。」「道大性小」指涵蓋範圍及結構次序，而非價值高
　　　　　下；與伊川「道孰爲大？性爲大」之價值分判恰恰相反。伊川語見黃宗羲：《宋

極於道」，通極於道之性即孟子「性善」之性。

4. 習與性成之性

上述引文有「人之性雖隨習遷」之語，足見對船山而言，性乃是可以隨「習」而有所改變及遷化的。事實上，「習與性成」正是船山極重要的思想，它表述著主體上昇開拓及頹廢下落的雙重可能。人可以經自覺的努力而日新其性，亦可因薰染於習氣而一往不返，使明德之性變得黯淡無光。開顯或遮蔽決定人性最後展現的面目，故船山或稱此為「後天之性」。關於此議題的詳細討論，將於下章進行。

5. 氣質中之性

明德之性，自聖人同於匹夫。但天之命人，有形有質，「質以函氣，而氣以函理」〔註16〕，形質為氣凝結而成，而在形凝質結的同時，形質也範圍住了所自成之氣。而因每一形質所範圍住的氣必有清濁內容及排列組合的差異，「氣別而理別」，故受理所成之性亦不能無別；船山即將此性稱之為「氣質中之性」，並以「氣質中之性」解釋孔子「性相近」之旨：

> 孟子惟並其相近而不一者，推其所自而見無不一，故曰「性善」。孔子則就其已分而不一者，於質見異而於理見同，同以大始而異以殊生，故曰「相近」。乃若性，則必自主持分劑夫氣者而言之，亦必自夫既屬之一人之身者而言之。……則豈孔子所言者一性，而孟子所言者別一性哉？〔註17〕

孔子所言之性，乃「氣質中之性」，而必有好惡靜躁、賢愚清濁之別，但因此形質中之理氣本天地之理氣，故「氣質中之性，依然一本然之性也」〔註18〕，是以仍可使「性」與「道」的通貫成為可能。此即孔子「於質見異而於理見同」的「性相近」之旨，亦是孔子能察見一本之開萬殊，復於萬殊中見一本之獨到處。至於孟子所言則推原溯本至天命繼善之初，偏向於「繼之者善」一層，孔子所述則側重於「成之者性」一面〔註19〕。然須注意「繼善」「成性」並無時間先後之殊，不可拘泥於詮說次序而誤判。而對重視陰陽二氣與萬殊

元學案·伊川學案上》，《黃宗羲全集》第三冊，頁733。

〔註16〕《讀四書大全說》，頁857。

〔註17〕前揭書，頁862。

〔註18〕前揭書，頁857～862。

〔註19〕陳來先生以「現實的人性」與「人性的源頭」來說明船山對孔孟性論差異的詮解。參見氏著：《詮釋與重建——王船山的哲學精神》，頁132～135。

之化的船山而言，孔子性相近之說毋寧道出了更整全的真相：

> 雖然，孟子之言性，近於命矣。……若夫性，則隨質以分凝矣。一本萬殊，而萬殊不可復歸於一。易曰：「繼之者善也」，言命也；命者，天人之相繼者也。「成之者性也」，言質也；既成乎質，而性斯凝也。質中之命謂之性，此句緊切。亦不容以言命者言性也。故曰惟「性相近也」之言，為大公而至正也。〔註20〕

船山「氣質中之性」概念的提出實有所源。王廷相曾指出性乃由氣質所決定，「性出於氣而主乎氣」〔註21〕，性的來源只有一，即氣也，聖人與匹夫皆然，是「聖人之性既不離乎氣質」〔註22〕；因此，宋儒將性分為氣質之性與本然之性的作法，乃是一種認知上的謬誤。對此論點，蕺山亦表贊同，他說：「凡言性者，皆指氣質而言也」〔註23〕，又指出：「性只有氣質之性，而義理之性者，氣質之所以為性也」〔註24〕。凡此意見，皆為船山所承繼。

　　雖然王廷相、劉蕺山與船山皆有上述共識，但王廷相認為氣有清濁，性故有善惡，「性之善與不善，人皆具之矣」〔註25〕；所謂的性善之說，「實不足以盡天人之蘊」〔註26〕。王廷相此主張殆異於傳統儒者之見，亦未受到蕺山與船山的認可。蕺山以氣質之性亦善，不善蓋成於習；而船山則在「氣質中之性」的觀照裡，合理的解釋了明德之性的「性善」、「一本」與賢愚靜躁的「偏全」、「萬殊」〔註27〕。正因為氣質中之性能同時闡明人性一本萬殊的共相與殊相，故孔子之言允為大公而至正者也。

（二）情、才

　　船山對「情」之理解並未出新意，亦以喜怒哀樂等現實情感為情，其言曰：

> 夫情，則喜怒哀樂愛惡欲是已。……情之始有者，則甘食悅色；到

〔註20〕《讀四書大全說》，頁862。
〔註21〕《王廷相集·答薛君采論性書》，頁518。
〔註22〕同註21。
〔註23〕《明儒學案》，卷六十二〈蕺山學案〉，《黃宗羲全集》第八冊，頁905。
〔註24〕同註23，頁927。
〔註25〕《王廷相集·雅涵》，頁851。
〔註26〕《王廷相集·答薛君采論性書》，頁518。
〔註27〕曾昭旭先生指出：「蓋孟子是單就此化理本身以言性，所謂心之謂性也。船山則必合氣質而言，乃是兼生之謂而性一路合兩渾凝以言之矣。」見氏著：《王船山哲學》，頁525。

後來蕃變流轉，則有喜怒哀樂愛惡欲之種種者。〔註28〕
至於對「才」的詮釋，則與前儒互有同異：

> 昏明、強柔、敏鈍、靜躁，因氣之剛柔緩急而分，於是而智愚、賢
> 不肖若自性成，故荀悅、韓愈有三品之說，其實才也，非性也。……
> 才者，形成於一時升降之氣，則耳目口體不能如一，而聰明幹力因
> 之而有通塞、精粗之別，乃動靜、闔闢偶然之幾所成也。〔註29〕

以剛柔緩急、敏鈍靜躁之氣質及聰明幹達之能力爲才，乃多數學者之共識；
唯船山特重「能力」一義，且因「能力」來自於耳目口體之形色，是以遂逕
指才爲形色，亦即孟子所謂的「小體」：

> 孟子以耳目之官爲「小體」，而又曰「形色，天性也」，若不會通，
> 則兩語坐相乖戾。蓋自其居靜待用，不能爲功罪者而言，則曰「小
> 體」；自其爲二殊五實之撰，即道成器以待人之爲功者而言，則竟謂
> 之「天性」。西山謂「才不可以爲惡」，則與孟子「小體」之說相背；
> 程子以才稟於氣，氣有清濁，歸不善於才，又與孟子「天性」之說
> 相背。〔註30〕

以自身之定義爲根據，進而批駁以不同定義開展其思想的學者之見，此自爲
方法論上的缺失；但船山將形色、小體亦一併納入「才」的範疇，已於此明
白可睹。

（三）性、情、才

「繇體達用，因性生情」〔註31〕乃由來已久的思想傳統。「性者，情之所
自生也」〔註32〕，「情元是變合之幾，性只是一陰一陽之實」〔註33〕，「性以
發情，情以充性」〔註34〕，「性情以動靜異幾」〔註35〕等說明皆指陳著船山視
性情關係爲體用結構之事實。

除性情外，性與才亦爲體用關係：

〔註28〕《讀四書大全說》，頁 1064～1066。
〔註29〕《正蒙注》，頁 129。
〔註30〕《讀四書大全說》，頁 1070。
〔註31〕前揭書，頁 614。
〔註32〕前揭書，頁 637。
〔註33〕前揭書，頁 1066。
〔註34〕《周易外傳》，頁 1023。
〔註35〕前揭書，頁 1024。

> 性者善之藏，才者善之用，用皆因體而得。〔註36〕

> 性藉才以成用。〔註37〕

才爲用，性爲體，因才顯性，以才成性，才之用亦大矣。才除了可任性之用外，亦可提供情的顯發之用：

> 情以御才，才以給情，情才同原於性，性原於道，道則一而已矣。〔註38〕

性之體隱，動必由情才以見，故以情才爲用。情雖「發散在外」，而「必於用上現」〔註39〕，亦即須透過形色以顯，故亦以才爲用。雖然性才亦可爲體用，但這只是以性、才爲考察對象時所作的詮釋；如要對人的行爲模式進行更精緻的分析，將「情」納入此發用系統中，以「情」爲性、才間的轉運樞紐，說明由性至才的具現過程，無疑是更細密而具層次的螯辨，由隱而顯的行爲歷程亦愈發昭然。以性生情，以情運才，以才盡性，乃是性自內隱而外顯較完整的歷程說明。

然則情才既以性爲體，自是性善而情善，情善而才善，如此，不善何生焉？依船山體用相涵之思維模式，情才之不善如何可能？下文即就此進行探討。

二、本體的失落：情自爲體與情無自質

（一）惡的來源

橫渠創說「氣質之性」，朱子以爲有功於聖門，以其可爲「不善」之所自提供合理的解釋。對於「才」之不能盡美盡善，船山亦表同意：

> 造化無心，而其生又廣，則凝合之際，質固不能以皆良。〔註40〕

質即「形質」，在此與「才」同義，並指形色及因形色而來的好惡靜躁之氣質與聰明幹力、賢愚敏鈍之能力。才之異來於二因：一爲形質之別，一爲氣化之殊；其中，質須承擔大部分責任：

> 氣麗於質，則性以之殊，故不得必於一致。……氣因於化，則性又以之差，亦不得必於一致。……以愚言之，則性之本一，而究以成乎相近而不盡一者，大端在質而不在氣。……夫氣之在天，或有失

〔註36〕《思問錄》，頁428。
〔註37〕《正蒙注》，頁129。
〔註38〕《周易外傳》，頁980。
〔註39〕《讀四書大全說》，頁703。
〔註40〕前揭書，頁858。

> 其和者，當人之始生而與爲建立，所以有質者，亦氣爲之。於是而
> 因氣之失，以成質之不正。乃既已爲之質矣，則其不正固在質也。
> 在質，則不必追其所自建立，而歸咎夫氣矣。〔註41〕

「質以函氣，氣以函理」，形質範圍了理氣，而各形質所範圍圈限的理氣內容必不一，性因此不一，故而有不同的才；大則牛羊，小則人我之別，質之殊爲才性之殊的第一因。其次，氣化本修短不齊、變化莫測，氣餒者造成質之量不足，氣濁者又使質之牖不清，亦因而造成萬殊之性。雖然就常人的角度看來，質之不正乃原於氣之失理，但如本書第二章第二節所述，氣必有理，氣化結果雖未必盡符於健順五常之至理，但皆合於天道之善，皆各具條理，亦皆各有其意義與價值，正所謂「其得理者理也，其失理者亦何莫非理也」。

既然氣化之殊是無可咎責的，才的偏奇正駁只好由「質」承擔責任。雖然如此，質之不正非即「惡」，而只是「偏」，「偏於此而全於彼，長於此而短於彼」〔註42〕，最重要的，人之質雖有不正，但其不正非如牛羊草木之不正，亦即並非沒有遷改及變化的可能，故偏者可全、短者可長，此即《中庸》「致曲有誠」義：

> 氣質之偏，則善隱而不易發，微而不克昌者有之矣。未有能雜惡于
> 其中者也。何也？天下固無惡也，志于仁則知之。……得五行之和
> 氣，則能備美而力差弱；得五行之專氣，則不能備美而力較健。伯
> 夷、伊尹、柳下惠不能備美而亦聖。五行各太極，雖專而猶相爲備，
> 故致曲而能有誠。氣質之偏，奚足以爲性病哉！〔註43〕

人由二氣五行以生，二氣五行各有太極，故人亦具太極之理，是以皆能「居移氣，養移體，氣體移而才化」〔註44〕，致曲以有誠。氣質之偏爲氣化之常態、萬殊之自然，或許會因氣質的偏短而減緩成聖的速度，但絕不致滅絕成聖的可能：

> 教者，所以裁成而矯其偏。若學者之自養，則惟盡其才於仁義中正，
> 以求其熟而擴充之。……是才者性之役，全者不足以爲善，偏者不
> 足以爲害，故困勉之成功，均於生安。〔註45〕

〔註41〕前揭書，頁 859。
〔註42〕前揭書，頁 862。
〔註43〕《思問錄》，頁 426。
〔註44〕《正蒙注》，頁 129。
〔註45〕前揭書，頁 130～131。

正因如此，船山不將不善之過歸咎於才，且力闢孟子「若夫爲不善，非才之罪」義。

此外，朱子將不善之由歸罪於「乃物欲陷溺而然」〔註46〕，船山以此說法但責於物而不責於己，「是猶舍盜罪而以罪主人之多藏矣」〔註47〕；更何況「天地無不善之物」〔註48〕，「如人不淫，美色不能令人淫」〔註49〕，責求於物乃是推卸責任。那麼，「惡」究由何而生呢？船山說：

> 天地無不善之物，而物有不善之幾。非相値之位則不善。物亦非必有不善之幾，吾之動幾有不善於物之幾。吾之動幾亦非有不善之幾，物之來幾與吾之往幾不相應以其正，而不善之幾以成。〔註50〕

嚴格說來，不善非起於物，亦非完全源於己，而乃發生於「氣稟與物相授受之交」。幾者，動之微也，物來我往之時位不當，則互動不得正，不得正即失宜，失宜即失義，失義故爲不善而惡矣。故吉凶悔吝生乎動，「外之物，內之性，無一不善，但交互處錯亂雜揉，將善底物事做得不好爾」〔註51〕。猶如兩位善人可能因時、位的不相値而在互動中產生摩擦，物來我應之際，亦常因缺乏合宜的應感及對待方式，而造成舛差咎惡。而物我相交時，即「情」生之際；換言之，情爲不善之由：

> 蓋吾心之動幾，與物相取，物欲之足相引者，與吾之動幾交，而情以生。然則情者，不純在外，不純在內，或往或來，一來一往，吾之動幾與天地之動幾相合而成者也。〔註52〕

不善生於物之來幾與吾之往幾遇合之際，而物之來幾與吾之往幾遇合之際，即「情」的發生之時。職是之故，不善之生，唯情任其罪：

> 然則才不任罪，性尤不任罪，物欲亦不任罪。其能使爲不善者，罪不在情而何在哉！〔註53〕

〔註46〕 宋・朱熹：《論語集註》，《四書集註》（臺北：文化圖書公司，1983 年），頁16。

〔註47〕 《讀四書大全說》，頁 1066。

〔註48〕 前揭書，頁 963。

〔註49〕 前揭書，頁 962。

〔註50〕 前揭書，頁 963。

〔註51〕 前揭書，頁 960。

〔註52〕 前揭書，頁 1067。

〔註53〕 前揭書，頁 1066。

（二）情之功罪

　　情之爲物，乃成於物我動幾之合。由於情不純在外，故可與性共締體用結構，爲性之用、爲性之顯；然又因情不純在內，故極易與物應合，而隨物遷流，是以情的意向可謂充滿不確定性，與性的純善無惡、恒定有常別如天壤，「性一於善，而情可以爲善，可以爲不善也」〔註54〕，故船山一再申明情的不定性及危險性：

　　　　太抵不善之所自來，於情始有而性則無。〔註55〕

　　　　情者安危之樞，情安而性乃不遷。〔註56〕

當情「妄與物相取」，不聽從性的指揮，逐物流遷，惡於是生焉，性亦隱而不彰，失去實現與形著的機會。雖然如此，非情則性不得顯，是以情雖能爲惡，但爲善亦非情不爲功：

　　　　不善雖情之罪，而爲善則非情不爲功。……功罪一歸之情。……若
　　　　不會此，則情既可以爲不善，何不去情以塞其不善之原，而異端之
　　　　說緣此生矣。乃不知人苟無情，則不能爲惡，亦且不能爲善。便只
　　　　管堆塌去，如何盡得才，更如何盡得性！〔註57〕

性情雖皆能動，但情以其「不純在內，不純在外」的虛靈特性，實較性具有更強的活動力，也比靜蠢之才擁有更活潑迅捷的反應力。因此不論是推盪性或鼓動才，情都是最恰當的角色；無情不能顯性之善，無情不能運才之用。故船山又說：

　　　　蓋惻隱、羞惡、恭敬、是非之心，其體微而其力亦微，故必乘之於
　　　　喜怒哀樂以導其所發，然後能鼓舞其才以成大用。喜怒哀樂之情雖
　　　　無自質，而其幾甚速亦甚盛。故非性授以節，則才本形而下之器，
　　　　蠢不敵靈，靜不勝動，且聽命於情以爲作爲輟，爲攻爲取。〔註58〕

情能顯性動才，而才可盡性，此爲性情才的作用次序；其中，情實居樞紐地位，故功罪一歸於情，情之義大矣哉：

　　　　才之所可盡者，盡之於性也。能盡其才者，情之正也；不能盡其才
　　　　者，受命於情而之於蕩也。惟情可以盡才，故耳之所聽，目之所視，

〔註54〕前揭書，頁1069。
〔註55〕前揭書，頁965。
〔註56〕《尚書引義》，頁336。
〔註57〕《讀四書大全說》，頁1069～1070。
〔註58〕前揭書，頁1067。

口之所言，體之所動，情苟正而皆可使復於禮。亦惟情能屈其才而
不使盡，則耳目之官本無不聰不明，耽淫聲、嗜美色之咎，而情移
於彼，則才以舍所應效而奔命焉。〔註59〕

盡者，充分實現之謂。盡性即性體的充分實現，盡才則指才的本質、內容可
完全具顯〔註60〕。才的本質原是耳聰目明，情若依性動而得正，才的聰明幹
力自可獲得發揮；情若悖性而邪蕩，才將隨情奔命而遮蔽了自身原有的能力，
此時即是不能盡其才。才不得盡，則盡性亦將無法可能。是以情雖可獲罪，
但終不可因噎廢食而塞情去情，使生命失去活潑的動能。情雖爲不善之所由，
但善之所以可能亦非情推動流盪性不爲功；生命的汩汩流動與天地的魚躍鳶
飛，原皆賴「情」的驅動。

　　然而，情既爲性之用，性既是情之體，依船山有是體必有是用，有是用
必有是體之思維及理解，善性何能生邪情？用如何可能悖體自爲？用如何可
用他體以成用？此豈非思想上的矛盾與歧出？且讓我們進入以下的分析。

（三）情的本體

　　船山在《讀四書大全說》中指出：

若夫情之下游，於非其所攸當者而亦發焉，則固危殆不安，大段不
得自在。亦緣他未發時，無喜怒哀樂之理，所以隨物意移，或過或
不及，而不能如其量。迨其後，有如耽樂酒色者，向後生許多怒哀
之情來，故有樂極生悲之類者，唯無根故，則始終異致，而情亦非
其情也。〔註61〕

情可發於其所攸當處，亦可發於非攸當處，攸當之標準爲是否如理合義；發
而不當之情，其層次、境界及功效並卑下，故稱之爲「下游」，「下游」於此
爲一價值判斷語。下游之情之所以危殆不安、或過或不及，蓋因未發時無宜
喜宜怒宜哀宜樂之理，亦即無未發之中，自不能成中節之和。換言之，下游
之情非由性發，是以船山稱之爲「無根」，無根無性之情自非「性之情」，故
船山又指下游之情「亦非其情也」，「其」乃是「喜怒哀樂之理」的所有格，
亦即「性」的所有格，「情亦非其情」即意謂「下游之情」非「性之情」。

　　然用必不可無體，無體之用由誰而發？又豈待可用而後有體？「隨物意

〔註59〕同註58。
〔註60〕詳見本章第五節。
〔註61〕《讀四書大全說》，頁473。

移」而「生出許多怒哀之情」的主體爲何？本體何在？船山說：

> 孟子言「情可以爲善」者，言情之中者可善，……以性固行於情之
> 中也。情以性爲幹，則亦無不善；離性而自爲情，則可以爲不善矣。
> 惻隱、羞惡、辭讓、是非之心，固未嘗不入於喜怒哀樂之中而相爲
> 用，而要非一也。〔註62〕

孟子言情可以爲善之根據乃在於情中有性，性行於情之中、爲情之體，此時
之情「以性爲幹」，有是體必有是用，性善故以情善。然性體情用只是情的存
在範式之一，而非情唯一的存在樣態；性體情用爲最理想且道德的行爲模式，
但亦非情唯一的展現路數。一切存有皆自有體用，亦可自爲體用，情亦不例
外。只因吾人習慣以「性之用」界義「情」，習慣以「情」說明「性之用」，
遂有「情必由性而生」之誤認。究其實，情之作用雖必有其本體，但此本體
原非限定於性，而可自爲體用，故船山於此明白點出：情之所以爲不善，乃
「離性自爲情」故。四端雖可與四情相爲體用，主導四情的發生向度，但四
情之發未必定由四端而起，四情之源起根由非一，故船山言「要非一也」。

因此，「隨物意移」者爲情，「向後生出許多怒哀之情」之主體亦是情。
情自有體用，情之發用可以「喜怒哀樂愛惡欲」爲具體內容，而自爲體用之
情的本體，其具體內容又當如何說明？船山曾對下游之情的發生原因進行精
采的分析：

> 哀樂生其歌哭，歌哭亦生其哀樂，然而有辨矣。哀樂生歌哭，則歌
> 哭止而哀樂有餘；歌哭生哀樂，則歌哭已而哀樂无據。然則當其方
> 生之日，早已侚至无根，而徇物之動矣。〔註63〕

哀樂生其歌哭，則哀樂爲體，歌哭爲用，歌哭之生因胸中有哀樂之情，故行
爲有源，歌哭有據，其源其據並來自於己。是以歌哭雖止，哀樂之情仍在，
猶用雖不著，不妨體之隱而實有。

歌哭生哀樂，則哀樂之情但因歌哭一時帶來的感動而發，非與歌哭應感
之初，已有必哀必樂的吶喊與要求，故歌哭止，哀樂之情亦告消歇。換言之，
生於歌哭之哀樂雖是自有體用之情所發，但眞正使其發生具有者，其實是外
在之物。以此角度觀之，情雖自有體，但推本溯源，在下游之情的發用中，「物」
既爲發生哀樂之情的重要關鍵，則以「物」爲下游之情的發生源，亦非全無

〔註62〕前揭書，頁965。
〔註63〕《周易外傳》，頁876～877。

道理可說。職是之故,船山以「無根」說明下游之情本體的飄浮空蕩,甚且直以「徇物」指陳其本體乃因物而立的存在本質。

下游之情既是因物而立、隨物意移,故其本體即不具生命力度與意向性,是以船山以杞柳、湍水形容之:

> 若論情之本體,則如杞柳、如湍水,居於為功為罪之間,而無固善固惡。〔註64〕

情雖自有體,但因本體無恆定的內容及意向,與性之嚴毅充實大不相侔,故船山遂以「情無自質」論斷之:

> 性有自質,情無自質,故釋氏以「蕉心倚蘆」喻之;無自質則無恆體,故莊周以「藏山」言之。〔註65〕

情有自體,即自有體用、自為體用之意。情無自質,即情沒有一定的內容與意向。無自質之情乃下游之情,非以性為體之情,其體非本自存於中,而乃源於觸物之交:

> 發之正者,果發其所存也,性之情也。發之不正,則非有存而發也,物之觸也。〔註66〕

下游之情,乃觸物而動,不純在內;但此情畢竟發用於己,由己之往幾與物之來幾相應相感以生,亦不純在外。「下游之情」的發生猶如金火相構而有鑠,迥異於「性之情」由中心所存之性而發,故此時之情有自體而無自質;而復因其起於「物之觸」,物的內容決定其存在意向,故為「徇物」。既是徇物而生,與性不生關連,故性非其主;既非其主,自不能對此情產生任何規定及主持之能;面對此逐物遷流之情,船山遂發出「性亦无如之何矣」之嘆。〔註67〕

當「性體情用」與「有體必有用,有用必有體」的思路相結合,哲人在梳解情之何可為惡此一議題上,即有許多的糾結與費力〔註68〕。船山以「自

〔註64〕《讀四書大全說》,頁1070。

〔註65〕前揭書,頁1066。

〔註66〕前揭書,頁961。

〔註67〕《周易外傳》,頁972。

〔註68〕如伊川即將「性」分為得於理者及得於氣者:得於理者為「理性」,即孟子「性善」之性;得於氣者為「氣性」,即橫渠的「氣質之性」;並指出「論性不論氣不備,論氣不論性不明」,而以情之蕩者為依氣性所發者。此說之理論困難在於伊川一再強調理、氣的不可離,但理性、氣性卻有不同的來源,如此則是理、氣終可分立而相悖。

有體用」、「自為體用」之思維方式，為情可「離性自為」的現象做了清楚而合理的說明，既合乎性體情用的思想傳統，亦使性之純善不受質疑，且因情仍有可為「性之用」的存在向度，故不可小覷情在盡性上的功能與地位；如此一來，性、情之價值與意義均不容搖撼，且各有存在及發生脈絡，鑿然可辨，更無混亂糾結之疑。船山對「惡」的清楚分辨，已自保障了善的存在與位階。

三、體用相涵：性自行於情中，而非性生情

經由以上的分析可知：「性體情用」雖可說明性情範疇的結構範式，但並非所有的「情」都可以此模型與「性」產生連結。徇物無根的下游之情即不可能找到相應的性為其本體，性體情用亦因之無法作為「情」的說明及保證。由此可見，「性體情用」的論述不只是性情關係的說明，更象徵了理想的性情關係；換言之，性體情用並指性情本原、工夫修養與成德境界。

對船山而言，「性善」雖是一存在事實，一成德之所以可能的根據，但更多時候，「性善」的意義在於為我們提點出一個致力的方向，也訴說一個經過日新其德的努力所達到的境界：

> 故唯聖人為能知幾。知幾則審位，審位則內有以盡吾形吾色之才，而外有以正物形物色之命，因天地自然之化，無不可以得吾心順受之正。如是而後知天命之性無不善，吾形色之性無不善，即吾取夫物而相習以成後天之性者亦無不善矣，故曰「性善」也。嗚呼！微矣！〔註69〕

性善雖為人人皆備之事實，但要真切地察識吾性之善，在自家心上證知吾性之善，實需盡心知性的踐履工夫。此外，要使與習相成、日生日新的後天之性亦一於純善，亦非盡才盡性不為功。故性善既是依據，亦是工夫，同時也是功效與境界，唯「孟子英氣包舉，不肯如此細碎分剖」〔註70〕，遂以「性善」二字渾淪詮說其成德所得，其實性善那得如此現成！是以船山說：

> 孟子言「君子所性」一「所」字，與「所欲」、「所樂」一例，言君子所見以為己性者也。觀孟子言耳目口鼻之欲「君子不謂之性」，則知「所性」者，君子所謂之性，非言君子性中之境界，而謂見性後

〔註69〕《讀四書大全說》，頁963。
〔註70〕前揭書，頁959～960。

> 之所依據也。若其云「堯舜性之」，則要就堯舜之功用而言。如「動
> 容周旋中禮」四事，皆推本其性之撰，而原其所以得自然咸宜者，
> 性之德也，而非以性爲自然之詞也。〔註71〕

船山於此段文字中展現了細密的思辨分析能力，指出性至少可有依據、功用、
境界三個理解向度。此外，「非以性爲自然之詞」亦表現出對王門末流的一貫
批判態度。

「性體情用」一如「性善」，雖爲一存在事實，但「以待人之修爲而決導
之，而其本則在於盡性」〔註72〕；換言之，性體情用不只是人的原生狀態，
更是經過進德工夫方能達致的成德境界，「性體情用」的充分達致即是性的充
分實踐。當性體情用的存在結構被充分完成與朗現之後，性情之相涵一如體
用之相涵，此時，性情之結構繫連爲：

> 性自行於情中，而非性之生情，亦非性之感物而動則化而爲情也。

〔註73〕

船山於此又提出了似乎自相矛盾的論述：非性之生情。性既爲情之體，則情
非生於性乎？按：依船山之思路，體生用之「生」乃同有、固有之自然賅具，
有是體必是有用，有是用必有是體，體用淪浹通貫，相涵相成，「生」之一字
特因慣說習用而有使用上的不得已。此處船山特標舉非性之生情，而乃性自
行於情中，蓋爲免除性情二分之離判與先後發生之感，亦即在申發性情的共
時性、共構性與場域共存性，並強調性情在本質上的通貫。此外，船山也指
出：情非性感物之後而化者；若情爲性動而化者，則是性動之後別有情之一
物，性情體用將有獨立不與之實與存在先後之殊：

> 性感於物而動，則緣於情而爲四端；雖緣於情，其實止是性。如人
> 自布衣而卿相，以位殊而作用殊，而不可謂一爲卿相，則已非布衣
> 之故吾也。〔註74〕

情爲性的作用，與性同有固有，爲性的本然之有。性感物而動，作用面顯，
作用面即謂之情，情固別非一物明矣，故曰「性自行於情中」，意即性的流行
活動便是情，故言「其實只是性」；猶如布衣卿相皆「我」，特因時位之異而

〔註71〕前揭書，頁537。
〔註72〕前揭書，頁1070。
〔註73〕前揭書，頁1066。
〔註74〕前揭書，頁1065。

有不同的開顯狀態及展現形式，布衣卿相非二人，性情非二物。

亦緣此故，船山對性「化爲情」及「緣於情」兩種不同的存在意涵與表現途徑作了細密的分判。「化爲情」是性向情的跳躍，以轉變存在內容的方式來詮釋自身、實現自身；「緣於情」則是性向情的貫注與流動，透過本然之有的作用以自我呈露與實現，性與情只是存在形式的轉換而已。

此外，以「性感物而動則化爲情」，如是乃情在性動而後方有，則已非固有同有的相涵，用非「不著」，而是根本「不存」，此又大失船山之意。故船山方再三申言性體情用之境界乃「性自行於情中」的渾淪自然，而非「性感物而動則化爲情」的轉手跳躍。因此，船山進一步指出：

> 無所感而應者，性之發也。無所感而興，若火之始然，泉之始達，
> 然後感而動焉，其動必中，不立私以求感于天下矣。……大匠之巧，
> 莫有見其巧者也；無感之興，莫有見其興者也。〔註75〕

在此，船山展現其深思卓識，藉由對「性」與「物」的感應過程之說明，彰示了性的特質及廣涵。

首先，「興」與「動」在此分別表示「雖隱而存」、「著而顯外」的不同開顯狀態。性德充滿，原不待感而有，仁者縱不見孺子入井，惻隱之心亦盈滿腔子，此之謂「無所感而興」。是以乍見孺子方起惻隱之心者，允非性善之全體大用，而特梏亡僅餘之情。〔註76〕

「無所感而興」者雖隱而實有，天理充周，盎然實在，唯君子自喻；雖然如此，在性未顯動於外之前，人或莫見，猶如大匠未斫，人或不能知其巧，故謂「無感之興，莫有見其興者也」。

相對於性不待外物而盈滿充周，「發而始有，未發則無」〔註77〕的下游之情，對外物的須待程度幾乎是百分之百。故外物不只是下游之情的感動之「介」，亦在極大程度上成爲其感動之「主」。性則不然。由「無所感而興」到「感而動焉」，性德勃動充滿，如火之始燃、泉之始達，源泉滾滾，由情以顯，資才以盡。性中原有「處物」的要求，故與其說性感物而動，不如說是「性」與「物」自然且必然的應求，船山對此「天理自然之合」實有極深的

〔註75〕《思問錄》，頁414。
〔註76〕《思問錄》，頁401：「若乍見孺子入井而怵惕惻隱，乃梏亡之餘僅見于情耳，其存不常，其門不啓。」
〔註77〕《讀四書大全說》，頁964。

體會：

> 易云：「同聲相應，同氣相求」，……到此處，說感應已差一層，故
> 曰「天理自然之合」。……知者知其所以然，不知或可以知其必然而
> 已。鳴呼！難言之矣！〔註78〕

「感物而動」乃是辭窮下的形容語，實則性之應物乃「天理自然之合」，一如
「同聲相應，同氣相求」所表現出來的悠遠意境及圓轉氣象，其層次境界固
在感應之上，極難以言詞稱說其渾淪契合之自然，故雖運筆如飛之船山亦不
能無「難言之矣」之嘆。是以船山方言「無所感而應，性之發」，並以「火之
始燃，泉之始達」象狀性體的豐沛動能。

正因性體情用為成德後之境界，復因性情相涵為理想的繫連狀態，故唯
有德之聖人方可臻至此境：

> 曾子見聖人之所以貫之者，欲合於理，性通於情。〔註79〕
> 若聖人，則欲即理也，情一性也。〔註80〕

性情一貫，淪浹互注，性以發情，情以充性，此固吾人之努力方向。

船山視氣質中之性為本然之性，以論證性之一本與萬殊並皆孔孟之旨；
以罪歸情，而保障形才之尊嚴與價值；論情自有體，以解決性善情惡的糾結；
闡情可為罪為功，以示情之不可賤去；判性緣情而非化為情，以明性情一貫，
凡情皆性，凡用皆體；述性無所感而應，見性德之沛然莫禦。凡此，皆是儒
學心性論的重要推進與發展。

對於己說之異於前哲處，船山亦非不知：

> 愚於此盡破先儒之說，不賤氣以孤性，而使性託於虛；不寵情以配
> 性，而使性失其節。竊自意可不倍於聖賢，雖或加以好異之罪，不
> 敢辭也。〔註81〕

賤氣以孤性，程朱之弊也；寵情以配性，王學末流也之失也。「知我者，其惟
春秋乎！罪我者，其惟春秋乎！」不論船山達到多少理論成效，其成全世界
的努力與關懷，其兢戰惶恐仍選擇面對譏難的勇氣，已足令其學說綻放出最
動人的輝光。

〔註78〕前揭書，頁650～651。
〔註79〕前揭書，頁638。
〔註80〕前揭書，頁637。
〔註81〕前揭書，頁1068。

第二節 聖賢心學

一、心者，涵性情才而統言之也

（一）心

「性即理」與「心即理」的不同主張，歷來被視為程朱與陸王二學脈的重要分野之一〔註82〕，對於「心」的掌握與詮解，不只關涉著哲人的心性論架構，也透顯出思想家通貫天人、分際天人的理論線索。由於心「包含極大，託體最先」〔註83〕，對「心」的梳解遂常耗去哲人諸多心力；但即使如此，或仍難以達到完全的順適圓轉，而偶有礙於哲人思想體系的渾淪無間處，朱子即是最明顯的例子。〔註84〕

船山當深見於此，故在關於「心」的議題上，不僅對朱子學提出了明顯而具體的修正，且小心地判劃出心的多重意涵及面貌，以「本心」、「根心」、「良心」、「人心」、「道心」、「初心」、「成心」、「仁義之心」、「道義之心」、「知覺運動之心」、「靈明之心」等不同指稱說心，欲以此等名謂為「心」的紛呈面目進行釐辨與定位，並確保學說體系的圓融周浹。

對心的不同稱述來自於詮說角度與觀察切點的差異；換言之，上述稱詞皆反映出「心」不同切面的折射之光。倘若不分析性地釐辨心的不同面向，而欲較渾淪全面地描述「心」，則船山亦如朱子，認為橫渠「心統性情」之說最是不替：

> 心便是統性情底，人之性善，全在此心凝之。〔註85〕

〔註82〕勞思光先生認為程朱「性即理」說及陸王「心即理」說皆是宋明儒學在回歸孔孟之學時的理論建構；其中，陸九淵「心即理」之說乃是「宋明儒學運動中首次肯定『主體性』」。見氏著：《中國哲學史》第三卷上，頁47～54。牟宗三先生亦指出：「『心為太極』是象山學，『心具太極』是朱子學」。見氏著：《心體與性體》第三冊，頁466。

〔註83〕《讀四書大全說》，頁394。

〔註84〕牟宗三先生曾表示朱子思想所以難整理，蓋與其論心時「一間未達」有關。其言曰：「朱子未能透徹。若于此真透徹，則于心必不只取其知覺義、認知義，亦必不視心只為氣之靈，而于孟子之『本心』亦可有進一步之體悟，而與陸象山亦不必為敵矣。是則此層所關甚大，朱子只是一間未達，故轉成另一系統。……此處所錄之兩條，若孤離看之，一條鞭順著講下去，而不顧其他，必可講成縱貫系統，而與象山學會而為一，不見其有異。但若如此講，則又與朱子其他思想不一致。此朱子思想之所以難整理也。」見氏著：《心體與性體》第三冊，頁462。

〔註85〕《讀四書大全說》，頁1022。

「凝」者,聚結成質而可爲人知感者也。然則,「統」字何義?「心統性情」之確指爲何?或說船山如何詮釋「心統性情」此一概念?船山曾如此說明:

> 「心統性情」,統字只作兼字看。其不言兼而言統者,性情有先後之
> 序而非並立者也。實則所云統者,自其函受而言。〔註86〕

兼者,兼該之意。依船山之理解,「統」字並無統貫、治轄等義,而僅爲「兼」;故心統性情既非心治性情,亦非心轄性情,更不能說心爲性情之主,此與朱子「心統性情」義頗有差殊〔註87〕。心統性情之實指爲心兼該性情,而之所以言「統」不言「兼」,蓋因「兼」字的平列意味較強,無法表現出立體的渾淪感。性情非橫列式的並立,而是體用一貫的淪浹,以「心兼性情」爲說,易將性情橫串爲一靜態的認知系統。船山此處「性情有先後之序」的說法,蓋指性情在靜存動發上的隱顯之序,而非存在先後之序。

接著,船山更進一步爲「統」字定調:「自其函受而言」;依此,心統性情者,即心涵性情、心受性情之謂。涵者,包涵也。就存在內容及指稱範圍論之,心包涵性情二者;就存在範域而言,性情涵於心。受者,承受也。「心受性情」意指心既以載體之姿,承載了性情的存在,亦以活動場域的角色,承接了性情的活動;換言之,性的開顯、情的發動,俱在「心」上作用及完成,此之謂受。船山進一步解釋「包涵」之意:

> 在中者,猶言在裡許,相爲包函之詞。有以大包小言者,……有以
> 顯含藏者。〔註88〕

「心統性情」不只是以大包小,亦是以顯含藏。以存在內容及指稱範圍言之,乃是以大包小;就存在場域及活動開顯處而論,則是以顯含藏,故而爲「涵」,故而爲「受」。

雖然船山贊同橫渠的「心統性情」之說,但在船山的思想體系中,「心」的蘊涵內容實不只性情而已:

> 心該情才言。〔註89〕

〔註86〕前揭書,頁945。
〔註87〕朱子「心統性情」說有二義:心兼性情與心主性情。《朱子語類》,卷九十八,頁2513:「心統性情,統猶兼也。」又,《朱熹集‧卷六十七‧元亨利貞說》,頁3512:「性者心之理也,情者心之用也,心者性情之主也。」參見陳來:《宋明理學》(臺北:洪葉文化事業有限公司,1993年),頁155~157。
〔註88〕《讀四書大全說》,頁610。
〔註89〕前揭書,頁833。

> 心者，函性情才而統言之也。〔註90〕

船山之心「兼乎情，上統性而不純乎性矣」〔註91〕，舉凡「五臟五官、四肢百骸」〔註92〕等形色之才亦皆屬之，心之蘊具可謂至大矣。性由情顯，情以才著，而心該情才；故若心、性對舉之時，船山即由此視角而以性爲體、心爲用：

> 心、性固非有二，而性爲體，心爲用；心涵性，性麗心。〔註93〕

性由情才以效動，故情才爲用，性爲體；而心該情才，故心爲用，性爲體。即因此，船山方有「性自是心之主」、「心不能主性」〔註94〕之釐析。

此外，由於心包涵形色之才，故與性相較，心與「形氣」的交涉及連繫實更爲密切而明顯，透過「氣」的接引，「心」於「人」特爲親知，亦因此，人對「心」的感知要比對「性」的察識容易許多、親切許多。船山故言：

> 性爲天德，不識不知，而合於帝則。心爲思官，有發有徵，而見於人事。天德遠而人用邇，涉於用而資乎氣。〔註95〕

性爲天德之命於人者，雖合於帝則，但非察識則不能知。心該情才，作用及活動乃是心最昭著的面目及特徵，且作用活動必顯現於人事，故易爲人知感及徵驗。非察識不能知者自渺遠，可供知感徵驗者獨親切，船山透過「心」對「氣」的大量資取及「心」的作用義，說明了「心」的親切易察之因。

相較於心的動態作用義，性則偏向於靜態存有義；相對於心蓄勢待發的強大動能，性益發顯得沈默無爲。故船山曰：

> 性繼善而無爲，天之德也；心含性而效動，人之德也。〔註96〕

性之「無爲」乃對照於心之「效動」而言，實則性自是可動、能動、欲動且必動。特心、性參比之時，性靜心動，性體心用，性隱心顯，性遠心近，性合於帝則，心見於人事。性在此處的「無爲」及「渺遠」，皆是一相對義的說明，而非絕對義的詮定。

另一方面，由於心該情才，心涵形色，心涉於用而資乎氣，而氣質乃是萬殊之性的重要成因，故心性相參之際，繼善之性顯示出理一之天道，見事

〔註90〕《尚書引義》，頁366。
〔註91〕《讀四書大全說》，頁395。
〔註92〕同註91。
〔註93〕《讀四書大全說》，頁555。
〔註94〕前揭書，頁946。
〔註95〕前揭書，頁522。
〔註96〕前揭書，頁893。

之心則展現爲分殊之人道。正是站在此一觀照角度，船山屢言性本於天，心因於人，屢以性爲天道，心爲人道：

> 天理之自然，爲太和之氣所體物不遺者爲性；凝之於人而函於形中，因形發用以起知能者爲心。性者天道，心者人道，天道隱而人道顯。〔註97〕

心因形發用，於人既親且顯，故爲人道。其次，性雖天命於人者，是亦人之所有，但明德之性雖匹夫不得無，雖聖人不能增，非人可致力處，故船山稱之爲天道、天德。心則涵性情才而統言之，情之蕩待人正之，才之曲待人致之，成德工夫須在「心」上透現及完就，故船山以心爲人道、人德的展現場域。

正因爲心涵性情才而統言之，故「心」可謂是「人」最全面的稱說及形容，「心」的面貌既呈示了人德的結果，「心」的方向也決定了人的上昇與墜落。對「人」而言，「心」實比「性」擁有更大的主持分劑之權。對此，船山即明言：

> 性本於天而無爲，心位於人而有權。〔註98〕

心包含至大，故面目紛呈；心對人有主持分劑之權，故不可輕易略過。此爲船山對「心」的基本認識。

（二）人心與道心

自《尚書・大禹謨》以「人心惟危，道心惟微」〔註99〕對心的難以把捉提出明確的陳述，後世儒學家對人心之危、道心之微亦各有深淺不同的體會。船山嚴別人心、道心，並以性、情詮說其意涵：

> 性，道心也；情，人心也。〔註100〕

道心爲性，性不察不知，故道心惟微；性合於帝則，道心自純一於善。人心爲情，情可爲善爲不善，居功罪之間，故「人心，惟危者也，可以爲義，可以爲不義，而俟取舍者也」〔註101〕。道心、人心之關係亦即性、情之關係：

> 惟性生情，情以顯性，故人心原以資道心之用。〔註102〕

道心須由人心以顯發、實現，如性必因情而形著、昭彰，故言「人心原以資

〔註97〕《正蒙注》，頁124。
〔註98〕《讀四書大全說》，頁946。
〔註99〕《尚書》，《十三經注疏》第一冊，頁55下。
〔註100〕《讀四書大全說》，頁964。
〔註101〕前揭書，頁1079。
〔註102〕前揭書，頁473。

道心之用」。理想的「道心、人心」應爲體用關係：道心爲人心之根源，人心
爲道心之發動；道心灌注人心，人心實現道心；道心中有人心，人心中具道
心；道心、人心相涵而一貫。故船山表示：

> 心，統性情者也。但言心而皆統性情，則人心亦統性，道心亦統情
> 矣。……人心括於情，而情未有非其性者，故曰人心統性。道心藏
> 於性，性抑必有其情也，故曰道心統情。〔註103〕

統者，兼也，涵也，在中、在裡許之謂也。用者皆其體，故「情未有非其性
者」，是以人心亦統性，亦即人心不離道心而別有體。體者所以用，故「性抑
必有其情」，是以道心亦該情，道心原不捨人心而別成用。道心與人心的淪貫
周浹，即是成德的表現，此時人心即道心、人心即天理：

> 所行者至於所道，則事理合轍，而即天理即人心，相應相關。〔註104〕

人心爲義或爲不義之關鍵，乃取決於人心以道心爲體，或離道心而自爲體；
此猶如情之正邪一決於情是否離性自爲。由是論之，人心、道心似乎可離。
人心自爲體，則人心、道心分；人心奉道心爲主，則人心、道心合轍而一。
雖然如此，心只一心，而非有人心、道心二不同之心，故人心、道心又不可
離。由於心包含極大，效用多方，不同的稱名乃反映出心不同切面的折射，
其實所述者只一心而已。人心、道心之異名乃在詮說心的蘊具與效用，同時
也表述了心的存在狀態、存在內容、層次與境界，船山對此有極簡要的說明：

> 性在則謂之道心，性離則謂之人心。〔註105〕

一心也，奉性以遵治則道心，離性而自爲則人心；人心、道心不只說明了心
的存在狀態，也陳述了心的氣象與境界。人心依違無定，或善或不善，爲功
爲罪，莫知其向；道心有本有則，繼善凝性，船山又稱之爲「良心」，並以「仁
義之心」的名謂闡發其意向及內容：

> 必須說箇仁義之心，方是良心。言良以別於楛，明有不良之心作對。蓋但
> 言心，則不過此靈明物事，必其仁義而後爲良也。〔註106〕

船山於此明揭了心的另一效用：靈明知覺。事實上，船山不只以性、情說明
道心、人心之義，亦將知覺繫屬於人心：

〔註103〕《尚書引義》，頁261。
〔註104〕《讀四書大全說》，頁480。
〔註105〕前揭書，頁1086。
〔註106〕前揭書，頁1077。

性者，道心也；知覺者，人心也。〔註107〕

由於心該情才，故由形色而具備的感官知覺之能力亦爲心之所有。仁義禮智之天德凝之於道心，知覺運動之分殊繫屬於人心；道心、人心分論之時，蘊具內容有別、效用功能亦異。亦緣此故，當船山採取不同的詮解觀點論心時，對心的判定遂有信任及懷疑二態度之別異，對心的效用亦有肯定與保留二說法的差殊：

> 「虛」者，本未有私欲之謂也。不可云如虛空。「靈」者，曲折洞達而咸善也。尚書「靈」字，只作「善」解。孟子所言仁術，此也，不可作機警訓。「不昧」有初終、表裡二義，初之所得，終不昧之；於表有得，裡亦不昧。不可云常惺惺。〔註108〕
>
> 心之爲德，只是虛、未有倚，然可以倚。靈、有所覺，不論善惡皆覺。不昧，能記憶親切，凡記憶親切者必不昧。所以具眾理，未即是理，而能具之。應萬事者，所應得失亦未定。大端只是無惡而能與善相應，然未能必其善也。〔註109〕

這兩段文字皆船山釋朱子「虛靈不昧，所以具眾理而應萬事」之意。倘不由船山嚴擇人心、道心之基本觀察點加以理解，則此二段敘述直是自相矛盾。

以道心論之，心之「虛」即未有私欲私意，一皆秉之於性，出自於公理，故雖虛而實，與釋老之虛空寂無大異其趣；心之「靈」即光明朗照，睿智充滿，故可物來順應，如實地予物以回應與安置，處物而不逐物，使物我在彼此的結構中俱得安身及圓成，故而爲「善」，故而爲孟子所謂之「仁術」。至於心之「不昧」則是表裡融徹、初終一貫的全體大用，非僅一時之聰明機警，更不須言「常」，以全體大用乃無間斷的奔流歷程，不勞提點，無有續接，一言「常惺惺」便不是。「心」之飽滿豐盈、仁義渾淪如是，吾人所當推致、朗現、實踐、完成者即此心，亦即道心也。故船山特別強調：「盡其心者，盡道心也」。〔註110〕

以人心爲言，則朱子所言之「虛靈不昧」則未必盡爲善義。人心之「虛」，雖無依而可依；人心之「靈」，可覺善亦可覺惡；人心之「不昧」，善不善皆可記憶親切；人心雖可應萬事，然正邪得失未定；人心固可具眾理，然非即

〔註107〕前揭書，頁1112。
〔註108〕前揭書，頁395。
〔註109〕前揭書，頁1077。
〔註110〕《思問錄》，頁423。

理。船山在此以「知覺」解釋心的「虛靈不昧，所以應萬事而具眾理」之意。
「知覺」乃心最顯明而易爲把捉的特性與作用，然知覺的對象是開放而無定
的，知覺只負責認識與感知，並不負責過濾與篩選。因此，知覺之心的特色
是照單全收、一律記憶，既可覺善亦能習惡，既可倚仁亦可傍奸，雖能具眾
理，亦能納眾邪；知覺故無定向、無恒質，雖不能指爲罪惡之淵，但也不能
成爲道德根源。在道德天平上，知覺之心是中性而無辜、無罪、無功、無責
的。

　　知覺之心易見，仁義之心難察，故常人所見大率爲知覺之人心；復因
知覺之心無罪無責、無善無惡、可善可惡、可堯可桀，故不識「本心即道心」
〔註111〕者，常誤以人心爲本心，遂妄言心如湍水而無定，誣指心體無善無
惡，遽稱心無自性。船山即由此角度對告子、陸王、釋氏提出抨擊：

> 天下之言心者，則人心而已矣：……天下之言性者，亦人心爲之宗。
> 告子湍水之喻，其所謂性，人心之謂也。……浮屠之言曰：「即心即
> 佛」；又曰：「非心非佛」；又曰：「一切眾生皆有佛性」；又曰：「三
> 界惟心」；亦人心之謂也。彼所謂心，則覺了能知之心；彼所謂性，
> 則作用之性也。……儒之駁者亦曰：「無善無惡心之體」，要亦此而
> 已矣。……嗚呼！大舜咨嗟以相戒，告子、釋氏寶重以爲宗，象山、
> 姚江畔援以爲儒，王畿、李贄竊附以爲邪。〔註112〕

依船山所見，告子、釋氏、陸王等所認取爲性者，皆知覺之心與靈明作用。
知覺之心感物而生，遠物即息；靈明作用應事而有，離事則無。由此角度論
之，知覺之心無定體，其體乃「用則有，而不用則無也」〔註113〕，且此「體」
如生於物之來幾與吾之往幾的「情」一般，並非全爲自身固有，外事外物實
佔有相當比重。故人心之體用乃非隱、顯或著、不著的開顯狀態之異，而已
牽涉到有、無的存在事實。釋氏對知覺之心的觀察不可謂不深細，故拈出「緣
起無生」之說，以申明知覺之心的體用乃皆應物而「有」（非「顯」）的存在
本質。而因知覺之心的靈明作用有斷續之可能，當前事已畢，後事未接之際，
「人心無相續之因，則固可使暫澄者也」〔註114〕，釋氏、陸王遂捕捉住此片

〔註111〕《讀四書大全說》，頁1079。
〔註112〕《尚書引義》，頁259～261。
〔註113〕前揭書，頁264。
〔註114〕前揭書，頁260。

刻的清朗虛涵光影，而據之以爲「本性」，誤認「虛空無住」、「一念不生」爲心之本體，實則「斯心也，固非性之德、心之定體明矣」。〔註115〕

相對於知覺之心的「緣起無生」、體用不恒，船山乃是以體用相涵的源泉滾滾、無有斷接證明以仁義禮智爲內涵之道心方爲無妄眞實的「根心」〔註116〕。其言曰：

> 若夫人之有道心也，則繼之者善，繼於一陰一陽者也。一陰一陽，
> 則實有柔剛健順之質；柔剛健順，斯以爲仁義禮智者也。當其感，
> 用以行而體隱；當其寂，體固立而用隱。用者用其體，故用之行，
> 體隱而實有體。體者體可用，故體之立，用隱而實有用。……微雖
> 微，而終古如斯，非瞥然乘機之有，一念緣起之無。〔註117〕

柔剛健順與仁義禮智互爲體用，並爲道心之固有。道心感物而發用，用者用其體，體雖隱而固有其體；然縱道心未曾感物，仁義禮智與柔剛健順亦未嘗不在，體固立而用隱，故雖未感、未顯而爲「寂」，但仍有內容、有意向、有力度，爲普遍而恒常的實在，與知覺之心無計度、無意向、無內容之乍顯乍歇的迷離光影何可同日而語！

知覺之心與仁義之心皆可應物感物，但知覺之心乃應物而「有」，仁義之心則是感物而「顯」；應物而有者不免逐物，感物而顯者則是處物；應物而有者無本無根，感物而顯者有源有實。船山雖批評告子、釋氏、陸王皆錯取知覺靈明之心爲本心，但並不否認陸王一脈亦知仁義之心爲道心，故又表明「垂死而不知有道心者」但爲告、釋。〔註118〕

在此，我們可明顯地發現，即使船山尊朱子，且對陸、王時有「躐等」〔註119〕、「異端」等嚴厲貶詞，但在面對「心」的大關節時，其實船山採取的立場並不與陸、王截然分立。象山曾言：「仁義者，人之本心也」〔註120〕；陽明「致良知」之教所求存者亦非知覺靈明之心，而是「是非之心」。知是知非

〔註115〕前揭書，頁 264。
〔註116〕《讀四書大全說》，頁 413。
〔註117〕《尚書引義》，頁 264。
〔註118〕前揭書，頁 263。
〔註119〕《讀四書大全說》，頁 1099：「孟子於疾徐先後之際，精審孝弟之則而愼其微，
　　　　則以堯、舜之道爲即在是，乃敬、肆之分，天理、人欲之充塞無間，亦非如
　　　　姚江之躐等而淪於佛也。」
〔註120〕宋・陸九淵：《陸九淵集・卷一・與趙監》，（臺北：里仁書局，1981 年），
　　　　頁 9。

之心是具眾理，是非之心本身即是眾理。故陽明明白指出：「天理即是良知；千思萬慮，只要致良知」〔註121〕。船山對陸、王學的不滿應有相當程度來自對其末流浮薄學風的極度厭棄，且或認為陸、王學者之生命態度及治學工夫未若程、朱學統般誠懇精實。船山曾言：

> 嗚呼！道不虛行，存乎其人。尚口乃窮，於己取之而已。告、釋之
> 所知，予既已知之矣。為陸、王之學者，亦其反求而勿徒以言與！
> 〔註122〕

對陸、王後學徒重口說而未能反求履踐之流弊，乃船山深以為疾者。嚴別人心、道心之目的，乃是為究明盡心踐履時的正確方向。其實心只一心，「以本體言，不可竟析之為二心」，人心、道心原互藏其宅、交發其用，以道心灌注人心，以人心推動流盪道心，方為君子反求工夫。

（三）四端與四情

1. 四端為「情上之道心」

朱子於《四書集註》中將惻隱、羞惡、辭讓、是非等四端解釋為「情」〔註123〕，船山對此甚不認同，不但指出：「惻隱、羞惡、辭讓、是非，但可以心言，而不可謂之情」〔註124〕，且明言：「以怵惕惻隱為情者，自《集註》未審之說」〔註125〕，並進一步對孟子四端作出解釋：

> 乃孟子此言四端，則又在發處觀心，緣情以知性，緣端以知本之
> 說。……抑此但可云從情上說心，統性在內。卻不可竟將四者為情。
> 情自是喜怒哀樂，人心也。此四端者，道心也。道心終不離人心而
> 別出，故可於情說心；而其體已異，則不可竟謂之情。〔註126〕

船山於此處之說明乍看似乎頗有矛盾之處：既以孟子四端說乃緣情知性，於情說心，則明是以四端為情，然何以又力主四端「不可竟謂之情」？欲明此中糾結，可取船山另語比並而觀：

> 今夫情，則迥有人心道心之別也。喜怒哀樂兼未發，人心也。惻隱、

〔註121〕《語錄三》，收於：《王陽明全集》（上海：上海古籍出版社，1997年）上冊，頁102。
〔註122〕《尚書引義》，頁267。
〔註123〕《四書集註》，頁235。
〔註124〕《讀四書大全說》，頁964。
〔註125〕前揭者，頁965。
〔註126〕《讀四書大全說》，頁946。

羞惡、恭敬、是非兼擴充，道心也。〔註127〕

依船山之意，情有發於人心者，表現爲喜怒哀樂等七情；亦有發於道心者，即所謂的惻隱、羞惡等四心。前者善惡無定，可謂自然情感、現實情感；後者則必善，可謂道德情感，而道德情感必得透過現實情感展現其自身。故就呈顯方式而言，人心之情與道心之情的展現形式爲一；但就內涵而論，四端與七情（四情）蓋有異質之別。

由於船山將「情」界義爲「喜怒哀樂愛惡欲」之自然情感，故不可能以四端爲情，混同道德情感與自然情感之分際；但四端的確是由道心所萌發的情感流現，故船山不得不承認孟子四端之說乃「於情說心」、「緣情知性」。

爲了解決「惻隱等心乃性之見端於情者而非情」〔註128〕的解說困境，船山更立「情上之道心」一詞爲四端定位，以「情上之道心」與「情」的不同語彙來釐辨道德情感與自然情感二個相異的概念：

> 要此四者之心，是性上發生有力底。乃以與情相近，故介乎情而發。惻隱近哀，辭讓近喜，羞惡、是非近怒。性本於天而無爲，心位於人而有權，是以謂之心而不謂之性。若以情言，則爲情之貞而作喜怒哀樂之節四端是情上半截，爲性之尾。喜怒哀樂是情下半截，情純用事。者也。情又從此心上發生，而或與之爲終始，或與之爲擴充，或背而他出以淫濫無節者有之矣。故不得竟謂之情，必云情上之道心，斯以義協而無毫髮之差爾。〔註129〕

在上述論闡中，船山以「情上之道心」爲四端的本質、表現方式及作用位置進行了分析。

首先，四端之道德情感與七情（四情）之現實情感乃以相同的形式展現，惻隱之心近哀之情，辭讓之心近喜之情，羞惡、是非之心近怒之情，故朱子方錯認四端爲情。然細究之，喜怒哀樂之情或以性爲體而爲貞，或離性自爲體而爲蕩，故四端與四情在表現形式上或皆呈顯爲喜怒哀樂，但在本質上卻未可比同而語。四端乃由仁義禮智之性體所發動流現之情，貞正純善，與下游之情迥然不侔。因此，對四端最精切的說法，乃是「情上之道心」，唯「情上之道心」方可彰示道德情感中的性情雙涵之蘊。因此，船山雖亦嘗以「道

〔註127〕《尚書引義》，頁262。
〔註128〕《讀四書大全說》，頁1070。
〔註129〕前揭書，頁946。

心」、「人心」分述四端及四情，然究其實，謂四端為道心，實船山之權辭。

其次，「性純乎天，情純乎人」〔註130〕，就四端應事而「顯」者言，四端蓋有源於性天者；然就四端應事而「有」者論，則四端復有得於人物處。心統性情，包含極大，託體最先，為天人之涵貫處、交會處及並存處，性為天道，心為人道，一切用功處皆在於心，故曰「性本於天而無為，心位於人而有權」。能同時表現天有命、人有權者，唯「心」而已，是以孟子以惻隱之心、羞惡之心等為言，謂四端為心而不謂之性。

除對四端的本質及表現形式進行確認外，「情上之道心」亦說明了四端在由性向情的作用歷程上所存在的作用位置。「四端是情上半截，為性之尾；喜怒哀樂是情下半截，情純用事」，此說明四端在性情活動中蓋處於一難分涯際的交接地帶。由性而四端而情的作用歷程，可以下圖示之：

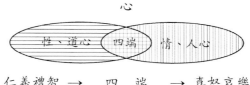

仁義禮智 → 　四　端　 → 喜怒哀樂
性、道心 → 情上之道心 → 情、人心

船山嘗以「性情相介之幾」〔註131〕言四端。做為道德情感，四端乃勃發於仁義禮智之性，而展現為喜怒哀樂之情，與性、情各有關涉；而這一切活動及存在，俱在「心」上展演與完就，此亦船山所理解的「心統性情」之義。

2. 以四端徵性善蓋孟子之權辭

朱子認為孟子四端說乃以情善徵性善，四端之發正是善性於「事」上的應感、落實與具現，是以極力宣說四端之善及乍見孺子入井時的惻隱「真心」。〔註132〕

船山除反對朱子以四端為情之說，對以四端徵性善的說法更是不以為然：

　　若乍見孺子入井而怵惕惻隱，乃梏亡之餘僅見于情耳，其存不常，
　　其門不啟，……乃孟子之權辭，非所以徵性善也。〔註133〕

〔註130〕前揭書，頁550。
〔註131〕前揭書，頁946。
〔註132〕《四書集註》，頁234。
〔註133〕《思問錄》，頁401。

四端之情雖由道心引發，然以惻隱之心爲例，乃因乍見孺子入井而起，未見孺子入井，惻隱之心不發，故此心之發乃有時有斷，大異於如火之始燃、泉之始達的飽滿性體，是以船山謂「其存不常，其門不啓」，無法作爲性善的充足證據。

　　如前文所述，四端之心乃屬於性情相介之幾，與性情各有曖昧不清的交涉，故當此「情上之道心」向「道心」趨近之時，「則爲仁義禮智之見端」〔註134〕，「雖非心之全體大用，而亦可資之以爲擴充也」〔註135〕；然當此「情上之道心」向「情」傾斜時，「則惻隱、羞惡、辭讓、是非，且但成乎喜怒哀樂」〔註136〕，只有短暫的情緒，缺乏沛足的立人達人之動能，故而不足爲性善之徵。

　　船山此一詮釋方式既修正了以四端爲情的朱子學，避免以情善證性善的理論困難〔註137〕，更保障了性體的廣大淵奧，以針砭自足於因乍見方生惻隱者的浮薄之習，同時梳理出富涵船山性格的孟子學：

> 若孟子言「今人乍見」而生其心者，則爲不能存養者言爾。若存心養性者，一向此性不失，則萬物皆備於我，即其未見孺子入井時，愛雖無寄，而愛之理充滿不忘，那纔是性用事的體撰。他寂然不動處，者怵惕惻隱、愛親敬長之心，油然炯然，與見孺子入井時不異。〔註138〕

因乍見而生惻隱之心，雖可由此心察性，雖可資此心以爲擴充，但此心終非本心、根心，更非統性情之心的全體大用，以此「當事一念，即無所私而發於天理，要爲仁之見端而非即仁」〔註139〕。故面對此「當事一念」之心時，態度應是謙卑而非傲岸，應是惶恐而非欣喜，應深深知曉因事方生四端之心，

〔註134〕《讀四書大全説》，頁960。

〔註135〕前揭書，頁1094。

〔註136〕前揭書，頁960。

〔註137〕朱子詮釋四端的「以情溯性」論證法乃是一把雙面刃，雖可由四端之情善證性之本善，但亦可由現實中屢見的不善之情反證性之可善可不善、無善無不善。針對此一理論缺失，蕺山遂嘗提出質疑：「世儒謂因情之善見性之善，然情則必以七情定名，如喜怒哀懼愛惡欲，將就此見性之善，則七情之善，果在何處？」明·劉宗周：〈學言下〉，《劉宗周全集》（臺北：中央研究中國文哲研究所，1996年），第二冊，頁556。

〔註138〕《讀四書大全説》，頁964。

〔註139〕前揭書，頁656。

恰似只能由「夜氣」、「平旦之氣」照見清明本性一般，乃是「極不好底消息」。〔註140〕

　　對船山而言，四端雖為高於自然情感的道德情感，但因此情感之萌發乃因外界的刺激而來，故其雖由道心而起，然仍不免存在著被動與被誘發的成份，與源泉混混、盈科而進的遍溢充滿不可同日而語；此種因乍見孺子入井而生的道德情感實未達到「本體論的覺情」〔註141〕之高度。

　　此種因事而起的道德情感雖然真實，但卻可能一閃即逝：或只表現為一時的哀樂喟嘆，或只產生為偶然的道德行為，即此現實情感與道德行為的確有善性流行於其中，但終究不恆不常不周不遍。道德情感雖兼涵性、情，但性體的篤實飽滿、光輝嚴毅並無法於四端中全然呈露，亦不能在此間被完整地認識與說明。

　　船山所認知的性體不只充滿豐沛的道德情感，亦飽涵明亮剛毅的道德意志與道德感〔註142〕，既能行道德判斷，復必展現為道德實踐，淵淵浩浩、無有續接，不待物引而有、而生、而發、而存，此方是性的真體段。

　　由此，我們可以對前文之圖示進行補充說明：該圖所示者僅為常人之心理活動，至若成德之聖人，心、性、情自是通梢一貫、上下周流、全體浹灌，更無首尾斷續。此外，該圖僅指涉性、四端、情三者的作用歷程，離性自為之情、未有四端參與之心理活動等皆不與焉。

　　依船山之理解，孟子四端之說但為提點放心者之善巧方便，一如由「以羊易牛」事鼓勵齊宣王充其不忍之心而行不忍之政一般，但為權辭，而非孟子真正的心意與立場。此種類似的看法，陽明實已發其端。

　　陽明曾表示：「孟子說夜氣，亦只是為失其良心之人指出個良心萌動處，使他從此培養將去」；而王龍溪與羅念庵更曾就乍見孺子入井之心是否即堯舜之心進行討論〔註143〕，則船山之思想資取於前儒亦深矣，復可由此看出：宗

〔註140〕前揭書，頁1073。
〔註141〕「本體論的覺情」乃牟宗三先生對孔子不安不忍之覺情的形容。《心體與性體》，第三冊，頁277。
〔註142〕詳見下節。
〔註143〕《念庵文集》（北京：商務印書館，2006年），卷八：「（龍溪）問曰：『君信得乍見孺子入井怵惕與堯舜無差別否？信毫釐金即萬鎰金否？』曰：『乍見孺子，乃孟子指點真心示人，正以未有納交、要譽、惡聲之念。無三念處始是真心。其後擴充，正欲時時是此心，時時無雜念，方可與堯舜相對。』」雖然船山之見與念庵、龍溪皆不同，但此一討論必予船山以思考上的啟發。

朱抑王之船山對王學實非毫無所繼。

　　四端之心，人皆有之，見孺子將入於井而不心生怵惕惻隱者，固非人也。道德情感的一時浮顯只能證明該主體非「非人」，但卻不能完成人之所以爲人的尊貴與價值。在船山對性、情上之道心與情的細密分梳中，我們不只看到船山的思辨力，更看到船山深刻的道德關懷。

二、心的遷流失居

（一）求放心

　　孟子有云：「學問之道無他，求其放心而已」。然心的包含極大，面目紛呈，則所放、所求者何心乎？朱子以昭靈的知覺之心爲所當求之心，船山則提出了不同的意見：

> 「心不在」者，孟子所謂「放其心」也。放其心者，豈放其虛明之心乎？放其仁義之心也。〔註144〕

由於船山以知覺屬人心，以仁義之心爲道心，則所放、所求者自是仁義之根心；仁義之心的放失即是失仁，仁義之心未放則「謂之仁而已」〔註145〕，未放此心即「存心」、「存理」，唯仁義之心方絮實有向、光輝充滿，而非空蕩游移。孔子所謂「操存舍亡」者即此仁義之心，孟子所諄囑求放者亦此仁義之心，而絕不能是無倚可倚、覺善覺不善、應事得失未定、能具眾理而非即理的知覺靈明。尊崇朱子的船山在此論點上堅守立場，正式與朱子分途：

> 孔子曰「操則存」，言操此仁義之心而仁義存也；「舍則亡」，言舍此仁義之心而仁義亡也。「出入無時」，言仁義之心雖吾性之固有，而不能必其恒在也；「莫知其鄉」，言仁義之心不倚於事，不可執一定體以爲之方所也。「其心之謂與」，即言此仁義之心也。說此書者，其大病在抹下仁義二字，單說箇靈明底物事。《集註》已未免墮在。
> 〔註146〕
> 放心只是失卻了仁，有私意私欲爲之阻隔而天理不現。……孟子喫緊教人求仁，程朱卻指箇不求自得、空洞虛玄底境界。異哉！非愚所敢知也。〔註147〕

〔註144〕《讀四書大全說》，頁 422。

〔註145〕前揭書，頁 1084。

〔註146〕前揭書，頁 1077～1078。

〔註147〕前揭書，頁 1082。

船山之所以力言操存舍亡及所當求放者非知覺靈明之心，主要原因在於知覺靈明無定無實，大異於仁義之心的飽滿嚴毅，故不可爲道德根源；雖然知覺靈明亦可具眾理，爲行爲方向提供準則，但此眾理畢竟由知、學所得，已經一轉手，非直出胸臆、沛然莫禦的肫肫之仁，是以船山謂其「空洞虛玄」。

其次，知覺靈明之於人直「如影隨形」，「開眼見明，閉眼見暗，未有能舍之者也」〔註148〕；既是如影隨形，則何有舍放之時，更無求放之必要；故船山言知覺靈明乃「不求自得」底境界。

以知覺靈明之心乃「不求自得」，必不爲朱子所接受。朱子雖認爲「心官至靈，藏往知來」〔註149〕，但此境界並非現成可得，而乃需要一段去私寡欲的紮實工夫，使心體湛然虛明，不昏惰、不雜亂，方能因事研理，完成「包含該載，敷發施用」〔註150〕的「具眾理，應萬事」之全體大用。

即令如此，船山亦不能認同。船山曰：

> 朱子……直將此昭昭靈靈、能學知問之心爲當求之心，學唱曲子，也是此心。則於聖賢之學，其差遠矣。只教此知覺之心不昏不雜，此異端之所同。而非但異端也，即俗儒之於記誦詞章，以至一技一術之士，也須要心不昏惰、不雜亂，方能習學。此又不過初入小學一段威儀、一箇徑路耳。……求其實，則孟子所謂專心致志而已。曾聖賢克己復禮、擇善固執之全體大用而止此乎？〔註151〕

持守此知覺靈明之心的湛然虛澈雖亦爲工夫，然只是初入小學的徑路，其本質蓋無異於學唱曲子、記誦詞章時的專心致志。專心致志、屏念凝神只是爲學的入門工夫，而非道德實踐的究竟。求持知覺靈明之心的極致只達一湛然虛澈的境界，而求存仁義之心的極致則是誠明篤實的體段；二者之殊別在於前者可知理，後者即是理；前者可應事，後者與事之宜爲「天理自然之合」；前者知擇執之要，後者乃是擇執的開顯與具現；前者知道可如此、須如此，後者則是必如此、已如此；前者志在通曉，後者力求完成。仁心不放，則必修己、必安人、必克己、必復禮、必擇善、必固執，學知貫注於履行，履行之中自見學知。

船山雖不以知覺靈明之心爲所當求存之根心、本心，但並不賤輕其效用

〔註148〕前揭書，頁 1078。
〔註149〕《朱子語類》，卷五，頁 85。
〔註150〕前揭書，卷五，頁 88。
〔註151〕《讀四書大全說》，頁 1083。

與意義。仁義之心有放失之虞，靈明之心除寤寐之頃無離捨之理，故求仁心之所以可能，唯賴有此靈明之心的資助：

> 所放所求之心，仁也；而求放心者，則以此靈明之心而求之也。仁爲人心，故即與靈明之心爲體，而既放之後，則仁去而靈明之心固存，則以此靈明之心而求吾所性之人心。以本體言，雖不可竟析之爲二心；以效用言，則亦不可槩之爲一心也。〔註152〕

縱仁義之心放失，靈明之心亦無有捨離，故可由靈明之心知仁心之固有、實有，進而求此仁心、存此仁心。靈明之心與仁義之心雖活動方向及作用內容有別，但皆心之所有，故效用雖異，本體則一，皆是一心所反射出的燦亮光束，必同時實現二者、充盡二者，方見心之全體、方成心之大用，儒學的眞正精神方得昭顯與發揚。故船山說：

> 識得所求之心與求心之心本同而末異，而後聖賢正大誠實之學不混於異端。愚不敢避粗淺之譏以雷同先儒，亦自附於孟子距楊、墨之旨以俟知者耳。〔註153〕

船山對己說之異於前儒處知之甚悉，對己身別異端、顯聖教之爲學方向與立論目標亦有明白的自覺，「予其好辯哉，予不得已也」，孟子的心事，船山當體會甚深。

（二）知覺與思

　　孟子以心爲大體而貴、以耳目之官爲小體而賤，籲人養大從貴，並指出大小貴賤之別在於「思」與「不思」。朱子強調心官的靈明知覺，即著眼於心的能學能思。但船山對心的認識活動進行了更細密的觀照，而將「思」與「知覺」劃分爲二不同領域，二者之發生根源、作用本體、活動資具、實現場域、認識對象及作用目的，皆各異其趣、迥不相侔，而表現出大小之殊、貴賤之別。然常人不識得此，既不明知覺運動之心的本質，更不能理會思的蘊義，混二者而一，遂使心體之大用不彰，連帶使心之本體不明。船山說：

> 孟子於此，昌言之曰「心之官則思」。……只緣後世佛、老之說充斥天下，人直不識得箇心，將此知覺運動之靈明抵代了。其實者知覺運動之靈明，只喚作耳目之官。〔註154〕

〔註152〕前揭書，頁1082。
〔註153〕前揭書，頁1083。
〔註154〕前揭書，頁1090。

心涵性、情、才，故仁義禮智之性及耳目之官皆心之蘊具，仁義禮智之性及耳目之官發而爲用，分別爲「思」及「知覺運動」。如著眼於「思」及「知覺運動」皆心之作用，其本體固一；然若別其作用之分殊，則各有不同的發生根據。精確地說，船山並非直以知覺運動之心爲耳目之官，而是在說明知覺運動乃耳目之官的作用，猶如思爲仁義之心的作用，固不可逕稱思爲仁義之心。船山曾說明仁義之心與思的關係：

> 今竟說此「思」字便是仁義之心，則固不能。……天與人以仁義之心，只在心裡面。唯其有仁義之心，是以心有其思之能，不然，則但解知覺運動而已。犬牛有此四心，但不能思。此仁義爲本而生乎思也。
> 蓋仁義者，在陰陽爲其必效之良能，在變合爲其至善之條理，元有紋理機芽在，紋理是條理，機芽是良能。故即此而發生乎思。〔註155〕

思爲仁心之「能」，亦即仁義之心的能力與作用；思生於仁義，爲仁義之良能機芽，仁義則是思依循的紋理條理；換言之，仁義爲體，思爲用。人羊犬牛皆具耳目口體，故皆有知覺運動之用；但仁義之心爲人道所獨，是以唯人能思，犬牛固無此能力作用與心理活動。

　　人以心思、以耳聞、以目視、以手持、以足行，則是思與知覺運動各因其發生本體之異而有活動資具及實現場域的不同。思以心成，知覺運動藉耳目之官完就；思以心爲活動疆界，知覺運動則以耳目之官爲活動場域；此即用者用其體思維之具體開展。雖然心涵性情才，耳目之官、知覺運動亦屬最廣義之心的內涵，但在分梳大、小體與嚴別人、物之時，船山仍以「道心」及「仁義禮智之性」暢發「心」的尊貴價值，以彰顯天命之性並昭著人道之正大莊嚴。

　　不只發生本體、作用資具及活動場域不一，思與知覺運動的認識對象亦大有不同。知覺運動藉耳目以識，故所認知者爲形下有色有聲之顯者；思以心察，所覺悟者則爲形上弗見弗聞之道。知覺運動表現爲對形下的「認知」，思則負責對形上的「察識」。船山指出：

> 蓋形而上之道，無可見，無可聞，則唯思爲獨效。形而下之有色有聲者，本耳目之所司，心即闌入而終非其本職，思亦徒勞而不爲功。〔註156〕

〔註155〕前揭書，頁 1091。
〔註156〕前揭書，頁 1092。

仁義之心爲體，思爲用；體以致用，故因仁義而有思；用以備體，故由思而得仁義；用者皆其體，思的活動作用即是仁義之心的開顯。故船山明白表示：

> 乃心唯有其思，則仁義於此而得，而所得亦必仁義。……此思爲本
> 而發生乎仁義，亦但生仁義而不生其他也。〔註157〕

思發生於仁義，復發生仁義，此即「體生用，用成體」思維之運用。正因仁義與思的恰一且唯一之體用對應關係，故船山屢次指陳「思」爲心之「本職」、「本位」、「本業」。由此詮解基點出發，雖然在認識形下事物時，思或參與耳目知覺的認知活動，但船山亦視之爲「闌入」，以其非思官之本職，且思察所得既非仁義，故就「思」發生仁義的任務與作用而言，乃是「徒勞而不爲功」。反過來說，只要未能以思發生仁義、存養仁義，即是心官的「失職」、「曠位」〔註158〕，亦是心體的遷流失居、放遺大用。

　　一言以蔽之，思的察識對象是單一的，即形上之仁義；知覺運動的認知對象是開放的，即形下之事物。我們可以說，船山的「思」可在相當程度上等同於倫理學中的「道德感」及「道德意識」，其本身不只具備充沛的倫理與價值意涵，而是自身即倫理與價值，而與耳目知覺的認識活動分屬不同的哲學視域。以耳目認知形下之事物，須賴事物聲色之有方可爲耳目所認取，故其認識進行，必待物之來、事之起方得就，故乍見孺子所生的惻隱之心自非仁義之思，自當不得源泉滾滾、無感猶興的道德感與道德意識，因此不可爲心之全體大用。是以船山嘗言：

> 物引不動，經緯自全，方謂之思，故曰「萬物皆備於我」。不睹不聞
> 中只有理，原無事也。無事而理固可思，此乃心官獨致之功。今人
> 但不能於形而上用思，所以不知思之本位，而必假乎耳目以成思，
> 則愚先言盡天下人不識得心，亦盡天下人不會得思也。〔註159〕

思之對象爲仁義之理，故不待有事、不假耳目、不緣聲色，道德感與道德意識乃是自足且至足的，其發動、完成、作用目的及收穫功效皆由自身供應，既來自自身，亦滿足於自身，此之謂「物引不動，經緯自全」。

　　凡非經緯自全，而有待於外之認識活動皆是知覺，不可謂之思，故「思食色」之思迥非心官之思，而只爲常俗之用語，「唯思仁義者爲思，而思食色者

〔註157〕前揭書，頁1091。
〔註158〕前揭書，頁1106。
〔註159〕前揭書，頁1093。

等非思也」〔註160〕。即使未見食色而思食色的憑空幻想，船山亦敏銳地指出其乃緣聲色耳目而有的存在本質。所謂的幻想雖不在知覺眼前可見之事物，然究其實，乃在知覺所欲得欲求之事物，故不得謂其自足無待，至足無外。幻想的本質是受到外物的牽動、勾引而產生的知覺活動，其中充滿了欲望及意念，而以耳目口體為貪緣、為目的、為歸趨；思食思色是知覺幻想，計算個人利害亦是知覺幻想。對此類知覺幻想，船山以「內視內聽」之名闡釋其真相：

> 思食者之幻立一美味於前，思色者之幻立一美色於前。此內視內聽，亦屬耳目之官，不屬心。……若趨利避害之背乎理者，有一不因於耳目之欲者哉！〔註161〕

幻想與知覺的起動處、作用處、接受處，乃至活動歸趨及滿足目標皆在耳目，船山故稱其為「奉耳目之歡」〔註162〕。船山同時指出：釋氏之「觀想」雖非以奉耳目之歡為目的，然其工夫法門亦是內視內聽，所謂的「用觀」，其實「只用耳目」〔註163〕，而非物引不動、經緯自全之思；故其觀想之極致亦只能得箇空虛澄明，而不能察識仁義根心。

不同於知覺以耳目之歡為止點，思的目的乃在滿足仁義之心的呼喊，以仁義之心的慊足為安止之處。「思則得之，不思則不得」為仁義與思的特殊連繫，亦是體用範式的對應；故如飢食、渴飲等思之不必得、不思亦或得者，皆不可謂之「思」〔註164〕。因為知覺與其認識對象之間，固無得不得的問題，只有認識關係的連繫；認知美色不見得能獲得美色，欲求美食亦不保障能嚐味美食。

由於思以得仁義為唯一方向及目的，故思既是察識，亦是自覺，察識與自覺本身即是進德工夫。知覺認取了外物，但只能把外物納入自身的認識系統中，並無法使外物與自身合而為一。因此，知覺是認識性的，思是踐履性的；知覺是認識行為，思則表現為道德活動。雖然思與知覺皆屬心的活動作用，但思富涵倫理學意義，知覺則展示出認識論色彩；在由「思」所展現的道德感與道德意識中，我們看到道德生命的蓬然勃發，在「知覺」的強調中，則顯現出較強的知識旨趣。

由於「思」為一道德活動、進德工夫，且由仁義道心所關生，故船山言

〔註160〕同註159。
〔註161〕《讀四書大全說》，頁1093～1095。
〔註162〕前揭書，頁1095。
〔註163〕前揭書，頁1093。
〔註164〕前揭書，頁1091。

「思爲人道，即爲道心，乃天之寶命而性之良能。人之所以異於禽獸者，唯斯而已」〔註165〕。船山甚至表示：

思之一字，是繼善、成性、存存三者一條貫通梢底大用。〔註166〕

體以致用，天「與我以仁義，即便與我以思也」〔註167〕，因仁義而有思，此之謂「繼善」。用以備體，「天之與我以思，即與我以仁義也」〔註168〕，由思而得仁義，因思而見道心，藉思而知仁義禮智之性，此之謂「成性」。因思而存性、養性、充性，復由仁義之性而極思之深、致思之大，思與仁義相爲體用、彼此拓涵，此之謂「存存」。思之義大矣哉！

然則，求放心之心究爲「思」或「知覺靈明」？

思爲仁義之心的作用，故仁義之心既放，是「體」已不立，無「體」則何可有「用」？故船山曰：「使其能思，則心固不放矣」〔註169〕。知覺靈明之心乃以耳目爲體，耳目與人相始終，開眼見明，閉眼見暗，故知覺之心曾無暫捨之理。形氣中自是有理，故天明天德亦有寓於耳目小體之中者；故縱未存養之凡夫匹婦，乍見孺子將入於井亦不能無惻隱之心。然此終非仁義充滿之性體，故船山稱其爲「梏亡之餘」。雖然如此，惻隱之心一起，則知覺靈明即可當下認取，此即是以知覺運動之心求仁義之心的工夫階段。仁義之心已求，則有思可思，復以思擴充初得的仁義之心，再以仁義之心致思之大、極思之深，不能深大者，則「以學輔之」〔註170〕；如此，縱終未能至敦化之聖人，亦必不致淪爲無恥小人。

系統言之，由知覺至思之進德工夫可分三等：對初學者而言，以禮教諭之、學問導之，使其由知覺運動之心求取、認識本心。就本心已存（已初見得性、信得性）之學者而言，則以思擴充仁義，以仁義擴充思，此時乃以思爲主，學問爲輔。至若聖人，則不思而中，不勉而得，即思即仁義，即仁義即思，繇仁義行，非行仁義也，自然光明朗現，表裡融徹。

船山雖然看重知覺之心的功效，亦主張以學輔之，然「必竟思爲主」〔註

〔註165〕前揭書，頁1096。
〔註166〕前揭書，頁1092。
〔註167〕前揭書，頁1091。
〔註168〕前揭書，頁1092。
〔註169〕前揭書，頁1094。
〔註170〕前揭書，頁1095。
〔註171〕同註170。

171〕。此乃因知識不能保障道德的圓成，猶如虛靈不昧的知覺之心同時能覺善知惡。故孟子強調養大從貴，船山亦主張「以思御知覺」：

> 蓋心之官為思，而其變動之幾，則以為耳目口體任知覺之用。故心守其本位以盡其官，則唯以其思與性相應；若以其思為耳目口體任知覺之用為務，則自曠其位，而逐物以著其能，於是而惡以起矣。……
>
> 知覺皆與情相應，不與性應；以思御知覺，而後與性應。……但知覺則與欲相應，以思御知覺，而後與理應。〔註172〕

知覺運動為耳目口體之用，與耳目相關生，故而與情、欲相應，而有或正或邪之憂，必以思御知覺，以大體率小體，以道德駕御知識，使「道心為主，人心聽命」〔註173〕，方可將仁義之心與思的體用相涵拓展至仁義之心與靈明之心的體用相灌，以彰顯心之全體大用。船山說：

> 乃小體既不能為大體之害，則害大、害貴者，其罪何在？孟子固曰「無以小害大，無以賤害貴」，能左右之曰「以」。又曰「從其小體為小人」，只「以」字、「從」字是病根。乃此「以」之而「從」者，豈小體之自「以」哉！既非小體之自「以」，則其過豈不在心！昭昭靈靈者。……特此「從之」、「以之」之心，專是人心，專是知覺運動之心，固為性所居，而離性亦有其體。性在則謂之道心，性離則謂之人心。性在而非遺其知覺運動之靈，故養大則必不失小；性離則唯知覺運動之持權，故養小而失大。知覺運動之心與耳目相關生，而樂寄之耳目以得所藉。其主此心而為道心者，則即耳目而不喪其體，離耳目而亦固有其體也。故言心者，不可不知所擇也。〔註174〕

「心」是人進德成德的試煉場與驗收地，當心奉性為體時，此心為道心，思與知覺互為體用；然當心離性自為體，則此心為人心，但由知覺運動乘權，性體失去主持分劑之能，道心亦遷流失居。至若成德之聖人，心性相涵相拓，思與知覺相為體用，即仁義即靈明，即靈明即仁義，特能彰顯心的全體大用，盡性、盡心亦盡才。

　　船山透過對心體的層層釐析，不僅溝合《尚書》與《孟子》，亦使人心與道心之本體、作用粲然明辨，從另一角度闡發人心、道心之底蘊。此外，更

〔註172〕前揭書，頁1106～1107。
〔註173〕前揭書，頁1094。
〔註174〕前揭書，頁1086。

張大了心的涵量，擴充其本體與作用，系統地詮釋心體，使善惡各得其所、察識知覺各司其用；既說明了心體的把捉不定，但也宣示了「我欲仁，斯仁至矣」的絕對可能；既證明了道心乃思則得之的本有、固有，但又不許人輕忽人心之危懼乘權。尤有進者，藉由對思及知覺運動涵義的鈎掘，船山細緻地剖分了認知活動的本質、過程及功效，從而朗現了由不同工夫進路所成就的學術性格與心體境界：儒學正大莊嚴的心體在釋老一念不起、湛然虛明的參照下，浮現出極其飽滿的色澤與鮮明皎然的輪廓；知識與道德、認知與實踐、尊德性與道問學的限界及互成，亦被技巧的詮釋。

最是難能可貴者，面對蘊具繁多、糾纏聚結之「心」，船山並未逃難泛論，而是抽繹分明、釐然析辨，對複雜的心理活動進行精微的探測，而絕少矛盾窒滯之處。後世學者多以「理學」、「心學」爲程朱、陸王之學張目，宗主橫渠、推尊朱子之船山則每以「心學」稱說儒家的誠正光明之學，謂其爲「聖賢心學」〔註175〕，並以此申明自身之學術歸向。今觀其心體，至深至大，本體、工夫並到，步步精實，步步莊嚴，無拘守，無躐等，固已非程朱、陸王「理學」、「心學」之界域所能範圍。

船山以心體不同層次的體用表現與結構，說明了心紛呈多元的面貌，也呈顯了聖、智、愚等不同的修爲及境界，從而揭示了生命及世界各種圖式的組合與可能。

第三節　心之與意，相爲體用

一、意中千條百緒，統名爲意

（一）意的本質

自《大學》拈出「誠意」之教，「意」即成爲儒學心性論的核心概念之一。除劉宗周外，多數重要哲人皆認同「意」爲「心」之所發，乃心緣事感物而起者〔註176〕。對此多數意見，船山固無別解：

> 自一事之發而言，則心未發，意將發；心靜爲內，意動爲外。〔註177〕

〔註175〕前揭書，頁514。
〔註176〕蕺山主張「意者，心之所存，非所發也」。劉宗周：《劉子全書‧學言上》，頁38。
〔註177〕《讀四書大全說》，頁417。

　　　　蓋漫然因事而起，欲有所爲者曰意。〔註178〕

船山在此爲「意」的內涵作出基本說明：意爲心之所發，既爲「發」，則已是
「動」；意因事而起，乃是心、事交接而生者，正所謂「意緣事有」〔註179〕，
既緣事而作，則是應於外且顯於外，故曰「外」。復次，船山指出了「意」在
付諸行動方面的期盼與渴望，「欲有所爲」即訴說著意具備了實現自身的強烈
意願與動能。

　　正因「意」具備了實現自身的意願與動能，故意的發生及存在時程可以
是乍起即歇，「旋生旋見，不留俄頃」〔註180〕，亦可以涵蓋心念之起迄心念落
實、完成的全部歷程：

　　　　觸物而動即爲意。自初起念，直至爲善爲惡之成，皆人所共知，亦

　　　　是意爲之。〔註181〕

不只起心動念的一刹那爲「意」，自起心動念至心念在事上（非必現象界可知
見之事方爲「事」）獲得成就，這整段過程的心理活動亦皆是「意」。換言之，
意可以是短暫的心理活動，也可以是綿密悠長的意念落實歷程。

　　由於意乃「乍隨物感而起」〔註182〕，故可謂是「心」對「物」的回應，
而意又具備實現自身的意願與動能，因此，「意」此一心理活動遂表現出較強
的主觀意向及意見。此種主觀意向及意見實暗寓了主體的欲望：

　　　　意不能無端而起，畢竟因乎己之所欲。己所不欲，意自不生。且如

　　　　非禮之視，人亦何意視之，目所樂取，意斯生耳。如人好窺察人之

　　　　隱微，以攻發其陰私，自私意也；然必不施之于寵妾愛子。則非其

　　　　所欲，意之不生，固矣。〔註183〕

船山敏銳地發現：意念的本質實爲欲望的映射。發人陰私之意乃是發人陰私
之欲的投影，溫親定省之意亦寓涵了主體事親愛敬的念想，對價值觀的認可
及批駁之意則爲心中好惡之欲的具體反照。當意念非表現爲一乍起即歇的瞬
間念慮，而是展現爲一綿密連續的心理活動歷程時，意念的表達形式常呈顯
爲一較具理性、組織性、系統性的意向、意識與意見；一旦意念築構出具理

〔註178〕前揭書，頁729。
〔註179〕前揭書，頁439。
〔註180〕前揭書，頁400。
〔註181〕《四書箋解》，《船山全書》第六冊，頁115。
〔註182〕《正蒙注》，頁258。
〔註183〕《讀四書大全說》，頁769。

性意味的意向、意識與意見時，意念即擁有可供詮釋、推演及闡發的特質，而進展爲深層的理論建構活動。此時，意念的好惡既決定了意見的倫理向度，也決定了理論的發展內容；倘意念不盡雅正，則築建於其上之意見與理論自有偏失的危險。

　　雖然如此，系統而組織的意見仍因其具備可供詮釋、推演及闡發的特質，故而綻放著理性的輝光，常予人以「道義」的錯覺。私欲湧動而思辯捷慧之人有知於此，遂常以意念巧扮私欲、以意見裝裹私欲，甚且以形似道義之理論築架其私欲並成就其私欲。故船山說：

> 乃天下之以私意悖禮者，亦必非已所不欲。特已立一意，則可以襲取道義之影似，以成其欲而蓋覆其私。如莊子說許多汗漫道理，顯與禮悖，而擺脫陷溺之迹，以自居於聲色貨利不到之境。到底推他意思，不過要瀟灑活泛，到處討便宜。緣他人欲落在淡泊一邊，便向那邊欲去，而據之以爲私。〔註184〕

船山在此提示意之本質雖爲欲望的映射，但與欲相較，意實爲更繁複而自覺的心理活動。繁複之處在於多了一道立意覆私的手續，自覺之處在於立意覆私、乃至營構意見之時，主體的精神、思慮皆需有更多的參與。此即「特已立一意，則可以襲取道義之影似，以成其欲而蓋覆其私」之深刻義蘊。

　　莊子之「道理」強調聲色貨利不到之境，常人或以爲此意見足可謂之無欲，但船山卻覷定此意見、理論仍是以欲望爲出發：其理論目的乃在成就己身的淡泊之欲、瀟灑流轉之欲，其理論本質則爲不願承擔世界的意念，亦即「到處討便宜」欲求的水光折影。

　　明白「意」的本質之後，進一步討論心與意的關係。

（二）「意緣心而起」與「心之權操於意」

　　意念的本質乃是欲望的折射，而其具體內容，實可一言以蔽之，即爲「好惡」，而由「身」將其落實至經驗界。船山言：

> 唯意爲好惡之見端，而身爲好惡之所效動。〔註185〕

「好惡」實爲「意」的始源點，亦是「意」此一心理活動的歸結處；意起發於心之好惡，也表現爲好惡。當心、意對舉，心體意用，心靜而隱爲內，意動而顯爲外。然若著眼於心、意皆非現象界中的具體存有而言，則意的開顯

〔註184〕同註183。
〔註185〕《讀四書大全說》，頁440。

與落實固有待於「身」的成全；故當意、身對舉之時，意爲體、身爲用，意靜而隱爲內，身動而顯爲外。因觀察切點之異而造成的結構座標之別，船山固已提點「中外原無定名，固不可執一而論」〔註186〕。是以當心、意、身三者並說之時，意的角色遂成爲心、身之介，存在位置則居內、外之交：

　　　意爲心身之關鍵。意居心身之介。〔註187〕

　　　心內身外，則意固居內外之交。〔註188〕

　　由心而意而身，展現了意念自萌起至落實的活動與開顯歷程。當「意」透過「身」獲得實踐與完成，必具現爲言行；一旦落入言行的現實範域，則已成爲可受公評及檢驗的具體存在，其對錯是非已不再是唯君子自喻的幽微之幾，而是眾目所指的明白昭然。由視聽言動所表現出的是非功過，雖以身顯，實爲心發，而由意爲之傳送：

　　　心之爲功過於身者，必以意爲之傳送。〔註189〕

「心者，身之所主」〔註190〕，身之功過實心令之，故身之功過實心之功過。意爲心之作用，因心而發意，心爲體，意爲用，人心所發者爲私意，道心所發者自是誠明之意。故意所傳達之念雖有私有公、有是有非，但究柢追根，功過俱不在意，而乃在心，故曰「意緣心而起」。雖然如此，船山卻又指出：

　　　然意不盡緣心而起，則意固自爲體，而以感通爲因。故心自有心之
　　　用，意自有意之體。〔註191〕

如情可離性自爲體，意亦可離心自爲體。一切存有皆自有體用，且可自爲體用，故意不必盡緣心而起，心亦不必定賴意爲用。心可以性爲體，以情才爲用；意亦得因感事而自興自爲。

　　由於心的涵蘊至富，當意緣心而起、意爲心體之用時，固有發於道心與起於人心之別。發於道心之意必合禮符義，起於人心之意則或有不中節之失。船山對此中差別曾引程子之語以明其理：「意發而當，即是理也；發而不當，是私意也」。〔註192〕

〔註186〕前揭書，頁417。
〔註187〕前揭書，頁416。
〔註188〕前揭書，頁417。
〔註189〕前揭書，頁424。
〔註190〕前揭書，頁401。
〔註191〕前揭書，頁417～418。
〔註192〕前揭書，頁728。

　　人心乃情之下游者，離性自爲的下游之情乃因物而興、隨物徙移，其本體固無恆定的內容與意向，如湍水之可西可東，故船山謂「情無自質」。本體如此，則作用亦復如是。以下游之情爲體，從人心而發用之「意」，因其本體之無自質，故由無自質之體所起發之用亦必無自質；更何況離心自爲體之意亦是應物而發，物之內容無定，則意自更無定。故船山逕以「意無恒體」評斷意左右依違、遷流不定的性格：

> 今以一言斷之曰：「意無恒體」。……心則未有所感而不現。如存惻
> 隱之心，無孺子入井事則不現等。……意則起念於此，而取境於彼。
> 心則固有焉而不待起，受境而非取境。今此惡惡臭、好好色者，未
> 嘗起念以求好之惡之，而亦不往取焉，特境至斯受，因以如其好惡
> 之素。且好則固好，惡則固惡，雖境有間斷，因伏不發，而其體自
> 恆，是其屬心而不屬意明矣。〔註193〕

此段文字所指稱之心乃是仁義之本心、道心，所指稱之意乃離心自爲體之意。就依於道心而起動之意用而言，固感事應物而顯發於外者；但若就此意用之本體而論，則道心縱未感事，仍是固存固有，特不著不顯而已，未見孺子入井，惻隱之心亦是充滿腔子，唯因乍見而開顯具現，此謂之「心則有固焉而不待起」。然離道心而自爲體之意則非是。

　　離道心而自爲體之意，在未接物感事之前，實無本體，無本體即無意；此時，意非不著不顯之「隱」，而是根本不存之「無」。待感事接物，意方生其本體、作其本體、用其本體，意之體用始得發生。船山言意「以感通爲因」，此「因」字實兼具「媒介」、「原因」之雙重意涵。

　　其次，道心以仁義禮智爲體，有具確的內容與堅定的意向，應事感物之際，開顯爲惻隱是非之時，實皆道心自身價值觀的發散及昭揚。換言之，道心之用雖實踐於事、完成於物，但就價值歸趨及意義止點而言，乃是事來就道心，而非道心就事，乃是道心處物，而非物處道心。最重要的是：只有以道心處物，令事就道心，事物方能被如實的認識，並得到真正的成全與安置。是以船山將道心因事物而作用之歷程詮之爲「受境」，以明道心之恆定常在，並指陳事物、萬境在道心中原即存在著未曾浮移的價值定位，「好則固好，惡則固惡」，好惡素存其中，唯因時而發顯於外。本體恆在，對事物之價值判斷即恒在，好惡是非亦自恒在，而此價值判斷及好惡是非正是事物的實相，此

〔註193〕前揭書，頁415。

乃道心與物的「天理自然之合」。

相對於道心之「受境」，離心自爲體之意則是「取境」。「意緣事有」，「隨物意移」〔註194〕，意念此一心理活動雖亦表現出主體的意向性，但此意向性並無貞常而堅決的內容，而是隨著興發此意的事物對象，以及主體瞬息萬變的心理狀態，乃至時俗潮流的意見而左右浮動、隨時變換其本體色彩。因此，離心自爲體之意雖有本體，實無挺立嚴實的主體性，迥異於道心之處物，而只淪爲逐物。「取境」乃是以境爲己，認境爲己；「受境」則是識己爲己，還境於境，以己立境，以境註己。

受境處物之道心不因境之斷續而存廢，取境逐物之意則隨境之有無而生滅。一言以蔽之，蓋有本、無本之異故。是以船山表示：

> 蓋漫然因事而起，欲有所爲者曰意。而正其心者，存養有本，因事而發，欲有所爲者，亦可云意。自其欲有所爲者則同，而其有本、無本也則異。〔註195〕

非從道心而起之意，率皆無本之意，從人心而動之意與離心自爲體之意皆屬之，以其存在內容與意向俱浮動無根者，既無定向，復不恒在，船山故斷之曰：「意無恒體」。

當道心放失、人心爲主之時，因意具有較強的實現意願與動能，復因意涵蓋了心念萌起顯發至落實的心理歷程，故不識者遂或以意爲心，而令「心之權操於意」〔註196〕，此時之心已非道心，而乃「聽命於意」〔註197〕之人心。倘知覺之心終不能察此，則將使「心爲意累，同入於惡而不可解也」〔註198〕，時日一久，浮意成習，仁義根心沈埋不起，意入心而習成性，終成無恥小人。此孔子所以有「毋意」之教：

> 意者，心所偶發，執之則爲成心矣。聖人無意，不以意爲成心之謂也。〔註199〕

子絕意，所絕者乃無本之私意、「孤行之意」〔註200〕，乃一端巧測之私智意見，

〔註194〕前揭書，頁473。
〔註195〕前揭書，頁729。
〔註196〕前揭書，頁417。
〔註197〕前揭書，頁401。
〔註198〕前揭書，頁416。
〔註199〕《正蒙注》，頁150。
〔註200〕《思問錄》，頁412。

而非光明正大的道心之意。船山恐學者因毋意之教而淫於佛、老，故更提點此意：

> 因常人之有，而見夫子之絕，則此意爲常人而言，而爲意之統詞。
>
> 統常人而言，則其爲漫然因事，欲有所爲者亦明矣。〔註201〕

「漫然因事，欲有所爲」之意乃是躁動、盲動、妄動，而爲常人所不能免者，孔子所絕者僅此而已。

依船山之見，不只從道心而起的誠篤之意不可絕，即未盡合於天理，但已致力於困知勉行的學者之意亦非所當禁絕者：

> 若業已有事於仁而未能復禮者，意之所起，或過或不及而不中於禮，雖幾幾乎不免於人欲，而其發念之本，將於此心之不安、理之不得者，以求其安且得，則亦困知勉行者；中間生熟未調、離合相半之幾，雖不當於禮，而憤悱將通，正可以爲復禮之基。是一己之意見，非即天下之公理，而裁成有機，反正有力，不得以私意故貶其爲爲仁之害也。若並此而欲克去之，則必一念不起，如枯木寒崖而後可矣。〔註202〕

意的起動本體有道心、私心私欲及浮蕩自爲等不同，一皆起於道心者，自是聖人；一皆源於私心私欲及浮蕩自爲者，則爲無恥小人或穿鑿之僞慧者。然而除此之外，更有意念之發非起於私欲，意見之倡非源於覆私者，特爲其存養未足，未臻達心性之全體大用，故其生發之意無法周旋中禮，而或有違理失道之處。面對此類或過或不及的學者之意，船山的態度是溫厚而充滿同情的。成德爲學本即漫長而艱辛的進程，即便聖人亦不能一蹴而就。在學習的過程中，嘗試錯誤原即必經階段，因錯誤而知正確之理，乃是錯誤對正確的積極貢獻；故船山言此類起於仁義生熟未調的意念與意見「雖不當於禮，而憤悱將通，正可以爲復禮之基」，不須絕更不當絕。

倘因意未能盡合天理而一概摒絕之，不僅因噎廢食，且是封閉了心體的作用與動能。作用的封閉即是本體的陷落，無意無念的心體只是枯木寒崖的荒寂，此豈聖門心學？

此外，敏於觀視心理活動的船山尚注意到「意」的另一存在方式：意雖因事而起，但此事物非必定要現於目前。幻想中的事物亦可以內視內聽的形

〔註201〕《讀四書大全說》，頁729。
〔註202〕前揭書，頁769～770。

式勾引著意的活動：

> 意或無感而生。如不因有色現前而思色。〔註203〕

「無感而生」在此應理解爲意亦可不因眼前之事物而發生，而非意可憑空發生、無所感通之謂。縱事物不現於眼前，意念的萌興與實現的渴欲仍可在心中湧動，且延伸出長短不一的時間歷程。如對食色名利的渴欲與幻想，亦可令主體產生爲時長短不一的意念，更且透過「身」落實爲具體的行動。推而伸之，君子之存養活動亦可謂爲道德意念的無有或間，如父母君長雖不在目前，然心中仍源泉滾滾地奔流著愛敬之意；「有其意而無其事」〔註204〕，君子小人之異正可由流淌於其胸中的無感之意作別。

正因意的心理活動具備如此豐富之層次，船山方一言以蔽「意」：

> 意中千條百緒，統名爲意。〔註205〕

「意中千條百緒，統名爲意」，意之義亦大矣！

二、立體達用的大學之教：正心與誠意

（一）正心與持志

《大學》云：「欲修其身者先正其心」，正心之教爲船山極重視的成德工夫，但學者或未能勘明正心之實指，而有施功不徹之失。故船山特別指出：

> 朱子於正心之心，但云「心者，身之所主也」，……但止在過關上著語，而本等分位不顯，將使卑者以意爲心，而高者以統性情者言之，則正心之功，亦因無以實。夫曰正其心，則正其所不正也，有不正者而正始爲功。統性情之心，虛靈不昧，何有不正，而初不受正。抑或以以視、以聽、以言、以動者爲心，則業發此心而與物相爲感通矣，是意也，誠之所有事，而非正之能爲功者也。蓋以其生之於心者傳之於外，旋生旋見，不留俄頃，即欲正之，而施功亦不徹也。
> 〔註206〕

船山思辨力特強，對「正」「心」二字俱未肯輕易放過，故對朱子未明辨其義，籠統以「心者，身之所主」一語帶過正心之「心」義，指其「止在過關上著

〔註203〕前揭書，頁415。
〔註204〕前揭書，頁417。
〔註205〕同註204。
〔註206〕《讀四書大全說》，頁400。

語」。船山關切的問題有二：其一，所正者究爲何心？其二，如何正之？

心體涵蓋極大，倘不明所正者何，學者或將以顯見易察之「意」爲心。誤以意爲正心之標的，乃是將誠意事錯取爲正心事；尤有甚者，意乃緣心而起、接事而生者，於意發之時而始求正之，必有不審不及之憂，施功定然不徹，迥非立體治本、釜底抽薪的成德大路。

另一方面，若學者知心、意之別，明「意」非正心工夫之致力處，而遂以性體情用、性行情中之道心爲所正之心，亦將使正心工夫成一虛說。因性情相貫之心已是全體大用之心，此時之心「何有不正」？既無不正，如何正之？正者，「正其所不正也」；既無不正而復求正之，則「正」字將於何處著力？

爲解決此一理論困難，船山以「執持其志」爲「正心」作解：

> 程子謂：「忿懥、恐懼、好樂、憂患，非是要無此數者，只是不以此動其心」。……不動其心，元不在「不動」上做工夫。……故程子又云：「未到不動處，須是執持其志」。不動者，心正也；執持其志者，正其心也。〔註207〕

其實程子「未到不動處，須是執持其志」之語本非爲「正心」而說；對此，船山亦非不知〔註208〕。然不論如何，程子以「執持其志」訓釋《孟子》「不動心」之解，的確給了船山極大的啓發。《大學‧傳》第七章：「所謂修身在正其心者，身有忿懥則不得其正」云云，船山即承襲程子之見，以不因忿懥、恐懼等情緒撼動其心以釋《大學‧傳》意。

不以忿懥、恐懼、好樂、憂患動其心，乃因中心有主，本體挺立，故物不能淫，意不能搖，此之謂「心正」，此之謂「不動心」。不動心有道，即執持其志，不令意撼其志；執持其志即是正心的具體工夫。持志之所以可作爲爲學進德的具體工夫，乃因「志」有不執不持的情況與可能，故絕非一話頭虛說而已。

船山以「持志」爲「正心」實義，則「正」者，持正、取正也〔註209〕；正心者，持正其志、取正於志也。〔註210〕

〔註207〕前揭書，頁 419～420。

〔註208〕前揭書，頁 422：「程子之說，雖不釋本文，而大義已自無違。」

〔註209〕前揭書，頁 395。

〔註210〕前揭書，頁 401：「夫此心之原，固統乎性而爲性之所凝（按：即「志」也），乃此心所取正之則。」

以持志爲正心作解固可，然而，「志」當如何定位？船山對此作出說明：

是心雖統性，而其自爲體也，則性之所生，與五官百骸並生而爲之君主，常在人胸臆之中，而有爲者據以爲志。故知此所正之心，則孟子所謂志者近之矣。……故曰：「心者，身之所主」，主乎視聽言動者也，則唯志而已矣。〔註211〕

船山此段文字乃在爲朱子「止在過關上著語」的「心者，身之所主」一言作出完整的說釋。依船山之意，「身之所主」的精確說明乃是「志」，「心」之云云，實過於籠統模糊。至於「志」之內容，實爲與五官百骸並生之「性」，亦即健順五常之理，仁義禮智之德，亦即道心，也就是《大學》所說的明德。故船山又明白指出：「以道義爲心者，孟子之志者也。持其志者，持此也」〔註212〕，「正其心者，常持其志使一於善也」〔註213〕；執持其志，即是時時存養操持此道心，顚沛不失，造次不離，終身無違。

雖然如此，「志」與「性」、「道心」仍是有所差異，而顯示出心的廣涵、心理活動的複雜以及主體不同程度的參與。性爲五官百骸之君主，常在人胸臆之中，此固爲成德後之境界及氣象，然僅爲一理想而非必然的狀態；事實上，常人多奉人心浮意、僞情私智爲五官百骸之君主，使性與道心只淪爲一空濛飄浮的概念存有，而非飽滿充盈的具體實在。故船山方續言：「而有爲者據以爲志」。

由「有爲者據以爲志」之語，吾人可以發現：「志」的挺立與執持，實寓涵著主體的強烈意向；執持其志以主乎視聽言動，此既是一汩汩湧動的道德自覺，亦是一終食無違的道德踐履，同時也展現出一剛健不息的道德境界。主體的強烈參與，使志無法以「天命之性」詮說其面貌，而必得以「道德意志」爲名以突顯其性格。〔註214〕「道德意志」包涵「道德」與「意志」二層

〔註211〕前揭書，頁401。
〔註212〕前揭書，頁421。
〔註213〕《四書箋解》，頁110。
〔註214〕陳來先生以志心爲可正可不正，正心者，即在正其志心，使志心向正，以防其不正。據此，陳氏遂指出唐君毅先生「志即規定之心思，使常定向乎道者」之說解有誤。見氏著：《詮釋與重建——王船山的哲學精神》頁52、53、71。按：陳來先生之說的立論基礎爲《讀四書大全說》，頁401：「《傳》所謂『視不見，聽不聞，食不知味者』是已。夫唯有其心，則所爲視、所爲聽、所欲言、所自動者，胥此以爲之主。惟然，則可使正，可使不正，可使浮寄於正不正之間而聽命於意焉。」陳氏以「正」、「不正」、「浮寄於正不正之間」的主詞爲「志」。然觀其上下文，可正可不正之主詞非「志」，而是可視聽言動之「身」。身聽命於志，則身修；聽命於意，則身之視聽言動皆有違禮之失，

次。道德即是健順五常之性、仁義禮智之道心；意志則指向涉一強烈的實現欲望，有著高度的主體自覺與參與要求。與此充滿熱情與主體性的道德意志相較，性與道心所呈現出的圖象顯得沈靜許多。正是此種熱情四溢的性格，使船山以「隱然有一欲為可為之體於不睹不聞之中」來說明「志」的特質，也使得以執持其志的正心工夫有了明確而具體的下手處。

就「欲為可為」此一特性而言，則「意」與「志」固有相同之處；然意的左右浮蕩與志的卓立不移直是別若天壤。如以「道德意志」詮說「志」之本質，則可以「浮動意念」表明「意」的特色。船山對志、意之分別曾有所說明：

> 意之所發，或善或惡，因一時之感動而成乎私；志則未有事而豫定者也。〔註215〕

> 惟夫志，則有所感而意發，其志固在；無所感而意不發，其志亦未嘗不在，而隱然有一欲為可為之體於不睹不聞之中。〔註216〕

意無恒體，隨物遷流，善惡不定，貞邪無向，其欲為可為的動能只在功罪之間。志則為道德充貫之意志，有本有則，有為有守，不待事存，不因物有。道德意志的執持是一綿密無間的進德工夫，而可與《孟子》的集義養氣互相發明：

> 孟子之論養氣，曰「配義與道」。養氣以不動心，而曰「配義與道」，則心為道義之心可知。以道義為心者，孟子之志也。持其志者，持此也。夫然，而後即有忿懥、恐懼、好樂、憂患，而無不得其正。〔註217〕

孟子言志壹可動氣，氣壹亦可動志，故籲人須持其志而毋暴其氣，船山亦主張「物搖氣而氣乃搖志，則氣不守中而志不持氣」〔註218〕。持志與養氣乃是工夫論上的互為體用，持志則「氣聽心令，則《註》所云志氣也」〔註219〕，

> 而淪為「視而不見，聽而不聞，食而不知味」，此時之「身」無法「踐形」，亦即無法展現自身的全體大用。

〔註215〕《正蒙注》，頁189。

〔註216〕《讀四書大全說》，頁401。

〔註217〕前揭書，頁421。

〔註218〕前揭書，頁961。關於《孟子》志、氣間之結構關係，楊儒賓指出：孟子養氣、不動心之理論框架背後預設著「以意志主宰軀體」的哲學命題，而「道德意志要走完全程，使志、氣、形同質化，必須預設著有重特殊性質的『氣』居間溝通兩者。」見氏著：《儒家身體觀》（臺北：中央研究院中國文哲研究所，2004年），頁146～147。愚以為：以此說詮發船山之持志養氣義亦甚的當。

〔註219〕《四書箋解》，頁256。

此時之氣自是「養成而發見到好惡上不乖戾」〔註220〕；養氣集義則可至《中庸》的「無惡於志」，亦是正心的紮實工夫：

> 欲修其身者先正其心。……「浩然之氣直養而無害，則塞乎天地之間」，塞乎天地之間，則無可爲氣矜矣。「閒來無事不從容」，無可爲氣矜者也。〔註221〕

明道「閒來無事不從容」爲身修心正後之氣象，而乃成之於養氣；氣不能矜暴其心志，是心正而志立的最佳明證。

嚴別道德意志與浮動意念乃船山繼承橫渠之處〔註222〕，志、意之辨不只關係著《大學》誠意、正心之教的說解，也是君子與小人之大別：

> 意者，乍隨物感而起也。志者，事所自立而不可易者也。庸人有意而無志，中人志立而意亂之，君子持其志以愼其意，聖人純乎志以成德而無意。蓋志一而已，意則無定而不可紀。善教人者，示以至善以亞正其志；志正，則意雖不定，可因事以裁成之。〔註223〕

中人志立而不免爲意所亂，此蓋因其道德意志之執持有斷續、有間縫，不能如聖人般細密精實、光輝莊嚴，立凜然森然之堡壘，使秋毫無所犯。當氣充志盈，無定之意自無立處；縱持志未能如聖人般嚴實精密，而不免有浮蕩之意時，亦可因據於胸中之志而自加裁成。船山對正心之解，實牽動著對《大學》誠意、正心工夫次第的詮釋。

（二）誠意與擇意

自陽明拈出致良知之說與四句教之後，本體、工夫之辨遂成爲王學及晚明理學的重要論題之一〔註224〕。在這些論辯中，對心體的善惡本然問題，以及何爲本體、何爲工夫或許存在不同意見，但對於「有善有惡意之動」的四句教，則表現出較多的共識〔註225〕。以意有善有惡，固船山所認可者，但若以在意念的發動處用功爲《大學》誠意之教，則船山不能無辨。其言曰：

〔註220〕《讀四書大全說》，頁1076。
〔註221〕《思問錄》，頁412～413。
〔註222〕《正蒙》，《張載集》，頁32：「蓋志意兩言，則志公而意私爾。」
〔註223〕《正蒙注》，頁258。
〔註224〕關於中晚明陽明學脈的本體、工夫之辨，彭國翔先生有極精密的闡論。見氏著：《良知學的展開——王龍溪與中晚明的陽明學》（臺北：臺灣學生書局，2003年），頁339～452。
〔註225〕參見陳來：《宋明理學》，頁260～263。

意發於倉卒，勢不及禁，而中心交戰，意爲之亂，抑不能滋長善萌。

況乎內無取正之則、篤實之理爲克敵制勝之具，豈非張空拳而入白

刃乎？《經》、《傳》皆云「誠其意」，不云「擇其意」、「嚴其意」，

後人蓋未之思耳。〔註226〕

意乃心之所發，爲心之用；在「作用」中，如何下得工夫？縱意自爲體時，意亦實無恒質、無內容，取境而有，離境而無，亦無法持續施爲於其上。更何況意乃感事接物而生，起於倉卒之間，倘非存養已足，中心有主，則意念之東西善惡亦未必主體所能豫定掌握者；換言之，主體或在意念乍萌之時方知得此意、察得此意，此時再急急忙忙擇取之、遏絕之、導正之，其功至多只是亡羊補牢，乃是在「好惡之末流以力用其誠」〔註227〕，徒爲頭痛醫頭之治標，而非正本清源之上計。

船山此意實已廣見於王門弟子。龍溪分正心、誠意爲先天之學與後天之學，雙江亦指出「動有不善而後知之，已落第二義矣」，陳明水亦有「若俟意之不善，倚一念之覺，即已非誠意，落第二義矣」之說〔註228〕。凡此，皆必予船山以啓發。

此外，待意發始嚴正之、擇取之，事起倉卒，必至方寸大亂，或不能盡察此意而行不中節，或未及禁遏此意而有虧暗室，船山故言「迫發而始愼之，必有不審不及之憂」〔註229〕。況且，所謂的嚴意、擇意，乃在意的發動處進行揀別工夫；究其實，乃是「以後意治前意」〔註230〕，特過後知悔，爲良心之發現，「終是亡羊補牢之下策」〔註231〕，如何稱得起「誠」之一字？須知「誠」爲「極頂字」，乃眞實無妄、全體大用的表裡充滿，以後意治正前意，則是「意本不然而強其然，亦安得謂之誠耶？」〔註232〕故船山又表示：

〔註226〕《讀四書大全說》，頁411。

〔註227〕前揭書，頁414。

〔註228〕龍溪以正心爲先天之學，存體應用、良知俱在故爲先天：誠意爲後天之學，以意萌方治故謂之後天。雙江則以動無不善之良知本體爲第一義，意念萌動方知其不善爲第二義。參見林月惠：〈聶雙江「歸寂說」之衡定——以王陽明思想爲理論判準的說明〉，《嘉義師院學報》第六期（1992年11月），頁279～316。

〔註229〕《思問錄》，頁412。

〔註230〕《讀四書大全說》，頁415。

〔註231〕同註230。

〔註232〕《讀四書大全說》，頁413。

> 但當未有意時，其將來之善幾惡幾，不可預爲擬制，而務於從容涵
> 養，不可急急迫迫地逼教好意出來。及其意已發而可知之後，不可
> 強爲補飾，以涉於小人之揜著。故待己所及知，抑僅己所獨知之時
> 而加之愼。實則以誠灌注乎意，徹表徹裡，徹始徹終，彊固精明，
> 非但於獨知而防之也。〔註233〕

船山在此對《大學》的誠意工夫作出新詮：「以誠灌意」。

對意的防堵圍剿乃是「野火燒不盡，春風吹又生」的無奈應對之策，此
意方堵，彼意又起，涵養不足、志氣未充者遂恒處於左支右絀、顧此失彼的
窘迫中。意念未起之時，自是無法預先安排擬制其內容與方向；而「逼教好
意出來」亦是造作有妄，非至誠充滿的聖門之教。而意念既生之後，縱意有
未善，君子亦只得導正之、遏絕之，而不可機巧圓說，淪於小人之文飾。

船山不斷強調：防閑非誠意工夫，更非誠意之境界。誠意之境界乃是
「已然而不可按遏，未然則無假安排」〔註234〕的盈溢自然，「須是金粟充滿，
而用之如流水，一無吝嗇，則更不使有支撐之意」〔註235〕的淵淵浩浩。防閑
工夫乃是以後意校對前意，以考正支撐萌發的心理活動，與「以誠灌注乎意」
的正本清源工夫相去不可以道里計。船山進一步闡釋「以誠灌注乎意」之內
涵：

> 誠意者，實其意也，實體之之謂也。意虛則受邪，忽然與物感通，
> 物投于未始有之中，斯受之矣。誠其意者，意實則邪無所容也。意
> 受誠于心知，意皆心知之素而無孤行之意。〔註236〕

意無內容、無定向，取境爲己，故謂之「虛」；正因其虛而無中，故恒隨物意
移，納侈受邪而成不善。釜底抽薪之計，則唯以善灌注之、以道義充實之，
使意之本體飽密無隙，更無納邪之餘地，此之謂「實體之」。「實體之」，即以
「誠」實「意」之本體。誠即至善，更無可以反形之字，誠意者，即以至誠
之善灌注於意，使意中誠體充滿，達到意誠的境界。

由此可知船山之意：作爲工夫義之誠意，用功處實在「誠」而不在「意」。
在意處用功已是末流，徒見迫逼不及之失，而無周浹圓轉之裕。而由於心爲

〔註233〕前揭書，頁411。
〔註234〕前揭書，頁412。
〔註235〕同註234。
〔註236〕《思問錄》，頁412。

意主，意爲心之所發，作爲「作用」之「意」無可承接「誠」之工夫處，故誠所灌注處實爲「心」，亦即意之本體。心受誠而發爲意，「意受誠于心知」；誠意者，即「意皆心知之素而無孤行之意」。故誠意之具體落實方法，實爲正心、持志、養氣：

> 當其發意而恒爲之主，則以其正者爲誠之則。《中庸》所謂「無惡於志」。當其意之未發，則不必有不誠之好惡用吾愼焉，亦不必有可好可惡之現前驗吾從焉；而恒存恒持，使好善惡惡之理，隱然立不可犯之壁壘，帥吾氣以待物之方來，則不睹不聞之中，而修齊治平之理具足矣。〔註237〕

充氣以凝志，凝志以居德，志持心正，浩然之氣奔流於胸中，此即是佊邪不能犯的森嚴堡壘；此時之意殆爲誠所灌注充滿，無有間斷，無有罅隙，其興發起動，莫不中修齊治平之節，更不須防檢，不勞愼察。

　　船山明辨誠意及擇意，而以擇意爲進德之末流，故亦不以「愼獨」爲誠意工夫的主要內容：

> 愼獨者，君子加謹之功，善後以保其誠爾。後之學者，于心知無功，<small>以無善無惡爲心知，不加正致之功。</small>始專恃愼獨爲至要，過之而不勝過，危矣。即過之已密，但還其虛；虛又受邪之壑，前者撲而後者熺矣。泰州之徒無能期月守者，不亦宜乎！〔註238〕

「後之學者，於心知無功」，亦即不知正心、誠意之實指，不能使意受誠於心知。由於學者不明誠意工夫須由正心、持志加以落實，只知在意念發動處急迫省察、討個沒根的光影，故遂只能由愼獨遏意下手，且誤認愼獨爲誠意之全功。

　　就船山之理解，愼獨工夫乃不同於防閑，其意實較防閑更精微幽深，乃是一全面而綿密的省照察識，不只察識於意動之幾，更無時或間地觀注此心志之凝持與浩然之氣的存養，堪稱誠意的扣緊工夫。船山提示此意云：

> 愼獨爲誠意扣緊之功，而非誠意之全恃乎此。〔註239〕
> 「愼」字不可作「防」字解，乃縝密詳謹之意。〔註240〕

以「愼」爲「防」，則已落入擇意範疇，非船山念茲在茲的正本立根之道，亦

〔註237〕《讀四書大全說》，頁401。
〔註238〕《思問錄》，頁412。
〔註239〕《讀四書大全說》，頁412。
〔註240〕前揭書，頁411。

不能顯示出「縝密詳謹」的須臾不失、顛沛不離、無時或忘，徒然限縮愼獨的精嚴工夫與細密功效。更何況，只要意處中無主，則隨時有受事物牽引而致淫僻邪侈的危險，遏不勝遏，防不勝防；不論防遏之功如何嚴密，終是事倍功半，未若實之以誠，灌之以善，使意「雖喜怒哀樂之未發，而參前倚衡莫非節也」。〔註241〕

為了證明擇意與誠意的工夫、境界俱有不同，船山又分別以「意欺心」、「意謙心」二語說明心、意在不同修養層次中的存在關係：

> 蓋心之正者，志之持也，是以知其恒存乎中，善而非惡也。心之所存，善而非惡；意之已動，或有惡焉以凌奪其素正之心，則自欺矣。意欺心。唯誠其意者，充此心之善以灌注乎所動之意而皆實，則吾所存之心周流滿愜而無有餒也，此之謂自謙也。意謙心。〔註242〕

意原奉心為主，但當意乘權自為，心固無所施力於意處，此時乃是「心之權操於意」、意之惡凌奪其心，此之謂「意欺心」。船山特別在《四書箋解》中解釋「欺」字之義：

> 欺者，凌壓之謂，如強臣欺君、悍僕欺主一般，全不照顧，任其恣行。自欺者，任意而行，使其素志不能自伸，所知者不能行也。〔註243〕

「欺」非欺騙、欺瞞，而乃欺壓、凌奪、乘權之意。「心為意累」〔註244〕、心之權操於意，即是意對心的欺壓與凌奪。

與意欺心相反者，則是意謙心。謙者，慊也，足也。當心正志凝，心體一之於善，純皆乎誠，道德意志即如源頭活水，淵淵不竭地灌注誠善於意中，使意飽實盈密，邪僻不入。此時所萌之意莫不由志心而起，體用相涵，即心即意，即意即心，意之所發莫非心之所有，意之所向莫非志之所欲，心、意一合，志、意無殊，心對意更無任何不滿，意也快足符應了心的所有內容與要求，此之謂「意謙心」。船山曾說明意誠時的心、志、意關係：

> 意生於已正之心，則因事而名之曰意，而實則心也，志也，心之發用而志之見功也。〔註245〕

〔註241〕《思問錄》，頁411～412。

〔註242〕《讀四書大全說》，頁415。

〔註243〕《四書箋解》，頁115。

〔註244〕《讀四書大全說》，頁416。

〔註245〕前揭書，頁729。

倘主體到得誠意時，其心、意、志的內容、意向及目標乃是完全重合，皆爲至誠之善；值此之際，心、意、志三者只有結構意義的差別：據於中者爲志，居存處曰心，見於事者名意。三者的存在結構與位置雖別，但擁有相同的內容、目標及方向，則是彼此相足，不「謙」而何？

《大學》「所謂誠其意者，毋自欺也」之「自欺」即是「意欺心」，「毋自欺」則爲下文之「自謙」，亦即船山所言之「意謙心」。「意謙心」、「毋自欺」既是誠意之境界，則分明「意欺心」之意非「誠意」之意明矣，非「意謙心」之意又明矣。擇意工夫只能進行於意欺心之時，乃是自欺時的末流工夫。學者誤認誠意爲擇意，遂以防遏禁堵爲進德成聖的主要下手處，此不只工夫錯入，更意謂本體的陷落不明。正因仁義根心本體的陷落，意遂擅場；主體不明此理，不務於求放持志、集義養氣，使心正意誠，而乃切切擇意於好惡之末流，其極致只能因主體之知好知惡而逼迫意去好好惡惡，終不是好好惡惡的天然本體。故船山說：

> 惡惡臭，好好色，是誠之本體。誠其意而毋自欺，以至其用意如惡
> 惡臭、好好色，乃是工夫至到，本體透露。〔註246〕

惡惡好好即是是非之心。是非之心非知是知非，其本身即是是非。是非之心如有知是知非的判別能力，亦是來自於其是是非非的本質與要求，由其自身之是是而知何者爲是，由其自身之非非而明何者爲非，以胸中的道德意識與道德意志而行道德判斷，此之謂「自誠明」，道德感、道德意識、道德意志、與道德情感共同說明著誠、性之本體〔註247〕。唯持志正心，以誠灌意，令意慊足其心，方可使意自然好好惡惡，開顯並實現好好惡惡的誠性本體；立體以致用，由用以得體，心意相浹，志意淪貫的全體大用於斯致焉。

（三）《大學》工夫次第新詮：正心爲誠意之本

船山以「實其意」、「以誠灌乎意」釋誠意工夫，此說訓固較擇意正本清源，然仍須面臨一個最根本的質疑：誠自何來？此外，相較於簡單明白的揀擇工夫，「以誠灌意」的實踐方式確實較難捕捉〔註248〕。是故，船山在《讀四

〔註246〕前揭書，頁412。
〔註247〕此理解爲船山學，非所有哲人皆如是。如朱子，其心之本體即偏向於知是知非的靈明作用，故未可遽斷爲心即理。船山雖亦屢言不可謂心即理，而只得說性即理，然其理由乃是因心包含極大、蘊具複雜，遽以心即理，不只論述粗疏，亦將使學者有錯判誤取、蕩佚浮薄的危險。
〔註248〕陳來先生即指出：「船山的誠意說，與宋明理學的其他學者所主張的工夫相

書大全說》中對誠意工夫的操作方式再次加以說明：

> 要此誠意之功，則是將所知之理，遇著意發時撞將去，教他喫個滿
> 懷；及將吾固正之心，喫緊通透到吾所將應底事物上，符合穿徹，
> 教吾意便從者上面發將出來，似竹笋般始終是者個則樣。如此撲滿
> 條達，一直誠將去，不教他中間招致自欺，便謂之毋自欺也。〔註249〕

誠意之「誠」，乃「敦篤」之意〔註250〕。如何使意敦篤於至善，則須將致知之
理〔註251〕、已正之心，綿綿灌注於意中，使意內外通透全是此健順五常之理、
持正之心，再令意從此理、此心上發出，此之謂誠意。換言之，實此意者，
固正之心也，亦即「志」也；誠意者，即令志實意。至若誠自何來，來自此
固正之心也；以誠灌意如何可能，因此道德意志沛然莫禦的強烈實現欲望。

　　順依此解，則正心持志實為誠意之本，持志正心方為誠意最具體的下手
工夫。故船山明白指出：

> 正心為主，而誠意為正心加慎之事。則必欲正其心，而後以誠其意
> 為務。若心之未正，更不足與言誠意；此存養之功，所以居省察之
> 先。〔註252〕

> 《大學》分心分意於動靜，而各為一條目，故於「誠其意」者，說
> 個「毋自欺」。以心之欲正者居靜而為主，意之感物而有差別者居
> 動而為賓。故立心為主，而以心之正者治意，使意從心，而毋以乍
> 起之非幾凌奪其心，故曰「毋自欺」，外不欺內，賓不欺主之謂。
> 〔註253〕

意無恆體，有「漫然因事而起」之私意，有「正其心後，存養有本，因事而

　　　　比，在實踐上不是很容易把握。」氏著：《詮釋與重建——王船山的哲學精神》，
　　　　頁 57。
〔註249〕《讀四書大全說》，頁 411。
〔註250〕前揭書，頁 413。
〔註251〕船山以格物致知為獲致聞見之知與德性之知的工夫。格物側重於對物理、事
　　　　理及處事理物之道的探索，致知則重在體悟此根心本體之自有及陰陽變化、
　　　　健順五常之道，而以格物學問之所得為倫理實踐上的兩難及疑似進行裁決，
　　　　此之謂格致相因、學思互輔。《讀四書大全說》，頁 404：「大抵格物之功，心
　　　　官與耳目均用，學問為主，而思辨輔之，所思所辨者皆其所學問之事。致知
　　　　之功則唯在心官，思辨為主，而學問輔之，所學問者乃以決其思辨之疑。」
　　　　格致乃誠正所以可能之根據。
〔註252〕《禮記章句》，頁 1303。
〔註253〕《讀四書大全說》，頁 995。

發」〔註254〕之公意；欲誠其意，令意皆有本有根，既不漫然自爲，更不乘權躐等、喧賓奪主，則必先正其心。心正志立，「誠」斯在焉，亦方有「誠」得以灌其意。倘若存養未足，志未持、心未正，根心放失、誠體不存，則要以何實意？又要何處尋「誠」來灌意？故船山遂主張「正心爲主」，「存養之功，所以居省察之先」。

　　行文至此，正心工夫在誠意之先固已昭然若揭；吾人甚且可以說，正心持志、集義養氣乃是誠意所以可能的先決條件。所謂的誠意即是在心正志持之後，以道德意志盈實於意，無時或間地將至善之誠灌注於意念、意欲、意見，乃至幽隱的意識之中，更以愼獨工夫縝密之、詳謹之，以達通體皆誠之境。

　　依此，則是正心在誠意之前，正心爲誠意之本，與《大學》次序恰成悖反。對此說解之未能盡合《大學》之次，船山固深知之。宋明二代，在《大學》義理之訓解領域中，朱子及陽明可謂掌握了主要的詮釋權〔註255〕。船山另立新解，固有其學術關懷及立說目的，以下即就此申論之。

1. 邏輯圓融的要求

　　如前所述，多數儒者皆以意爲心之所發，朱子、陽明莫不如是；然既以意爲心之所發，意乃聽命於心，則工夫次序自當正心先於誠意，心正則意自誠，如何反以「欲正其心者，先誠其意」？如此，豈非一邏輯上的謬誤？對此邏輯上的紛亂，朱子門人早已意及：

　　　　或問：「意者，乃聽命於心者也。今曰『欲正其心，先誠其意』，意
　　　　乃在心之先矣。」曰：「心字卒難摸索。心譬如水，水之體本澄湛，

〔註254〕前揭書，頁729。
〔註255〕明末劉蕺山拈愼獨之教，對《大學》亦頗有發明，但畢竟因時代所圈，在有
　　　　明一代，其影響力難與朱、王比肩。
　　　　馮達文先生認爲朱子對《大學》的解釋，乃是「以形式化、知識化爲入路，
　　　　相當於湯一介先生所說的『辨析名理』的做法。陽明的解釋，以信仰、踐行
　　　　性爲入路，較近於黃俊傑先生所說的『主客交融』的做法。」見氏著：〈從朱
　　　　子與陽明之《大學疏解》看中國的詮釋學〉，收於黃俊傑編：《中日《四書》
　　　　詮釋傳統初探（下）》（臺北：國立臺灣大學出版中心，2004年），頁341。
　　　　劉又銘先生則將宋明清三代學者對《大學》的詮釋進路分爲三個大走向：一、
　　　　以孟攝荀──朱子理本論進路下的詮釋，二、十足的孟學──王陽明心本論
　　　　進路下的詮釋，三、孟皮荀骨──明清自然氣本論者逐漸回歸〈大學〉本義
　　　　的詮釋。見氏著：〈《大學》的思想變遷〉，收於黃俊傑編：《東亞儒者的四書
　　　　詮釋》（臺北：國立臺灣大學出版中心，2005年），頁3～39。

卻爲風濤不停，故水亦搖動。必須風濤既息，然後水之體得靜。人
之無狀污穢，皆在意之不誠；必須去此，然後能正其心。」〔註256〕
朱子答門人之問，以風搖水瀁爲意，須得水不瀁（誠意），水體方得靜（正心）
來說明何以意爲心發，但卻須先誠意，而後方求正心。此說乍看雖巧，然實
非善喻。依朱子說，風爲物，水搖爲意動，水體得靜則爲心正；換言之，心
體之湛澈澄靜須待風止，此乃是期之於外，唯求物不犯己，迥非「我欲仁斯
仁至矣」的自致之功。且徒待風濤止息，方可意誠心正，則己身實無可著力
處，誠意、正心工夫如何做得去？又豈能是聖門之學？

戢山亦見及此，故直指朱子、陽明皆錯認意爲心之所發。以意爲心之所
發，則正心當在誠意之先，明與《大學》經文相悖。因此，戢山遂力倡意爲
心之存主，堅持「愼獨乃格物第一義」。〔註257〕

如前所述，意爲心之所發，意既是心的作用活動，亦擔負了意念向身的
傳達工作，就其存在範域而言，乃居心身之交，就其作用功效論之，則爲心
身之介。此一基本定義乃船山堅執者，其言曰：

意居心身之介，此不可泥經文爲次。〔註258〕
倘以《大學》所揭者爲依次升降、無可轉圜之序，則必得將心、意、身之本
質內容、作用功效乃至存在位置理解爲「意→心→身」；此種理解方式將使「意
爲心之所發」之基本定義成爲不可解之概念，故權衡輕重，船山捨小就大，
以對誠意、正心義蘊的重新詮釋來解決此一理論困難。

2. 虛靈明覺非根心本體

在胡廣所輯的《四書大全》中，收錄了朱子對「正心」之「心」的說釋：
心纏繫於物，便爲所動，所以繫於物者有三事：未來先有簡期待之
心，或事已應過又留在心下不能忘，或正應事時意有偏重，都是爲
物所繫縛，便是有這個物事，到別事來到面前應之便差了，如何心
得其正。聖人之心瑩然虛明，看事物來若大若小，四方八面，莫不
隨物隨應，此心元不曾有這物事。〔註259〕
朱子除以「瑩然虛明」、「過去不留，未來不期，當前不繫」來說明「正心」

〔註256〕《朱子語類》，卷十五，頁306。
〔註257〕劉宗周：《周子全書》（臺北：華文書局，1977年），卷十一，頁14～16。
〔註258〕《讀四書大全說》，頁416。
〔註259〕明‧胡廣編：《四書大全》（臺北：臺灣商務印書館，文淵閣四庫全書本），頁
　　　　28上。

之「心」外，尚以「心如太虛」〔註260〕、「如鑑之明，如衡之平」〔註261〕等語詞形容「湛然虛靜」之心體。這些說解自是符應朱子以「虛靈不昧，具眾理而應萬事」理解心體的思路，然對此類主張，即使尊崇朱子之船山亦萬萬不能同意：

> 用「如太虛」之說以釋明明德，則其所爭，尚隱而難見；以此言「明」，則猶老氏「虛生白」之旨，以此言「正心」，則天地懸隔，一思而即知之矣。〔註262〕

> 俗解於心、知兩字全不分曉，但云「心者身之主」，此是寬儱大帽語，直當不曾說。……有云「心是虛靈之覺體」，既是「知」不是「心」。此虛靈之心有何不正而須正之？則此心字以言「志」明矣。正其心，常持其志使一於善也。〔註263〕

如前文所述，虛靈明覺之心雖能知是知非，但畢竟非即是非，而已落入第二序義，故爲船山所不取。而以虛靈覺體爲當正之心，更是邏輯及認知上的誤謬。覺體但爲一中性的感知能力，何有可正，又如何能正？尤有甚者，以虛靈知覺之心爲當正當求之心，務求鑑明衡平，其極將入於釋老以了心、死心爲所求之心〔註264〕，使正心成爲迂玄之教〔註265〕。是故，船山直言：「則似朱子於此心字，尚未的尋落處，不如程子全無忌諱，直下『志』字之爲了當。」〔註266〕

「志」即仁義之心，乃吾人之根心本體，相對於朱子要求心體須「過去不留，未來不期，當前不繫」，儒者的持志正心恰是要「過去不忘，未來必豫，當前無絲毫放過；則雖有忿懥、恐懼、好樂、憂患，而有主者固不亂也」〔註267〕。不同於心如太虛的鑑空虛明，船山要求的持志正心乃是有主有本、操持嚴密、無有罅隙的飽滿心體。知覺靈明的極致僅爲湛然虛澈的體段，唯仁義之心方可達篤實誠明之境界。

〔註260〕同註259。
〔註261〕《四書大全》，頁28下。
〔註262〕《讀四書大全說》，頁421。
〔註263〕《四書箋解》，頁411。
〔註264〕《讀四書大全說》，頁420。
〔註265〕前揭書，頁421。
〔註266〕前揭書，頁422。
〔註267〕前揭書，頁425。

3. 正心、誠意各有工夫，殆非虛說

對船山而言，朱子以如鑑空衡平的虛靈明覺爲正心之心，將使正心工夫無實際下手處，而僅淪爲一話頭而已：

> （朱子）一則曰「聖人之心瑩然虛明」，一則曰「至虛至靜，鑑空衡平」，終於不正之緣與得正之故全無指證。……以無忿懥等爲心之本體，是「心如太虛」之說也，不可施正，而亦無待正矣。〔註268〕

朱子之正心工夫固難以指證，掌握《大學》另一主要詮釋權的陽明亦因主張「無善無惡心之體」，而使其正心工夫無可著力處。〈大學問〉及《傳習錄》中皆記載了陽明對正心工夫之理解：

> 心之本體則性也。性無不善，則心之本體本無不正也，何從而用其正之功乎？蓋心之本體本無不正，自其意念發動，而後有不正。故欲正其心者，必就其意念之所發而正之。〔註269〕

> 然至善者，心之本體也。心之本體，那有不善？如今要正心，本體上何處用得功？必就心之發動處纔可著力也。心之發動不能無不善，故須就此處著力，便是在誠意。〔註270〕

「無善無惡心之體，有善有惡意之動」，不論以至善無惡或無善無惡來詮發心體，陽明皆敏銳地發現：此心體之不可正亦不待正。正者，正其不正以歸於正也，以正心爲實功，即意謂著信不過此心，此固大違陽明之旨。是以要使正其不正之工夫在邏輯及現實操作上成爲可能，必得落在有善有惡的意念發動處方得立說。即因此故，陽明遂直以誠意工夫釋正心之旨，甚至明白指出：「工夫到誠意，始有著落處。」〔註271〕

然則，陽明之誠意工夫又竟爲何？對此，陽明嘗指點門人：

> 《大學》工夫即是明明德，明明德只是個誠意。……即爲善去惡無非是誠意的事。〔註272〕

對陽明而言，誠意工夫之所以有「著落」，乃因「爲善去惡」有極具體而明確的下手處，而非如正心一般，「本體上何處用得功」？「何從而用其正之功乎」？然而，以「爲善去惡」爲誠意之旨，此似又與四句教中的「爲善去惡是格物」

〔註268〕前揭書，頁422～423。
〔註269〕〈大學問〉，《王陽明全集》，卷二十六，頁971。
〔註270〕《語錄三》，《王陽明全集》，卷三，頁119。
〔註271〕同註270。
〔註272〕《語錄一》，《王陽明全集》，卷一，頁38。

相重。事實上，陽明的確曾將誠意與格物工夫打併齊觀：

> 格物如孟子「大人格君心」之格，是去其心之不正，以全其本體之
> 正。但意念所在，即要去其不正以全其正。〔註273〕

格物之格乃在去心之不正以全其體之正，陽明門人徐愛即曾指出：陽明格物
的「物」皆從「心」上說〔註274〕。然心體本無不正，是以去不正以全其正的
工夫必須在意念起動處方得落實。換言之，在陽明《大學》的詮釋架構中，
格物、誠意、正心其實並無差別，只是一事。是故，湛若水在〈與楊少默〉
一書中，即曾對陽明的說法提出質疑：

> 陽明格物之說謂正念頭，既與下文正心之言爲重複。〔註275〕

湛若水質疑陽明格物與正心重複，然究其實，陽明重複八條目者蓋不只格物、
正心，尚須加上誠意。朱子以正心之心爲不可正之虛覺靈明；陽明以正心之
心爲無從用功於其上的至善本體，故以誠意說正心，復以誠意同於格物之「去
其心之不正以全其正」的爲善去惡。不論朱子或陽明的訓解，皆令誠意有實，
而正心無著。是以，在朱、王的詮釋架構中，正心工夫不是話頭，就是虛說，
此乃船山無法接受者。

以執持其志爲正心，以誠灌意爲誠意，誠正各有實功，相長相養，互就
互成，此乃聖門實學，此乃船山所理解的《大學》之教。

4. 矯正情識而肆、虛玄而蕩之王學流弊

在天泉證道中，陽明拈四句教以爲宗法，王龍溪、錢緒山復各以四無、
四有請示，陽明對二子之解在不同的前提下各有所許，指出「二君之見正好
相取，不可相病。汝中須用德洪功夫，德洪須透汝中本體。二君相取爲益，
吾學更無遺念矣。」〔註276〕陽明不僅要求龍溪、德洪之說須相輔相益，更鄭
重聲明四句教之不可更易：

> 二君以後再不可更此四句宗旨。此四句中人上下無不接著。我年來

〔註273〕前揭書，頁6。

〔註274〕徐愛之語見《王陽明全集》，卷一，頁6。另，關於陽明格物與格心之關聯性，
可參閱陳來：《有無之境──王陽明哲學的精神》（北京：人民出版社，1991
年），頁131～135。

〔註275〕陳來先生指出：「湛若水強調王守仁的格物說是以格物爲「正念頭」，並指出
這個說法有兩點困難，一是把格物說成正念頭就和《大學》本有的「正心」
條目相重複，二是把學問完全轉向內心，就把儒學傳統中「學」「問」的一面
完全抹殺了。」見氏著：《宋明理學》，頁252。

〔註276〕〈年譜〉丁亥條，《王陽明全集》，卷三十五，頁1306。

> 立教，亦更幾番，今始立此四句。人心自有知識以來，已爲習俗所
> 染，今不教他在良知上實用爲善去惡功夫，只去懸空想個本體，一
> 切事爲，俱不著實。此病痛不是小小，不可不早說破。〔註277〕

由此可見，陽明雖贊同錢、王二子之說確各有所得，但這些說法只能是條件式的命題，只可在一定前提下成立；換言之，只彰顯出眞理的部分面向，而非聖學之全。故陽明在稱許二子之後，方再力陳「二君以後再不可更此四句宗旨」，更洞燭了若任由龍溪四無之學一路說下去，將使末流「懸空想個本體」，「此病痛不是小小」。

可惜的是，陽明雖強調工夫與本體並重，且已預見過度強調致求良知本體之流弊，但仍以「頓悟」及「漸悟」之說來調和四無及四有之歧異，並以「頓悟」爲上根之人所設，「漸悟」爲中根以下之人入道之方〔註278〕。此外，當道德修爲顯未臻義精仁熟之門人宣稱「見滿街都是聖人」時，陽明非但未制止其說之弊，甚且以「你看滿街是聖人，滿街人倒看你是聖人在」、「此亦常事耳，何足爲異」之回應變相地鼓勵此虛談妄見。〔註279〕

因此，儘管陽明與主張「良知當下具足圓成」之龍溪皆未落下工夫不講，且皆曾指出懸空虛談本體之弊〔註280〕，然人之情固多好以上根人自尙，況頓悟工夫「易簡」，不須防檢，不勞窮索；再加上強調現成自在、不思不學、直心任意的王艮大力鼓倡「樂夫天然率性之妙，當處受用」之樂學思想〔註281〕，玩弄光影、蹈襲形似之言以成其無忌憚之私的狂僞浮薄者遂盛極一時，其末流衰弊所及，嗜欲、情識與良知夾雜而一，哺乳嚼粒之天性即等同陰陽運化之大德，只要盡了庶人之賤，即已明明德於天下。至此，乃非人人皆可爲堯舜，而是人人皆已爲堯舜，果眞滿街盡是聖人矣。《明儒學案》中嘗記載了李

〔註277〕前揭書，頁1307。

〔註278〕〈天泉證道記〉中載陽明之言曰：「吾教原有兩種：上根之人悟得無善無惡心體，便從無處立基，意、知與物皆從無生，一了百當，即本體即工夫，頓悟之學也。中根以下，未悟本體，未免在有處立基，意、知與物皆從有生，隨處對治，使人漸漸入悟，從有歸無，還復本體。」

〔註279〕《語錄三》，《王陽明全集》，卷三，頁116，陽明門人王汝止及董蘿石皆曾以「見滿街是聖人」告陽明。

〔註280〕陽明說已見前引。王龍溪亦曾表示：「學者舉心動念無非欲根，而往往假托現成良知，騰播無動無靜之說，以成其放逸無忌憚之私。」見〈松原晤語〉，《王龍溪全集》（臺北：華文出版社，1970年），卷二，頁193。

〔註281〕王艮曾作〈樂學歌〉，見《明儒學案‧泰州學案》，《黃宗羲全集》第七冊，頁839～840。

贄之學的興盛原因：

> 劉元卿問於先生曰：「何近從卓吾者之多也？」曰：「人心誰不欲爲
> 聖賢？顧無奈聖賢礙手耳。今渠謂酒色財氣一切不礙菩提路，有此
> 便宜事，誰不從之？」〔註282〕

中晚明社會風尚之妄僞浮薄及狂禪之風的瀰漫，或許不能完全歸咎於陽明及
其門人〔註283〕，然船山對此流弊實深惡痛絕，其所以推尊朱子，貶斥陸、王，
實肇起於對陸、王在工夫論述上未盡昭顯，且過於側重直取當下爲本體的不
滿：

> 陸、王亂禪，只在此處，而屈孟子不學不慮之說以附會己見，其實
> 則佛氏呴呴嘔嘔之大慈大悲而已。聖賢之道，理一分殊，斷不以乳
> 媼推乾就溼、哺乳嚼粒之恩爲天地之大德。故朱子預防其弊，言識
> 言推，顯出家國殊等來。〔註284〕

近世學者錢穆先生對王學流弊亦甚爲反感，嘗下筆譏諷：

> 宋明理學講到王守仁門人，實已發揮得最易簡、最切近，義無餘蘊
> 了。……也把古聖人古經典地位，都讓世間愚夫愚婦日常心情代替
> 盡了。〔註285〕

錢賓四先生文中所言將儒學發揮得「易簡篤實到極處」的陽明門人，蓋指羅
汝芳〔註286〕。王學分化後的本體、工夫之辨，主導了中晚明的學術論爭，乃
至社會風尚〔註287〕。李卓吾或許算不得王學門人，然鄒穎泉對李贄擁護者的
心理分析，也恰適地反映出王學末流之所以襲捲人心之因。船山強調正心、
誠意各有實功，此除爲學者指陳具確可行之下手工夫外，更說明了持志養
氣、以誠灌意乃是一苟日新、日日新、又日新的剛健不息之業。性日生而無

〔註282〕《明儒學案·江右王門學案·穎泉先生語錄》，《黃宗羲全集》第七冊，頁396。
〔註283〕唐君毅：《中國哲學原論·原教》，頁442：「王學之滿天下，而流弊亦隨之以
　　　　起。然必溯其弊之源於陽明，固未必是；溯其弊之源於王門諸子，亦未必是。
　　　　大率天下之學術，既成風氣，則不免于人之僞襲而無不弊，不只王學爲然。」
〔註284〕《讀四書大全說》，頁431。
〔註285〕錢穆：《宋明理學概述》（臺北：臺灣學生書局，1984年），頁367～368。
〔註286〕前揭書，頁366。牟宗三先生亦指出：「順王龍溪之風格，可誤引至『虛玄而
　　　　蕩』，順羅近溪之風格（嚴格言之，當說順泰州派之風格），可誤引至『情識
　　　　而肆』。」見氏著：《從陸象山到劉蕺山》（臺北：臺灣學生書局，1984年），
　　　　頁297～298。
〔註287〕參見陳來《有無之境——王陽明哲學的精神》，頁336。

究竟〔註288〕，人固有不學不慮之良知良能，然此良知良能及初生所受之性仍須透過無盡的進德工夫方得日漸朗現其「質」、挹注其「量」，終至耳順踐形之全體大用。所謂的具足及現成不僅是虛妄狂誕，甚且意謂著生命的凝滯、僵止與壞死。

對船山而言，人道之尊嚴並不建立在天命於人的道德根據或良知，而在於透過自強不息的紮實工夫，令此道德本體的瑩亮透明得以完全開顯，令此道德本體的作用活動得以充分實現。正心誠意、修齊治平即在開展實現吾心之道德本體，捨此無所謂學，捨此無以入聖人之門。

5. 闡揚立體達用的大學之教：誠意非修身進德之玉鑰匙

如前所述，陽明認為「《大學》之要，誠意而已矣」，並以「為善去惡」釋誠意之旨，復指出中根以下之人的下手工夫須「教在意念上實落為善去惡」〔註289〕。朱子《集註》釋誠意，除以「實其心之所發」說明其蘊外，復以「務決去而求必得之」以闡明其內涵。然「務決去而求必得之」之訓實無別於陽明「為善去惡」之意，而同為船山所不取；唯船山敬重朱子之篤學，特為朱子開解：

> 《章句》為初學者陷溺已深，尋不著誠意線路，開此一法門，且教
> 他有入處，……非扣緊著好惡末流以力用其誠也。〔註290〕

意為心之所發，乃好惡之末流，非學者正本清源之致力處。射人先射馬，擒賊先擒王，欲使意皆中節，則莫如凝志居德、固本立心，「此心既立，則一觸即知，效用無窮，百為千意而不迷其所持」〔註291〕，此方為立體達用之教。船山即因對立體達用的堅決信仰，而不惜冒著與《大學》次序相違的危險，力斥以意為施力點之謬誤：

> 「欲修其身者先正其心」，聖學提綱之要也。「勿求于心」，告子迷惑
> 之本也。不求之心，但求之意，後世學者之通病，蓋釋氏之說暗中
> 之，以七識為生死妄本。七識者，心也，此本一廢，則無君無父，
> 皆所不忌。嗚呼！舍心不講，以誠意為玉鑰匙，危矣哉！〔註292〕

心包含極大，有人心、道心之判，並雙涵靈明之心與仁義之心。人心惟危，

〔註288〕詳見本書第四章第一節。
〔註289〕《語錄三》，《王陽明全集》，卷三，頁 117。
〔註290〕《讀四書大全說》，頁 414。
〔註291〕《讀四書大全說》，頁 401。
〔註292〕《思問錄》，頁 412。

道心惟微，常人只見人心，不察道心，告子惑之，故言「勿求于心」；釋氏迷之，故以心爲妄本。學者或不能免此，故只在人心上鑽研，然所見者其實僅爲顯知易察的浮動意念耳。見者非所當見，則治者亦非所當治也。

不知以正心爲本，不能求放失之仁義根心，不解凝持正大嚴實的道德意志，而徒著力於遊移無定的浮動意念，以防閑爲進德修業的玉鑰匙，遂只能以疲於奔命的四處圍剿爲其生命圖象，或以玉石俱焚的方式斬絕所有的意念，而令生命失去活潑的生機與動能。船山曾對此情形發出憂心之嘆：

> 求放心則全體立而大用行；若求放意，則迫束危殆，及其至也，逃于虛寂而已。〔註293〕

「全體立而大用行」乃是船山重新梳理《大學》工夫次序的主要原因。然則，船山當如何面對《大學》經文之次序安排？對此理論糾纏，船山頗費力梳解，既要不違《大學》之教，又要圓合於自身之學說體系，在闡論說明上的確費了一周折工夫。經整理爬梳，船山解決此理論困難之詮釋方式可歸納爲三個主要方向：

第一，船山透過對《大學》經文「自欺」、「自謙」的重新詮釋，再以經證經，以佐助己說的合理性：

> 愚請破從來之所未破，而直就《經》以釋之曰：所謂「自」者，心也，欲修身者所正之心也。……藉云戒欺求謙，則亦資以正其心，而非以誠其意。……以心之不可欺而期於謙，則不得不誠其意，以使此心終始一致、正變一揆，而無不慊於其正也。即《中庸》所謂「無惡於志」。……夫唯能知《傳》文所謂「自」者，則大義貫通，而可免於妄矣。故亟爲顯之如此，以補先儒之未及。〔註294〕

「破從來所未破」、「補先儒所未及」云云，則船山固知己說乃孤明獨發，前無古人者。

前已說明船山以《大學》「自欺」、「自謙」爲「意欺心」、「意謙心」，此處船山更進一步指出「自」字即「心」，且將此「心」鎖焦於「正心」之心，亦即根心、本心、道心，也就是君子執持據中之「志」。以「自」爲「心」，不論就何宗何派而言，即使對「心」的詮說內容不一，此說皆有可立足之處。船山先定義「自」之義，故而順理成章地以「自欺」爲「意欺心」，以「自謙」

〔註293〕前揭書，頁413。
〔註294〕《讀四書大全說》，頁415～416。

爲「意謙心」；並由《大學》第六章「所謂誠其意者，毋自欺也；如惡惡臭，如好好色，此之謂自謙」之經文回頭證明誠意即意不能欺壓、凌奪其心，亦即意慊足其心。換言之，船山之新說乃以循環論證的方式獲得《大學》經文的保證。

誠意即意謙心，而不令意欺心；故究其實，戒欺求謙之主體及止點實在心而不在意。爲滿足心戒欺求謙的要求，須令意不乘權凌奪，須令意之萌發皆快足於心之素志，故「不得不誠其意」；此即《大學》「欲正其心者先誠其意」之意。船山以此論析角度順適地溝合了《大學》經文與自身以正心爲誠意的理論架構。

另一方面，誠意工夫乃是以所正之心、已持之志將誠善灌注於意中，故一言誠意，正心已自在中，一道誠意，正心工夫已在言外；正心既是誠意工夫，亦可爲誠意本體。故船山又明言：

> 今看此書，須高著眼，籠著一章作一句讀，然後知正心工夫之在言外，而不牽文害義。……凡不能正其心者，一有所忿懥、恐懼、好樂、憂患，則不得其正矣，意不動尚無敗露，意一動則心之不正者遂現。唯其心之不在也。持之不定，則不在意發處作主。〔註295〕

《大學》文字固如是，但切不可牽文害理，應避免拘泥文詞而違乖大義，方爲善解者。

第二，船山以心、意互爲體用之理論模式瓦解《大學》誠意正心之次序，並重新說明其先後之旨。其詞曰：

> 不知《大學》工夫次第，固云「欲正其心者先誠其意」，然煞認此作先後，則又不得。……況心之與意，動之與靜，相爲體用，而無分於主輔，……故欲正其心者必誠其意，而心苟不正，則其害亦必達於意，而無所施其誠。〔註296〕

著眼於心爲靜存之素志，則意爲心之作用活動，此理乃眾所習聞。然當意念一純乎誠，此時之意念已非浮動意念，而乃有實有本之道德意識，不待物萌，不因事有，而恒處胸臆，此種道德意識實已與道德意志重合而爲一。值此之時，若針對心可有知覺運動之面向而言，則亦可說意爲體，心爲用；因道德意識而起知覺運動之用，因知覺運動而得實現此道德意識，知覺運動與道德

〔註295〕前揭書，頁422。
〔註296〕前揭書，頁423。

意識互相完備、互相顯發；道德意識以知覺運動爲運動質料，知覺運動以道德意識爲活動原則；此即體以致用，用以備體，體用相因相拓，用者用其體之意。人心與浮動意念之互爲體用亦可由此類推得意。

　　正因心與意互爲體用，故因心之正而可有意之誠，由意之誠而可致心之正；心與意是存有的相爲體用，誠意與正心是工夫的相爲體用，意誠及心正則是境界的相爲體用。既是相爲體用，則正心、誠意更不分主輔、無有先後，互可爲本體，亦互可爲工夫。是以船山方言「欲正其心者必誠其意」，此以誠意爲體，正心爲用；又說「心苟不正，則其害必達於意，而無所施其誠」，此則以正心爲體，誠意爲用。

　　然不論是正心爲體或誠意爲體，皆須謹記船山之誠意非擇意、嚴意，乃是誠對意的灌注。船山此種說解立場除在校正前儒以擇意防閑爲玉鑰匙之大病外，更有突顯本體，張大立體達用之教的強烈動機。

　　透過以誠意、正心互爲體用的理論建構，船山既深刻地說明了心、意的本體連繫與正心、誠意間的作用依存，更巧妙地化解《大學》工夫次第對自身學說架構所造成的可能糾纏，成功地將《大學》誠意、正心的工夫次序轉化爲單純的書寫次序，從而使誠意即正心工夫、正心即誠意手段，意誠即心正境界、心正即意誠氣象的詮釋觀點得以在不悖《大學》經文的前提下獲得成立。

　　第三，船山以分判工夫次序及開顯次序之觀察視野重新定義《大學》次第。船山說：

> 凡忿懥、恐懼、好樂、憂患，皆意也。不能正其心，意一發而即向於邪，以成乎身之不修，故愚謂意居身心之交。……則以心之與意，互相爲因，互相爲用，互相爲功，互相爲效，可云緣誠而正而修，不可云自意而心而身也。心之爲功過於身者，必以意爲之傳送。〔註297〕

由心而意而身，乃是心念由萌發至具現的開顯歷程，即使《大學》以誠意、正心、修身爲序，亦不可將心意之顯發及完成過程倒錯爲由意而心而身，此種錯置乃是對生理及心理事實的雙重誤認。《大學》誠意、正心、修身雖爲工夫語，但眞正的工夫非落在「意」、「心」、「身」，而是在「誠」、「正」、「修」；因此不可將「誠→正→修」之「工夫次序」直接理解爲「意→心→身」的「顯

〔註297〕前揭書，頁423～424。

發次序」。更何況純就工夫而言，雖勉強可說是由誠而正而修，然心、意互為體用，故誠、正亦得為工夫、作用上的互為體用，因此既可云由誠而正而修，亦可言由正而誠而修，萬不可泥經文以為次。此中關係亦非孤例，船山曾表示：「修身、齊家相因」〔註298〕，則是修身、齊家工夫亦是相為體用。

循此思路，船山進一步為《大學》八條目進行整理：

> 八條目自天下至心，是步步向內說。自心而意而知而物，是步步向
> 外說。〔註299〕

船山此釋可謂別具隻眼。自平天下至正心，乃是成德功夫的步步向下履踐，層層向內收攝，縝密詳謹，精實嚴細；自心而意而知而物，則是德性開顯的層層向上拓射，步步向外發散，光輝燦爛，表裡昭融。內外澄澈，心、物俱無所遺，工夫、境界各有其位，真真大學之教也。而在內外交關處，「心」實居樞紐地位，既是工夫的歸結點，亦是德性的發散點，此船山所以以「心學」言聖門之學也。

船山以工夫次序及開顯次序分判八條目之內容及意旨，再度擴充了《大學》的思想蘊涵，亦增加了《大學》的詮解向度，使《大學》顯現出新的哲學光芒。

此外，船山將「誠、意」，「正、心」等概念加以離析，以誠、正為工夫，心、意、知、物為開顯次序，既保障了誠意與正心的工夫意涵，復不令工夫意涵波及「心→意→身」或「心→意→知→物」的開顯順序及心理活動歷程，從而保全了船山對心理活動的認知、詮釋與定義，也維持了船山學術體系的一致性與圓融度。

船山重言心，對心體的全面檢索、精密洞識及清晰分辨或竟可為中國儒者之最。在其清明燭照下，心體之「可考、可擇、為主、為輔之分以明」〔註300〕，學者倘及此，自不患聖功之無門。船山曰：

> 凡為言而思以易天下者，皆以心為宗。從其末而起用者，治心也；
> 從其本而立體者，見心也。見非所見，則治非所治矣。〔註301〕

擇意、嚴意者乃「從其末而起用者」，由於其不見根心本體，只察得浮動飄盪之人心，故所對治者亦只此人心，更不能想見仁義充滿時之心體。知誠意即

〔註298〕前揭書，頁 425。
〔註299〕前揭書，頁 424。
〔註300〕前揭書，頁 1090。
〔註301〕《尚書引義》，頁 259。

正心持志者，乃是「從其本而立體者」，知所當從，明所應立，則心可盡其才以養性，意亦可一遂其素而無惡，此即立體達用的《大學》之教。

第四節　一切皆是嗜欲

　　尊信「性善」說的理學家皆相信性乃天理之在人者，因此盡性即意謂著向天道的回歸；復因理學家相信天命萬物，人獨爲靈，故存理即立人道之極的表現。而在存理的過程中，哲人發現欲望對存理的嚴重干擾，因而嚴別理欲，探討如何存理去欲以立人道合天道，遂成爲宋明儒學最重要的關注點之一。

　　船山繼承此思想軌跡，對理欲問題著力甚深，亦頗有所得，以下次第討論之。

一、體用相仇？存理去欲的然與不然

（一）私欲與公欲

　　船山曾以兩個似乎截然相反的論述來表達聖人所達到的境界：

> 聖人無欲，不待盡心以揀乎理欲之界。賢人過欲以存理者也，而過欲必始於晰欲，故務盡心。〔註302〕

> 聖人有欲，其欲即天之理。〔註303〕

聖人無欲，故不待存理去欲之揀擇工夫；縱使聖人有欲，亦是合於天理之欲，且其欲即是天理。常人固不能如此，即便賢人亦不免理欲交戰，而須過欲存理，以盡心知性。

　　在此，可發現船山使用欲字實至少有二不同意涵。一者爲未合天理之人欲，爲存理之寇讎，亦是存天理所必去者；一者爲合理之欲，即聖人亦不能無之欲。更精準的說法，與天理相對壘之欲爲「人欲之私」，亦即「私欲」，乃凡人所不免；而合理之欲不與「性」離畔，故亦聖人所不得無。船山進一步論述此意曰：

> 「不思而得，不勉而中」，人皆有其一端。……特在中人以下，則爲忮害貪昧之所雜，而違天者多矣。乃其藉擇執之功，已千己百而後

〔註302〕《讀四書大全說》，頁542。
〔註303〕前揭書，頁639。

> 得者，必於私欲之發，力相遏閼，使之出而無所施於外，入而無所
> 藏於中，如此迫切用功，方與道中。若聖人，則人之所不學慮而知
> 能者，既咸備而無雜，於以擇執，亦無勞其理欲交戰之功，則從容
> 而中道矣。〔註304〕

「理欲交戰」為凡人之常，須迫切用功、與道合貫後，方得如聖人般從容。雖然人各有「不思而得，不勉而中」之一端，但不能免「忮害貪昧」之漸習雜染，故成「私欲」。私欲是存理去欲工夫中所要摒除、對治的唯一對象，而非所有的欲望皆是罪無可逭，而必趕盡殺絕者。私欲亦即「克己復禮」之「己」，船山闡發此義曰：

> 謂私欲曰「己」，須是自己心意上發出不好底來。……中之有主，則
> 己私固不自根本上有原有委的生發將來；然此耳目口體之或與非禮
> 相取者，亦終非其心之所不欲，則以私欲離乎心君而因緣於形氣者，
> 雖無根而猶為浮動。夫苟為形氣之所類附，則亦不可不謂之己
> 矣。……聖賢純全天德，豈云內之以禮制心者，其事繇己；外之因
> 應交物者，其事不繇己乎？〔註305〕

喜怒哀樂愛惡欲皆情，則「欲」原亦情之一端也。七情之中，儒釋道皆對「欲」投以最多的關注與討論，實因欲的顯相能力最強，影響層面最大，於七情的結構中亦具有最根本的地位，我們甚至可以說，欲望是產生人類一切情感的根源。船山即曾指出「情之始有者，則甘食悅色；到後來蕃變流轉，則有喜怒哀樂之種種者」；「甘食悅色」即是最基本而原初的欲望。

　　「理自性生，欲以形開」〔註306〕，欲望即是耳目口體的攻取之性，與耳目相關生。既為性，則原非可去而惡者，倘起於明德之性，自是合理之欲。唯欲亦如情一般，可為善可為不善，其德在功罪之間。物原無不善，但當物之來幾與耳目口體之往幾不當相取，則所生之欲即有不善而為私欲；此時之欲非由根心道心所發，而乃離心君而徇物自為，故船山言其「無根」，無根者即非真己。

　　雖然私欲非根心所有而無根，但私欲之起畢竟因緣於形氣，且由形氣以顯以成；而形氣又與我為體，正是形氣及氣質中之性使我之所以為我，故終

〔註304〕前揭書，頁532。
〔註305〕前揭書，頁771。
〔註306〕《周易外傳》，頁837。

不可謂無根之性為外而非己。更何況聖賢責己不責物,私欲既是從私心私意發生,又豈可卸責謂事不關己?唯克己復禮,去私欲存天理而已。

與「私欲」相對,遂有「公欲」之名,而「天理」即為其內容:

> 廓然見萬物之公欲,而即為萬物之公理。〔註307〕

> 天下之公欲,即理也;人人之獨得,即公也。〔註308〕

「公」為船山學中極重要的概念,而最重要的判準即在於「非私」〔註309〕與「天理流行」。「私欲淨盡,天理流行,則公矣」〔註310〕,公非只去私欲而已,尚須天理充滿,方得為公,由天理充滿之心所起動之欲亦方可稱之為公欲。

公欲之意旨似淺而難辨,故時為人所誤認:

> 所欲與聚,所惡勿施。然匹夫匹婦,欲速見小,習氣所流,類于公好公惡而非其實,……是故有公理,無公欲;公欲者,習氣之妄也。
>
> 〔註311〕

「公」者,非「出於眾人者」之謂,非眾之所好即公好,眾之所惡即公惡。人不能皆聖,既不能皆聖,則不能免於私心私意私欲,亦不能免於貪昧忮害、好逸惡勞等習氣漸染;故雖是眾所好惡者,然究其實,內容常只是「眾人之私」,民主制度的多數決在此絕對無法作為道德及價值的保障。以是之故,孔子方有「眾惡之,必察焉;眾好之,必察焉」的主張。

對此貌公而實私之「公欲」,船山直接以「習氣」點明其本質,以明其乃甘食悅色之蕃轉移變所產生的末流,與由性中之天理所發生的公欲別若天壤。是以言「公欲」,不若繫之以「公理」較為無弊;沒有公理灌注之公欲,實為「習氣之妄」而已。

（二）人欲淨盡未必天理流行

「不是天理,便是人欲」的嚴正判別普遍地存在於明代中期以前的理學界,不論程朱或陸王,均嚴守理欲之判;此壁立萬仞的嚴判不只形成理學重

〔註307〕《讀四書大全說》,頁911。

〔註308〕《正蒙注》,頁191。

〔註309〕除「非私」之外,人人皆得備者亦「公」的重要表現形式。如釋氏及陰陽術數以聰明才辯而建立之部份思想,說雖巧而無可供眾人之耳目所微驗者,亦為私而非公,船山稱之為「私智」,見本書第一章第七節。又,關於船山的公私概念另可參張立文:《正學與開新——王船山哲學思想》,頁360~365、386~389。

〔註310〕《思問錄》,頁406。

〔註311〕前揭書,頁428。

要的發展線索，也在相當程度上影響著後世的思維方式及價值審斷。嚴擇天理、人欲，亦船山所極重視與強調者，存理去欲亦船山時時提點學者之處。或即因此，船山體察到天理、人欲並不是前儒所以爲的非此即彼：

> 非禮而視聽，非禮而言動，未便是人欲，故朱子曰：「自是而流，則爲人欲」。……瞥然視，泛然聽，率爾一言，偶爾一動，此豈先有不正之心以必爲此哉？然因視聽而引吾耳目，因言動而失吾樞機，則己私遂因以成，而爲禮之蠹矣。〔註312〕

《船山全書》中，凡與天理對治之「人欲」，其意實爲「人欲之私」，亦即「私欲」；船山意甚明，但用詞未細分。

相對於程子嚴正地指出「非禮處便是私意」〔註313〕，船山則表示非禮處未必即是私意私欲。船山十分務實地看到人或有無意間視聽非禮之情形，此時既是無意撞見，耳目無可躲閃，可謂只有「行爲」，而無「動機」，亦即此非禮之視聽言動乃不發自於心意；既不發自於心意，當然不成爲私欲。倘若在發現非禮後即結束視聽，則適才之視聽雖非禮，然仍不致悖禮失德，淪爲私意私欲。但若因此無意之視聽而陷溺耳目，不知自反，則成悖禮之言行，乃墮人欲之私，故爲仁禮之蠹。船山以此角度詮釋朱子「自是而流，則爲人欲」之語，並爲「非禮」與「私欲」之間劃出合理而如實的空間，也從中展現出船山細密的思考與從容溫厚的觀照。

除了注意到不是天理非即人欲外，船山也發現人欲淨盡處，未必即天理流行時：

> 人自有人欲不侵而天理不存之時。在爲學者，撤除得人欲潔淨，而志不定、氣不充，理便不恒。境當前，則因事見理；境未當前，天理便不相依住。即在未學者，天理了不相依，而私智俗緣未起之時，亦自有清清楚楚底時候。在此際，教他設法去取富貴、舍貧賤，亦非所樂爲。此其可謂之君子乎？可謂之仁乎？〔註314〕

就未學者而言，雖因未學而不知天理，未能存理，但亦不可能心心念念皆私欲，猶如「既飽則不欲食矣，睡足則不欲寢矣」〔註315〕，豈能時時刻刻私欲

〔註312〕《讀四書大全說》，頁770。
〔註313〕《論語集註・「克己復禮」章》，《四書集註》，頁77。
〔註314〕《讀四書大全說》，頁627。
〔註315〕前揭書，頁674。

盈心？當未學者未感於外物且平旦之氣發生時，亦可有剎時的清楚明白；然豈能因此剎時之清明、偶見之無私，而遽許其為存理之君子？無終食之間違仁固甚難，而若以日月一至之去欲為存理之明證，則眞滿街是聖人，君子直可「車載斗量而不可勝紀」。〔註316〕

而就為學者而言，即使迫切用功，將人欲之私摒去得無纖毫之遺，亦不能保證此時即是性體朗現，天理充滿。私欲淨盡後，倘無主於中，則所留下的仍只是一片空闊浮盪的虛茫，並不能帶來飽滿豐盈的生命感與實在感。私欲淨盡只是為天理的流現及灌注提供較大的可能，而非絕對的保障。故船山又說：

> 天理未復，但淨人欲，則且有空虛寂滅之一境，以為其息肩之棲託矣。〔註317〕

「存理去欲」之眞諦原以存理為終極，然只去欲而不知存理，則去欲所得只一空虛寂滅，而非至誠充滿。存理去欲雖為一範疇及哲學成詞，但船山深刻地指陳去欲非即存理，私欲之摒不意謂天理之存，去欲不必然通向存理，去欲只是存理的階段工程。釋氏「斷煩惱」，老子「不見可欲」，見識皆未透徹究竟，「異端所尚，只掙到人欲淨處」〔註318〕：

> 過欲有兩層，都未到存理分上。其一，事境當前，卻立著個取捨之分，一力壓住，則雖有欲富貴、惡貧賤之心，也按捺不發。其於取捨之分，也是大綱曉得，硬地執認，此釋氏所謂「折服現行煩惱」也。其一，則一向欲惡上情染得輕，又向那高明透脫上走，便此心得以恒虛，而於富貴之樂、貧賤之苦未交心目之時，空空洞洞著，……則釋氏所謂「自性煩惱永斷無餘」也。〔註319〕

學者及釋氏去欲的方式有二：先是強行壓抑，按捺不發，此為「折服現行煩惱」；然強行抑遏終非究竟，故繼之以一念不起、一念不生，以封閉知覺感官的方式令「自性煩惱永斷無餘」。後者的路數通向一萬事不著之境，嗒然窅然，船山雖不否認其具有「高明透脫」之層次，但「空空洞洞」的無主飄盪，終究與聖學的誠明飽滿、天理充周分途。「欲盡處，理尚不得流行」〔註320〕之卓

〔註316〕同註315。
〔註317〕《讀四書大全說》，頁763。
〔註318〕前揭書，頁674。
〔註319〕前揭書，頁628。
〔註320〕前揭書，頁799。

識，異端實不能見。是故船山又指出：

> 《註》言「無私欲而有其德」，究在「有其德」三字上顯出聖學，而非「煩惱斷盡即是菩提」之謂。〔註321〕

《註》者，朱子《四書集註》也。煩惱斷盡或許已沒有由欲望所帶來的煩惱，但不等於能因此得到幸福與快樂。無私欲亦不意謂即「有其德」，有其德者，即中心天理盈貫，有實有主，有存有發，可居可行，體用俱在。

既然去欲不能抵達存理之境，那當如何是好呢？針對此問題，船山提出具體的致力方向：

> 聖學……雖以奉當然之理壓住欲惡、按捺不發者為未至，卻不恃欲惡之情輕，走那高明透脫一路。到底只奉此當然之理以為依，而但繇淺向深、繇偏向全、繇生向熟，繇有事之擇執向無事之精一上做去，則心純乎天理，而擇夫富貴貧賤者，精義入神，應乎富貴貧賤者，敦仁守土。繇此大用以顯，便是天秩天敘。〔註322〕

船山在此表明：存理不只是目的，亦是工夫。學者須先強恕而行，克盡擇執之功，繇淺而深、繇生而熟，持志正心，集義養氣，自困勉而生安，終至義精仁熟，全體大用。當「心純乎天理」，無一絲一毫之雜染，誠明飽滿，此即天秩天敘。對船山而言，「純乎天理」乃聖學之極致，亦是聖學與異端最顯著的辨識手勢。故船山又說：「蓋己私已淨，但不墮教空去，則天理之發見，自不容已」〔註323〕。去人欲而未有其理，墮空蹈虛即其歸宿；只要不墮向那「高明透脫」一路，終有見得天理之時。

雖然以理遏欲為未至，但船山指出去欲仍是不可或缺的必要工夫。至於去欲與存理該如何兩面進逼，詳見以下的討論。

（三）存理與去欲

存理與去欲為復存天理的兩面進逼工夫，其著力點與下手處各自有別：

> 遏欲之功在辨，存理之功在思。〔註324〕

存理在思，即靜存之義；遏欲在辨，即所謂動察之旨。動察除有不愧屋漏的慎獨義外，亦以辨明公欲、私欲為要務。

〔註321〕前揭書，頁673。
〔註322〕前揭書，頁628。
〔註323〕前揭書，頁715。
〔註324〕前揭書，頁853。

　　然則，當如何辨明何爲公欲，何爲私欲？如何確定那些欲望是合理的，那些欲望是非理的？其間之判準爲何？由誰而定？船山說：

> 必將天所授我耳目心思之則復將轉來，一些也不虧欠在，斯有一現成具足之天理昭然不昧於吾心，以統眾理而應萬事。若其與此不合者，便是非禮，便可判斷作「己」，而無疑於克，故曰「非禮勿視」云云。〔註325〕

判斷公私誠僞之權衡即性中所有之天理，亦即天理之在於人者。倘天理具足於心，昭然不昧，如此則物來順應，公私自知，誠僞自別。然在天理未周之前，心中有欠而不能無疑，此時須以學釋疑〔註326〕，以禮爲依；待天理日熟，性體日朗，自然於人欲有判別之功。要言之，於義精仁熟之前，固「不辨之己而辨之禮」〔註327〕，此即孔子以「四勿」提點顏回之意。

　　對於存理去欲的工夫次第，船山指出須因人而異：

> 知、仁以存天理，勇以過人欲。欲重者，則先勝人欲而後能存理，如以干戈致太平而後文教可修。若聖者，所性之德已足，於人欲未嘗深染，雖有少須克勝處，亦不以之爲先務，止存養得知、仁底天德完全充滿，而欲自屏除。〔註328〕

未見聖德之欲重者須先去欲，方能存理；而已見得天理之欲輕者，則重在存養充足，欲自摒除。但一般而言，仍是以存養爲主要進路：

> 以體言之，則有所復也，而乃以克所克；克所克矣，而尤必復所復。以用言之，則其所不當行者不行，尤必其所當行者行之也。蓋必使吾心之仁泛應曲當於天下而無所滯，天下事物之理秩然咸有天則於靜存之中而無所缺，然後仁之全體大用以賅存焉。故存養與省察交修，而存養爲主。〔註329〕

船山在此藉由「克己復禮」闡論「存理去欲」，復禮即存理，克己即去欲。由於去欲未必能達成存理的目的，且透過存養可幫助動察在揀擇時的判斷能力，因

〔註325〕前揭書，頁 765。
〔註326〕《正蒙注》，頁 147：「多聞而擇，多見而識，乃以啓發其心思而會歸於一，又非徒恃存神而置格物窮理之學也。」「學」，簡言之，即窮理致知。此議題非本書討論重點，爲免影響敘述脈絡，另俟他日專論。
〔註327〕《讀四書大全說》，頁 799。
〔註328〕前揭書，頁 492。
〔註329〕前揭書，頁 798～799。

此必欲析辨存養與省察之重要性，終是以存養為主。雖然如此，存養、省察一如克己、復禮，乃是存在著互相長養、互相充拓的相備相成關係。克己、復禮實相為體用，由復禮而得克所克，因克己而能復所復，是以船山又說：

> 克己後更須復禮，……復禮後更須克己，此與存養、省察一例，時無先後，功無粗細，只要相扶相長，到天理純全地位去。〔註330〕

去欲雖非存理之保證，雖則欲盡處，理尚不得流行，但省察揀擇之功仍不可廢，不可徒以存養為話柄，遂廢動察之工夫；須得兩面進逼，互相交發，方得彰顯性之全體大用，到天理純全地位。

二、體者所以用，用者用其體：欲望的本質與幸福的止點

（一）一切皆是嗜欲

船山在〈與幼重姪書〉中曾說道：

> 莊子曰：「其嗜欲深者，其天機淺」，一切皆是嗜欲，非但聲色臭味也。〔註331〕

一般人皆將嗜欲定義為聲色臭味，但船山以其敏銳的察識力及圓融的觀照指出：「一切皆是嗜欲」。何以一切皆是嗜欲？又要如何解釋一切皆是嗜欲？船山說：

> 凡聲色、貨利、權勢、事功之可欲而我欲之者，皆謂之欲。〔註332〕

飲食男女、權勢貨利姑且不須說，成己成物之願亦何莫非欲？「己欲立而立人，己欲達而達人」，「欲」字顯明俱在；好古敏求、求仁得仁又焉非中心欲求？發憤忘食、樂以忘憂，學之不倦、誨人不倦，安老懷少、從周之志更是聖人心中最深的渴望。是以一切皆是嗜欲，聖盜賢愚皆不能無欲，無欲乃是廢然之靜，為空洞滅止之槁木死灰而已。是以船山又說：

> 禮雖為天理之節文，而必寓於人欲以見。飲食，貨；男女，色。雖居靜而為感通之則，然因乎變合以章其用。飲食，變之用；男女，合之用。唯然，故終不離人而別有天；禮，天道也，故《中庸》曰：「不可以不知天」。終不離欲而別有理也。〔註333〕

禮雖為天理於現實界之具象，然仍須透過人欲的作用方能彰示其本質與意

〔註330〕前揭書，頁766。
〔註331〕王之春：《船山公年譜》引，《船山全集》第十六冊，頁372。
〔註332〕《讀四書大全說》，頁761。
〔註333〕前揭書，頁911。

義。飲食男女，欲也；飲食之則、男女之道則禮教、天理也。無飲食男女，則此禮此理俱不得開顯而為人知見，故曰因乎飲食之變、男女之合「以章其用」。「理／禮」與「欲」之間，原存在深刻的體用連繫。

　　此外，就天地間之運化而言，亦莫非嗜欲。船山已明指性乃「欲為可為之體」〔註334〕，性如火之始燃、泉之始達般地興動應感，此即性之欲。沖和之氣「清者恆深處以成性，濁者恆周廓以成形」〔註335〕，清濁之氣的不同意向亦即其欲；「陰喜靜而必動」、「陽喜動而必靜」，陰陽動靜亦莫非其欲。而不論是性之欲、絪縕清濁之欲或陰陽動靜之欲，皆是其理、其德之映顯與發散。換言之，理欲既互為體用，亦互為功效與性情。是以，船山言「終不離人而別有天，終不離欲而別有理也」。《正蒙注》中，船山更明確地申述此義：

　　　　天地之寒暑、雨暘、風雷、霜露、生長、收藏，皆陰陽相感以為大
　　　用；萬物之所自生，即此動幾之成也。故萬物之情，無一念之間、
　　　無一刻之不與物交；嗜欲之所自興，即天理之所自出。〔註336〕

四時運行、萬物生化莫不由陰陽相感而成，陰陽相感乃陰陽必然之性，亦即源於陰陽自身不可止遏的欲求。天地萬物皆由陰陽化生，質以函氣，氣以函理，是以皆具陰陽可推移往來、必推移往來之理，而無時無刻不與物應感，無時無刻不以己之往幾與物之來幾相交合。此應感及交合的動力即謂之「嗜欲」，而皆來自於氣質中之性所具備的推移往來之理，故曰「嗜欲之所自興，即天理之所自出」，此亦用者皆其體之義。

　　進而論之，陰感陽，陽感陰；陰必求陽，陽必求陰，此即陰陽之嗜欲，萬物皆由此而可能。於是，「一切皆是嗜欲」不只是一倫理學與存在論的命題，亦且擁有了本體論的向度：不僅一切皆是嗜欲，一切亦出於嗜欲。船山簡明有力地表達此訊息：

　　　　甘食悅色，天地之化機也。〔註337〕

此語形式簡單而蘊具至富，依船山思想，可分析為二要義：其一，由甘食悅色可見天地之化機；其二，甘食悅色為天地之化機。

　　由甘食悅色可見天地之化機處有三。

〔註334〕前揭書，頁401。
〔註335〕《周易外傳》，頁882。
〔註336〕《正蒙注》，頁365～366。
〔註337〕《思問錄》，頁405。

首先，情之始原只有甘食悅色，經蕃轉流變而生出喜怒哀樂愛惡欲之種種。性由情顯，才以情運，萬殊之情的顯發即其性的顯發，故由嗜欲之興可見天理之運化。

其次，甘食悅色為天命於人物者，人物莫不有甘悅之性，故可於此甘悅之性之流顯見天地之化機和宇宙之奧秘。雖然如此，萬不可莽撞驟言人物具同一甘悅之性；以人物各有形質，既各有形質，即各有氣理，自不能甘同甘、悅同悅。故船山說：

> 人之自身而心，自內而外，自體而用，自甘食悅色以至於五達道、
> 三達德之用，那一件不異於禽獸，而何但於心？〔註338〕

「人甘芻豢，牛甘藁芻，毛嬙、西施，魚見之深藏，鳥見之高飛，即食色亦迥異」〔註339〕，萬物皆有甘悅之性，然所甘所悅各有不同且必有不同，是以船山極反對將「甘食悅色」專歸為禽獸之性，而僅以「愛敬」為人之性，並指出此類粗糙論斷直是「潦草疏闊」〔註340〕。由甘食悅色之中，吾人既見一本之原，復見萬殊之異，天地之化機固已流現湧動於其間。

復次，天理人欲互為體用，「凡諸聲色臭味，皆理之所顯」〔註341〕，「終不離欲而別有理也」，父慈子孝，天理也，亦人欲也；兵農禮樂，人欲也，亦天理也。甘食悅色之得正即為天理之流行，亦是天地化機的沛然具顯；甘食悅色之能得正而展現出天理的價值向度，唯人能之。是故船山說：

> 虎狼之父子亦似仁，蜂蟻之君臣亦近義也。隨處須立箇界限，壁立
> 萬仞，方是「君子存之」。……苟知其所以異，則甘食悅色之中井井
> 分別處，即至仁大義之所在，不可概謂甘食悅色便與禽獸同也。
> 〔註342〕

此亦即「食色之中，仁義未嘗不與焉，食色而得其正者，固仁義也」〔註343〕之義。

接著，論甘食悅色為天地之化機。

首先，就質凝形成之人物而言，甘食悅色乃形色繁衍之所以可能。飲食

〔註338〕《讀四書大全說》，頁1023。
〔註339〕同註338。
〔註340〕《讀四書大全說》，頁1025。
〔註341〕前揭書，頁763。
〔註342〕前揭書，頁1025。
〔註343〕《四書箋解》，頁342。

男女，人之大欲存焉，唯此大欲方可使現實世界生生不息；故不可因人物皆有甘食悅色之性，遂斥此性爲禽獸之質而輕賤之、遏抑之、窒塞之，否則將至「不婚不宦，日中一食，樹下一宿而後可矣」。〔註344〕

其次，如上所述，就宇宙化生而言，正因陰陽之嗜欲而能相感、必相感，是以四時行、百物生，氣化不息，天地萬物亦因而不息。是以，一切出於嗜欲，一切皆是嗜欲。

（二）欲望的滿足點

由以上之分析，可知船山面對欲望的態度是富涵情感的：

> 耳目口體之攻取，仁義禮智之存發，皆自然之理，天以厚人之生而立人之道者也。〔註345〕

對欲望的容納及認可乃明中葉以後逐漸形成之思潮，但強調耳目之欲乃天地厚人之生者，此面向仍少爲理學家提及。甘食悅色爲天地之化機，人以甘食而厚生，因悅色而子嗣；船山以正面的態度肯定嗜欲對人的貢獻與意義，且明白表示：「天理充周，原不與人欲相爲對壘」。〔註346〕

正因天理原不與人欲相對壘，甚且理想的理欲關係應如性體情用般相浹通貫，是以吾人所當去者，唯非理之私欲，而非以偏概全的敵視所有嗜欲。因此，對釋氏斷滅情欲的作法，船山極不以爲然：

> 乃君子之所以終別於釋氏者，則以隨時消息，不流於已甚，而未嘗劉除之以無餘也。〔註347〕

不分青紅皂白，將一切嗜欲趕盡殺絕，乃肇因於不能掌握欲望而產生的敵視。敵視欲望的結果，即是敵視生命〔註348〕；尤有甚者，將因無法認識欲望與生命相通相貫、相輔相成之深蘊，而造成生命本質的失落：

> 天理原不舍人欲而別爲體。當其始而遽爲禁抑，則且絕人情而未得天理之正，必有非所止而強止之患。〔註349〕

> 爲學而先過欲，做得十分上緊，淺之只得個「克伐怨欲不行」，深之

〔註344〕《讀四書大全說》，頁 1025。
〔註345〕《正蒙注》，頁 137。
〔註346〕《讀四書大全說》，頁 799。
〔註347〕前揭書，頁 846。
〔註348〕《周易外傳》，頁 889：「故賤形必賤情，賤形必賤生，賤生必賤仁義，賤仁義必離生，離生必謂无爲眞而謂生爲妄，而二氏之邪說昌矣。」
〔註349〕《周易內傳》，頁 413～414。

則流於寂滅。〔註350〕

生命的本質原應是理欲和諧，雍和從容的；欲望的本質亦是在供給生理及心理雙方面的滿足，使生命得到安適及幸福，此即船山再三強調的「厚人之生」。不能見此，而一律封閉所有的欲望，則雖可強抑人欲之私，但其弊之重者亦將扼殺生命的生機與生意，而令存有走入枯木寒崖的空寂荒蕪。船山故曰：

> 君子不絕欲以處，而仁發於隱微之動，聲色臭味，雖交與爲感，皆應之以得其所安。〔註351〕

君子能深切地觀照生命，並透析欲望的本質，因此得以雍容地面對欲望、處理欲望。「不絕欲以處」乃是維持存有的整全，而使欲望「得其所安」則表現了對天理與欲望的尊重。船山又說：

> 若論在所當得，則雖宮室、妻妾、窮乏得我，且未是人欲橫行處，而況欲生惡死之情！惟不辨禮義而受萬鐘，斯則天理亡而人欲孤行者。〔註352〕

船山在此顯示出一既嚴明又圓融的態度。欲望的當行不當行、當得不當得、當滿足與不當滿足，原不取決於欲望的類別與大小，而乃決定於其是否符禮合義。倘符禮合義，則宮室妻妾，亦未是人欲橫行，而乃天理流現。是以船山又指出：

> 天下之人，嗜好習尚移其志者無所不有，而推其本原，莫非道之所許。故不但兵農禮樂爲所必務，即私親私長、好貨好色，亦可以其情之正者爲性之所弘。〔註353〕

欲望原出於天理，天理原不捨人欲而別爲體。欲望既起動於陰陽往來、物我交感之幾，則莫不是爲道所涵，且爲道所應許者。只要嗜欲未離理自爲，則嗜欲自是大公非私。此時之嗜欲不僅非天理之蠹，甚至可彰明天理、實現天理，一如情之正者可以弘性一般。因此，船山曾表示：「求之有道，則謀食即謀道也」〔註354〕，透過禮義的裁量，天理與人欲得到了涵會與統一。

以禮義裁量人欲、安置人欲，常人或以爲是對欲望的壓迫、束縛與限制，但對船山而言卻恰恰相反。銳敏的船山指出，以禮義安置欲望正是爲欲望的

〔註350〕《讀四書大全說》，頁 793。
〔註351〕《周易內傳》，頁 226。
〔註352〕《讀四書大全說》，頁 1079～1080。
〔註353〕《正蒙注》，頁 201。
〔註354〕《周易內傳》，頁 249。

滿足尋得一最適的安止點：

> 君子體小人之嗜欲，而以道裕之。〔註355〕

欲望自是以「需要」與「滿足」為其最主要的內容與特徵，完全滿足即是欲望本質的完成。船山使用「裕」之一字已充分表現對欲望本質的了解、看重及處理態度。船山以道處欲的目的並非為了約限欲，而是為了滿足欲；不是要為欲望帶來痛苦，而恰恰要為欲望帶來幸福。

　　遏欲之苦，易感易知，放縱之樂，單憑想像已引人無限嚮往。但縱欲是否即意謂欲望的「完全滿足」？縱欲是否即可完成並實現欲望「厚人之生」的本質？

　　「完全滿足」之真義乃是定位於滿足的最高點。不及此點則不滿足，超過此點亦不滿足，二者俱是對「完全滿足」的破壞；萬不可說不及此為「不滿足」，超過此為「太滿足」，只要離開此最適點，完全滿足即有了缺陷。

　　以例言之，飢不得食自不能裕飲食之欲，然飲食過量至腹脹反胃，產生了負效用，同樣是對欲望滿足之傷害。對船山而言，道理禮義即是嗜欲獲得完全滿足的最適點；因理欲原初的存在狀態即是相涵相因，故而要完全實現欲望的存在本質，只能以回歸其原生的存在狀態為途徑。

　　因此，對船山而言，合人欲於天理不只是為了迎合理，也為了迎合欲；不只在完成理，也在完成欲。欲望只有在與理交貫的過程中，方能真正尋得安身立命的位階，方能完全實現自身，得到從容自適、裕如晏如的美麗身影與滿足極點。

　　即緣此故，船山對縱欲適足以遏欲的弔詭，提出了極深刻的看法：

> 不肖者之縱其血氣以用物，非能縱也，過之而已矣。縱其目於一色，而天下之群色隱，況其未有色者乎？縱其耳於一聲，而天下之群聲閟，況其未有聲者乎？……乃若目，則可以視無色矣，有內目故也；乃若耳，則可以聽無聲矣，有內耳故也。……無過之者，無所不達矣。〔註356〕

遏者，阻遏也，阻遏欲望的滿足、伸展與完成。常人欲速見小，以縱欲為足欲，實未審欲望的本質，更不明滿足的止點。

　　縱情於聲色者，迷於一聲色以自足，則目迷此色，不見他色；耳聞此聲，

〔註355〕前揭書，頁 145。
〔註356〕《詩廣傳》，《船山全書》第三冊，頁 439。

不聞他聲。耳目之本質原即視聽，一旦被限縮於單色獨聲，則是耳目能力的封閉，也是欲望的封閉。更何況「縱欲」於一聲一色，可以賞閱無聲之聲、無色之色的心目心耳即不得作用，欲望伸展的空間大大受到限制，此豈可謂縱？直是遏耳。

理體欲用一如性體情用般，既是進德功夫，亦為成德境界；故不只悖理之欲為私欲，害欲之理亦非天理之極致：

> 終不可言天理之害人欲。害人欲者，則終非天理之極至也。〔註357〕

在天道運化及成德的境界中，天理人欲非但不能相害，甚且是互相開拓的：

> 知聲色臭味之則與仁義禮智之體合一於當然之理。當然而然，則正
> 德非以傷生，而厚生者期於正德。〔註358〕

理以正德，欲以厚生，正德必不傷生，厚生乃有期於正德，此即理欲的互資與互拓。理資於欲，也滿足了欲；欲取於理，也形著了理；此方為理欲諧和，此方為理欲的相為體用。

孔子有富貴之欲，願執鞭而求，然不義而富貴則不願也。孟子有生之欲，但求生以害仁則不肯也。相較之下，面對欲望之時，老子不見可欲及莊生墮肢體、官知止之態度實要嚴厲孤峭得多。釋氏大興於中土，對情欲流轉所帶來的痛苦察識甚深，發為論闡，極中人心。在這麼多的思想傳統下，人們對嗜欲的不信任及疑惑蓋其來有自，甚且成為人們的集體意識。

船山繼承此集體意識而校勘理欲，發現去欲與存理間的然與不然：倘性體未立、天理不充，則人欲淨盡之後，依舊空洞乾枯，不能光輝盈實。船山以禮嚴判公私之欲，不容一絲雜染，剛嚴壁立，凜然不犯；但以甘食悅色為化機，以一切皆是嗜欲，以人欲莫非天理，以道裕欲，又使其學說充滿溫厚的情感。望之儼然，即之也溫，或可象狀其說。

第五節　形色，天性也

一、形色與道互相為體

老子言：「吾所以有大患者，為吾有身」〔註359〕，莊生籲人須「墮枝體」

〔註357〕《讀四書大全說》，頁 967。
〔註358〕《正蒙注》，頁 122。
〔註359〕《老子》第十三章，《王弼集校釋》，頁 29。

〔註360〕，令「官知止而神欲行」〔註361〕，釋氏則直以形色人身爲臭皮囊；此類說法，皆寓涵著對形色感官的懷疑，也指陳了形色感官對人所造成的限制。雖然孟子曾明揭「形色，天性也」之大義，但小體、大體之辨，「君子不謂性」之判，乃至「殺身成仁」之教，皆在在說明了形色與明德之性在價值天平上的不同重量。此外，作爲煩惱之源的「欲望」乃因感官形色而有，故欲望對天理的干擾實即形色對明德之性的干擾，欲望與天理的對峙亦常表現爲形色與明德之性間的衝突。

　　船山尊重欲望，並致力於滿足欲望；由此推出，其學說必不視形色感官爲存在包袱，亦不以對形色的消解或超越爲成德之手段。一如船山對欲望的肯定，船山亦在一定的前提下肯定形色；船山既不要求消解形色感官，亦未主張超越形色感官，而是面向形色感官，證明之、迎接之、利用之，並圓成之。船山說：

> 故坤立而乾斯交，乾立而坤斯交。一交而成命，基乃立焉；再交而成性，藏乃固焉；三交而成形，道乃顯焉。性、命、形，三始同原而漸即於實。……故形色與道，互相爲體，而未有離矣。……聖人實見天性於形色之中。〔註362〕

陰陽交感而生生，成命基立、成性藏固、成形道顯，由命而性而形，乃是陰陽化生由隱而顯的示現次序，而非實際的生成次序。一交、二交、三交云云，蓋指泰卦的陰陽爻相交；然六爻必同時備足方成卦，命、性、形三者亦須同有、固有而得成生生。命、性、形三者蓋指陰陽之交感化生在不同範疇下的呈現方式：命者，陰陽交感、二氣摩盪而爲萬物之基；性者，以此陰陽交感、二氣摩盪所就的萬物之基凝成萬物之性；形者，復由此陰陽交感、二氣摩盪所成的萬物之性顯爲萬物之形。命、性、形三者皆由同樣的陰陽內容及推移方式而成就，有則同時有，成則一時成，曾無先後之別，此之謂「同原」；而由命而性而形，純指陰陽化生由不可知感而可爲人知感的漸層色澤，此即「漸即於實」之意，固無關於化生順序。

　　性、形同原而漸即於實；就此觀察切點而言，有性斯有形，性爲體，形爲用。氣凝成形，理命爲性，氣必有理，理在氣中；由此角度詮之，有形斯

〔註360〕莊周：《莊子・大宗師》，清・王先謙：《莊子集釋》（臺北：木鐸出版社，1983年），頁284。

〔註361〕〈養生主〉，《莊子集釋》，頁119。

〔註362〕《周易外傳》，頁904～905。

有性，形爲體，性爲用。綜上，形色、性情故爲「並生」、「互載」〔註363〕，形色與性情互藏其宅，交發其用，故船山言「形色與道，互相爲體」。

「形外而著，性內而隱」〔註364〕，故凡一言人、物，已是形色、性情具備。「天性」範疇可有各種不同層次之界說，最狹義之「天性」但指根心、本心之性情，最廣義之天性則凡天之所命、二氣五行之所生成者俱是。由廣義之天性言之，形色亦天性也，船山遂明指「形色莫非天性」。

氣必有理而有「氣之理」，故有形斯有性；理必有氣而有「理之氣」，是有性斯有形；形色、性情皆擁有原因及質料的雙重身份，互相決定，互相備成。人與禽獸「性自有幾希之別，才自有靈蠢之分」〔註365〕，此乃性情對形色的決定；另一方面，「惟有人之形也，則有人之性也，雖牿亡之餘，猶是人也」〔註366〕，此則是形色對性情的範圍，也是形色爲人禽之辨所提供的具體保障。

形色對性情之決定不只表現在人禽之辨上，亦表現爲人在好惡靜躁之性的別異。船山說：

> 性，陽之靜也。氣，陰陽之動也。形，陰之靜也。氣決形中，性決氣中，氣入形則性亦入形矣。形之撰，氣也；形之理則亦性也。形無非氣之凝，形亦無非性之合也。故人之性雖隨習遷，而好惡靜躁多如其父母，則精氣之與性不相離矣。緣此念之，耳目口體髮膚皆爲性之所藏，日用而不知者，不能顯耳。〔註367〕

由二氣之撰而有形，形之理則亦性。每一人物各有不同的形色面貌，此蓋因各形質中所函之氣的陰陽組合比例、組合方式乃至清濁浮重等各各差異之故；氣既異，則理必殊；形已別，則性固自不同，此之謂「氣質中之性」。「氣質中之性」既有明德之性，亦有因氣質之別而各殊的好惡靜躁之性；凡此皆隨二氣五行之撰以凝於人。其中，精血之氣得之於天者少，受之於父母者多，故由精氣而決定的好惡靜躁之性遂多類其父母。

此外，依船山之思路，性凝於心，心復涵該情、才，則是性不只藏於腔

〔註363〕前揭書，頁861～862：「形之與神……由其並生，知其互載」，該文語脈下之形、神即形色、天性。
〔註364〕前揭書，頁882。
〔註365〕《讀四書大全說》，頁1072。
〔註366〕《尚書引義》，頁354。
〔註367〕《思問錄》，頁407～408。

子中，亦是遍藏於形色之內，形色小體莫非性情大體之所居。正是此一詮解
進路，使得船山更以「耳目口體髮膚皆爲性之所藏」來說明「形色，天性也」
之義。船山指出：

> 是則五藏則爲性情之舍，而靈明發焉，不獨心也。……氣之所至，
> 德即至焉，豈獨五藏骨爲含德之府而不僅心哉！四支、百骸、膚肉、
> 筋骨，苟喻痛癢者，地氣所充，天德即達，皆爲吾性中所顯之仁，
> 所藏之用。故孟子曰：「形色，天性也」。〔註368〕

四肢、百骸、膚肉、筋骨等莫非陰陽之撰，有氣斯有理，「形之理則亦性也」，
緣此念之，四肢、百骸、膚肉、筋骨之中，莫不有性，全身之體，莫非性居，
豈獨心而已！是知形色之中必有天性，形色之中莫非天性，一指一趾、一髮一
膚，其中皆有靈明天德，亦皆可形著天命於我之靈明天德。性內而隱，形外而
顯，性情之實在唯賴形色具顯之、示相之、實現之，形色遂不只是天性的存在
原因，亦是天性的完成條件，此亦「形色，天性也」之又一意涵。船山說：

> 孟子以耳目之官爲小體，而又曰「形色，天性也」，若不會通，則兩
> 語坐相乖戾。蓋自其居靜待用，不能爲功罪者而言，則曰「小體」；
> 自其爲二殊五實之撰，即道成器以待人之爲功者而言，則竟謂之「天
> 性」。〔註369〕

「小體」、「大體」之名代表一價值分判。耳目之官不思，因心而作，由情以
運，居靜待用，不能指揮號令行動，無法主持分劑方向，故稱之爲「小體」。
然體由用顯、體因用成，因用而可備就此體，使本體的存在本質及內容完全
敞開、充分實現；故己立立人、內聖外王、即道成器之所以可能，非形色備
全不爲功。唯形色可彰顯天性、成就天性，形色之價值與地位實極爲崇隆，
又豈可謂之無功？耳目口體沒有承擔主持分劑、指揮號令之功罪的能力，此
即「非才之罪」義；而耳目口體又具備顯發天性、實現天性之能力，修、齊、
治、平必待形色而成就，此則「形色，天性也」之大旨。「耳目口體全爲道用」
〔註370〕、「天性之知，緣形色而發」〔註371〕，故船山又說：「形之所成斯有性，
性之所顯惟其形」〔註372〕，形色既爲天性之體，復爲天性之用，故曰「形色，

〔註368〕前揭書，頁456。
〔註369〕《讀四書大全說》，頁1071。
〔註370〕《正蒙注》，頁149。
〔註371〕前揭書，頁148。
〔註372〕《周易外傳》，頁836。

天性也」。

綜上所論，在船山的學術系統中，孟子「形色，天性也」思想之具體所指至少有以下幾點意涵：

1. 有氣斯有形，有氣必有理；形成性凝，天性因形色而有，故曰「形色，天性也」。

2. 性、形同原而漸即於實，皆天所命於人者，故就廣義之天性義而言，形色亦天性也，形色莫非天性，是謂「形色，天性也」。

3. 理在氣中，氣之所聚，理必存焉；故天性藏於形色之中，形色為天性之載體，形色之中莫非天性，此之謂「形色，天性也」。

4. 理為氣主，理之所在，氣即至焉；形色之活動由天性指揮分劑，形色之展現方式遂意謂著天性的呈露程度，此固為「形色，天性也」。

5. 理決定氣的方向，氣決定理的內容；形、性互為原因，互相決定。形色之異決定了性情之異，是以「形色，天性也」。

6. 性內而隱，形外而顯，天性賴形色以顯、由形色以發、依形色以作、傍形色以成，「形色，天性也」之大義固在乎是。

「形色，天性也」概念之豐富義蘊如上所述，而可一言以蔽之：即「形色與道互相為體」也。

二、有形體而無用：形色本質的失落

形色，天性也；天性不只藏於胸腔中之「心」，更廣居於形色之中。故不只心有知覺運動之能，凡四肢、百骸皆能知覺運動，皆有此靈明作用。故船山表示：

> 是則五藏皆為性情之舍，而靈明發焉，不獨心也。……非但一心之靈而餘皆不靈也。〔註373〕

心能知，耳能聽，目能視，舌能覺，鼻能嗅，此皆形色之靈明作用。一如心之靈可知善亦可知惡，耳目口鼻之靈亦同時具備了對善惡的接收能力與感知能力；耳能聽雅鄭之聲，目並納妍媸之色，舌同受甘苦之味，鼻俱聞蘭鮑之臭。

然耳目口鼻之能力實不止於接收與感知而已。除了接收、感知外界資訊外，耳目尚可進行辨識及判讀，並給予外界資訊以一事實說明或價值判斷，

〔註373〕《思問錄》，頁 456。

此方爲耳目形色在繼善成性之初的深刻內容與眞正本質。

性隱而內，形顯而外，耳目形色爲心的顯發及作用。心能思能知覺，故能進行知感、分辨及判斷，而皆賴耳目以顯。換言之，以心爲體之耳目，除接收、感知之外，分辨及判斷亦爲其活動內容，耳目的作用即是「心」接收、感知、分辨及判斷的作用。既是心之用，既是心的顯發及活動，則耳目之作爲必不違於心。因此，船山說：

> 形色，一天性也，固原以順而不以逆於大體也。〔註374〕

大體、小體，形色、天性的原初存在狀態原爲體用一貫的相涵及和諧，形色依天性而動，小體從大體以作，相愜相合，彼此慊足。形上之天性由形下之形色而顯，形下之形色奉形上之天性以行，體以致用，用以成體，曾無絲毫扦格。孟子即有見於此，故對形色寄予極大的讚美：

> 蓋孟子即於形而下處見形而上之理，則形色皆靈，全乎天道之誠，
>
> 而不善者在形色之外。〔註375〕

「形色皆靈」之「靈」不只意謂著接收、感知等屬純粹認識論意義下的靈明作用，更具有倫理學上的道德意涵，亦即「曲折洞達而咸善」。至誠之心只是個好好惡惡的是非之心，其好蓋因事物的本然之好而好，其惡亦只因事物的固然之惡而惡。好好惡惡表面上似爲個人的價值取向，細尋之，則是物各付物的天理自然，故爲公而非私，爲仁義而非情意。由至誠之心而起的耳目之用，在接受外界資訊的同時，固已辨明該資訊於世界圖象中的座標位置，美色陋貌、好聲惡音、蘭香鮑臭、冷熱苦甘等「判斷」其實都只是如實的還原與認識。而如實的還原及認識正是「認識」、「詮解」與「說明」的最高境界，它既需智性的高度作用，亦須德性的充分參與，方可摒私意私欲之摻雜，維持認知的純粹與判斷的眞確。因此，對船山而言，一個完整而有效的認識行爲乃是道德行爲，因爲要客觀的認識萬物、還原萬物的眞實，實需主體的高度自覺方得完成。是以「形色皆靈」之論斷不只是本體論及存在論範疇的本質說明，亦是道德實踐的具體展現，其中自具倫理學的深刻意涵。

正因耳目之本質原爲如實的認識及還原萬物，具有高度的靈明能力，故船山嘗以「精爽」喻之。然若耳目離根心自爲，如情之悖性，如意離本心，則其精爽之用亦將失落，形色皆靈的本質亦告蕩然：

〔註374〕《讀四書大全說》，頁600。
〔註375〕前揭書，頁961。

夫心之不正，唯無理以爲之宰制也。……故凡身之應物，事雖不可
廢，而心已不在焉。目非無視也，而心不在，形不能見矣；耳非無
聽也，而心不在，聲不能聞矣；口非不食也，而心不在，味不能知
矣。則身之用盡廢，而昏昏然有形體而無用，此豈目之不明，耳之
不聰，口之不知擇哉？心失而身之精爽不靈也。〔註376〕

本心放失則思官亦去，思之能力亦隨之不在；所餘存之心既沒有「思」之作
用及能力，耳目自是無法發揮分辨及判斷的本質與作爲，而只能進行單純的
接收及感知活動。「思」之用起於仁義，思之對象及所得亦只仁義。「事之宜」
謂之義，給予事物恰如其分的認識與還原，即是對事物的如理回應、安置與
分際，亦是使事物各止其所、各得其宜的道德實踐。因此，辨識及判斷不只
是認知活動，亦是道德活動。事實上，船山正是將此語境下之耳目認識活動
視爲道德行爲的縮影。

　　單純的接收及感知只是聽聲與見色，既不能知美醜，亦不能辨善惡。倘
若我們將一個完整的認識行爲定位爲接收資訊，且能如實地陳述資訊、判讀
資訊的話，那麼一個只接收而不知判辨或做了錯誤判辨的認識行爲，並不能
構成一個有效的認識行爲，更不是一個道德活動。沒有加入心思作用的接收
活動，只是影像在眼底的浮掠流動，旋出旋入，暫留乍捨。耳目所接收的資
訊未與心思發生互動，即是物象未與主體產生繫連，亦即物象未曾進入主體
的認識系統之中，自無法爲主體真正認識及安排。不能爲主體認識及安排的
存有，即在主體的認識世界之外，不具有任何意義，視若無睹、置若罔聞，
故船山謂此乃「目非無視也，而心不在，形不能見矣」。目有視而不能見其形，
不能見者，實此形之本質與定位，而非此形之外觀輪廓。

　　「知覺之心，其實耳目之官而已」，耳目無離人之時，故思之心或有放失
之虞，然知覺之心無暫捨之理。但耳目之知覺實不僅並納妍媸的接收能力而
已，此善惡皆覺的靈明作用乃是較低階的靈明，知是覺非、好好惡惡的明睿
精爽方爲天命於形色的本質大用，而與本心相爲體。一旦本心放失，「心之不
正」，則身之用亦隨之而廢，身之本質亦淹沒不彰，目遂不明、耳遂不聰、口
遂不知擇，此之謂「有形體而無用」。船山以「有形體而無用」一語，鄭重地
說明了善惡皆覺的接收能力實非耳目形色的存在本質與深層大用，也指出了
常人以末爲本的錯誤認知。

〔註376〕《四書訓義》，頁 70～71。

綜上所述,可對形色之本質及大用作出簡要的說明:形色原爲精爽且靈之天性,不只能接收及認識萬物,更可進行道德判斷,並完成道德實踐,乃是倫理價值所以可被成就的重要基礎。

由是觀之,不聰不明、有形體而無用之耳目,實已陷落其存在本質與功用;對此情形,船山稱之爲「曠職」:

> 然而且有視眩而聽熒者,則物奪其鑒也。物奪其鑒,而方視有蔽其明,方聽有蔽其聰,是故貪看鳥而錯應人,弓成蛇而市有虎,官雖固存,不能使效其職,其職之固明、固聰,實惟其曠矣。〔註377〕

船山在此再次申明:聰、明不只爲耳、目的本質,亦爲耳、目的眞正職掌。此外,船山亦指出:耳目之所以失職而視眩聽熒,乃因耳目從物而不從心。耳目雖不從心,然非耳目之過,而乃主體之失。主體不知持志正心,致本心放失遷流,情意乘權,故耳目遂失其聰明之用,聞而不能別、見而不能擇,只知接收,不能分辨,只能知感,無法判斷,只能隨物輪轉,不能以物付物,如實還原的認識能力遂消失殆盡。況有迷於一聲、不聞他聲,囿於一色、不見他色的逐物自鎖情形,此皆是物對耳目之官的凌奪與遮蔽。

當耳目之官不再是「根心所生之色」〔註378〕,而只能與物遷流時,耳目雖具於人身,實已非己之所有,甚且成爲外物操控主體的工具。船山曰:

> 耳目而亦物矣,交而引,引而蔽,耳目具於身中,而判然與心而相背。則任耳目者,皆由人者也,由己者所不以爲己也。〔註379〕

以耳目爲外物,蓋因根心失落、人心乘權,此時之耳目不再具有聰明察辨的能力;尤有甚者,其善惡並受的接收作用恰恰爲紛然萬物提供了舞臺,透過耳目的接收,琳琅眾物在意欲的助長下,緣視聽臭味向主體蔓延、攻佔,終令主體完全陷落。由此角度論之,未爲根心所用之耳目,其服務對象實物多我少,此船山以任耳目而不任本心者爲「由人者」之因,亦力主「爲仁由己」之君子不以耳目爲己者之故。

任耳目而不任本心,乃是「耳目乘權」,乘權之意即是耳目凌心而爲主、爲大。當此之時,雖然耳目乘權爲身心之主,但實則從物而役於物,故物方爲身心之眞主。當耳目爲物交引,主導耳目者在外,耳目非但無實質上的自

〔註377〕《尚書引義》,頁354。
〔註378〕《讀四書大全說》,頁408。
〔註379〕《尚書引義》,頁268。

主權，且已淪爲外物向主體浸染侵略的工具，使主體一步步成爲外物的傀儡，喪失其主體性。故耳目乘權的大哀不只是耳目不能從心而顯其本質大用，更在於「我」的主體性之失落；主體性的失落，象徵自由的遙遠與無法可能。另一方面，耳目乘權之弔詭在於耳目並不因其凌心乘權而使自身完全開顯；相反的，因其受制於物，而令自身之存在本質、存在內容與天賦作用受到遮蔽、抑制與侷限，而無法獲得實現與完成。故耳目乘權的結果，非但不是耳目主體性的彰顯，反而是耳目主體性的陷落；非但不能使耳目成爲主人，反而只令耳目成爲奴隸。

　　雖然耳目乘權之服務對象在於物，但亦不可令聲色全任其罪；將耳失聰、目失明之曠職歸咎於聲色，乃是卸責諉過的作爲。而因聲色之迷惑耳目，遂主張封閉耳目、杜絕聲色，更是因噎廢食、不辨本末的作法：

> 老子曰：「五色令人目盲，五聲令人耳聾」，而不知天下之盲聾者，其害在於聲色者十之三，而害非因於聲色者十之六，其害正墮於無聲無色者十之一，則老氏是已。〔註380〕

盲聾者，耳目曠其聰明之職者也。耳目曠職之大過在於主體本心的放失，在於「形色與道互爲體用」的原初狀態之遺落，聲色犬馬之誘引次之，封閉耳目作用者又次之。以無聲無色爲目的而封閉感官，雖然耳目不致爲浮情囂氣提供逐物途徑，亦不致成爲外物的利用工具，但耳目之失聰失明如故，耳目之盲聾如故，曾無益於耳目之用的顯發。

　　雖然孟子以形色爲小體，且籲學者當立其大，使小者不能奪其主持之位，但並不以耳目小體爲可厭棄、當厭棄者。對佛氏但求於心，而以形色爲空的說法，船山極不能認同：

> 若教人養其大者，便不養其小者，正是佛氏眞贓實據。……乃不知此固天性之形色而有則之物，亦何害於心邪！唯小體不能爲大體之害，故養大者必不棄小者。若小體便害大體，則是纔有人身，便不能爲聖賢矣。〔註381〕

「纔有人身，便不能爲聖賢」，船山之批評痛快斬截。相較於佛老對「身」的懷疑與否定，船山恰主張因有人身，故方得爲聖賢。形色者，天性之形色也，唯形色可實現天性、備成天性，使聖賢得以可能。形色耳目雖爲小體，然形

〔註380〕《讀四書大全說》，頁854。
〔註381〕前揭書，頁1086。

色之中莫非天性，心與耳目交與爲體、互相爲用；值此之際，耳聰目明，「不思之官，齊思官之用」〔註382〕，凡小皆大，形色即天性，耳目亦心：

> 如其截然而小者有界，如其截然而大者有畛，是一人而有二體。當其合而從本，則名之心官；於其分而趨末，則名之耳目之官。官有主輔，體無疆畔。是故心者，即目之内景，耳之内牖，貌之内鏡，言之内鑰也。……故耳目之小，小以其官而不小以其事。耳以聰而作謀，目以明而作哲者，惟思與爲體。……思而得，則小者大；不思而蔽，則大者小。恭、從、明、聰，沛然效能者大；視、聽、言、動，率爾任器者小。〔註383〕

小體、大體之名但在辨其主輔從順，辨其思與不思，而非一人可分二體。大體、小體同有固有，互爲體用，因天性而有形色，因形色而有天性，如何可分析割裂？

互爲體用不只是形色、天性的原初狀態，亦爲其理想狀態。於此狀態下，心官主事，思官號令，耳目不只知感，更能分辨與判斷。思官爲體，耳目爲用，用者用其體，耳用心之思以聽，故聰而作謀；目用心之思以視，則明而作哲。恭、從、明、聰、睿，乃「人之形器所誠然也」〔註384〕，亦即天命之形色的存在本質，特常爲人所失落。故知耳目之官雖小，然其用可極大，唯其用之大小蓋一決之於主體的體悟與修證。如只能以視聽言動爲耳目之用，則小體眞小也；如能以耳目爲根心之用，令「神充於形，則不謂之耳目，而謂之聰明」〔註385〕，終能致恭、從、明、思、睿之沛然效能，完成道德判斷與倫理實踐，如此則小者皆大、形色皆靈，形色之尊嚴與價值始能完全開顯。

三、全體大用：踐形

由上所論，可知船山雖不否認耳目形色爲小體，然對形色實寄以遠過於孟子之肯定。

首先，人之有別於禽獸，乃「自性而形，自道而器，盡乎精微，莫非異者」〔註386〕，固不只仁義禮智之有無。人形直立，而鳥飛魚游；人食五穀，

〔註382〕前揭書，頁 600。
〔註383〕《尚書引義》，頁 355～356。
〔註384〕前揭書，頁 353。
〔註385〕《周易外傳》，頁 1052。
〔註386〕《讀四書大全説》，頁 1026。

而牛羊草薺；形器既異，所甘所悅者亦各自不同；人禽之辨因此不僅見於性情，亦見於形色。換言之，形色亦是人禽之辨的重要證據，故本心梏亡者雖無仁義據中，但終究為「人」；由此論之，「形色」之位階實如「天性」一般尊貴。

其次，雖然形色不可做為價值根源，亦非道德本體，且主體之為惡必由形色以顯，私欲私意亦緣耳目接物而生；然耳目但從心之效動，無指揮號令之權，故不善者實非才之罪。縱耳目乘權，亦是人心違道心而從耳目，亦是主體令耳目凌奪此心，而非耳目真有凌奪乘權的意向與意識，故耳目無辜、形色無罪。

復次，形色與天性相為體用，形色既是性情的發生原因，亦是性情得以實現的活動資材，復為性情的展現場域，一言以蔽之，性情的開顯須以形色為完成條件。雖然如此，切不可以形色為可得魚忘筌之「工具」，形色為天性之用，乃是天性的活動與作用，蓋為天性之顯，而非在天性之外別有一物；即使做為活動資材，亦是在形色為天性之「體」的詮釋角度下所擁有的身份及角色。用者用其體，形色與天性俱可為對方所用，分別以活動資材及活動方向的結構地位提供對方發用時之所需。形色既可做為發生原因之「本體」，則不可賤棄捨忘亦明矣。

正因為形色的地位與天性同等重要，故聖門之學既籲人「盡性」，亦要求「踐形」：

> 形而上者，非无形之謂。既有形矣，有形而後有形而上。无形之上，亙古今，通萬變，窮天窮地，窮人窮物，皆所未有者也。故曰：「唯聖人然後可以踐形」，踐其下，非踐其上也。〔註387〕

形上之「性」不可知見，故只能言「盡」；形下之「形」可聞見知感，其興作起動，皆歷歷可睹，亦可用力於其上，是可言「踐」。此處言「踐其下，非能踐其上」者，蓋如「聖人能治器，不能治道」之意。性之與道，俱為形上之隱，自足且至足，雖聖人不能增一分，雖愚者不能減一毫，故無所施力於其上，因此不可說踐性，亦無從治道。唯形下存有有可著力點，亦有可待人成就施為處，故形可踐而器可治。猶如治器即弘道，踐形亦是盡性的具體表現；踐形之與盡性，實相為體用。

〔註387〕《周易外傳》，頁 1028。

　　踐形者，即「盡才」也〔註388〕，「盡」者、「踐」者，皆充分實現之謂。踐形者，即充分實現形色之存在本質及作用功效；亦即形色得以完全開展自身之涵蘊，更無一絲抑勒與遮蔽。耳固聰，目固明，耳目形色之本質乃爲如實的認識萬物並回應萬物，而如實的認識及回應已是一具有道德價值的倫理活動。「耳以聰而作謀，目以明而作哲」，「恭、從、明、聰、睿者，人之形器所誠然」，聰、明、謀、哲、恭、從、睿等，既是道德活動，本身亦爲道德。故耳、目、貌、言等形色，其存在本質及原初狀態實非實踐道德之資材而已，其本身固即道德之凝至與具現。

　　形色爲天性之用，天性爲形色之體，用只是體的活動、作用、具顯，用者皆其體，更無其他；形色的本質固爲形上之道德本體的呈象與示相而已。故踐形者，即履踐此本質，展現此本質，使形色的道德身份與倫理面貌完全敞開。要言之，踐形者，即盡此形之性；盡才者，亦盡此才之眞而已。孔子六十而耳順，亦即能「踐耳之形、盡耳之性」〔註389〕：

> 《集註》云：「聲入心通，無所違逆」，……朱子之意，亦謂無逆於心耳。耳之受聲不逆於心，則言之至於耳也，或是或非，吾心之明，皆不患其凌奪；耳之受夫聲者，因可因否，皆不假心之明而自不昧。進德至此，而耳之形已踐之矣。耳，形色也；形色，一天性也；固原以順而不以逆於大體也。於形得性，無小不大，斯以爲聖人與！〔註390〕

繼善成性之初，形色與性乃相爲體用。而體之與用，固相涵浹貫，存在形式雖有隱顯動靜之殊，本質意義實無輜銖毫釐之別，大體、小體步調諧和，形色、天性律動一致。此心耳一合、耳目即心之狀態，乃形色本然的存在狀態，亦爲形色應然的存在狀態；當此之時，形色與天性之間乃相淪相貫，更無主輔從順之問題，形色亦不須心之時時提點、刻刻指揮方得免物引之失。

　　然此形色之本然與應然狀態恒常爲人所遺落，猶如人常失其根心本性。失其根心本性，則形色處物付物之大用亦一併失去，而只能用視聽之小者，更無法踐發耳目聰明謀哲的沛然效能。故細究之，我們多未善用耳目，多將耳目用得小了，或說耳目形色在常人身上並未能獲得充分的實踐及完成；以

〔註388〕《讀四書大全說》，頁 1112。
〔註389〕前揭書，頁 600。
〔註390〕同註389。

此,故曰「惟聖人然後可以踐形」。

「耳順」即「踐形」境界,能踐耳之形,即是盡耳之性;能盡耳之性,即是盡性。踐形後之耳目乃本心之耳目,盡心時之本心亦耳目之本心;值此之際,耳目與本心之間無悖反衝突之可能,但以不同的存在形式展現著相同的存在本質與倫理方向。故耳之聰合心之聰,目之明一心之明,耳目不只可「接收」是非價值上的真實,其辨識、判斷、回應、踐履等作用及活動之「自身」亦莫非道德價值之真實;換言之,耳目固自擁有判斷是非的能力,且其作用、活動亦正展示著是非、表現著是非、實踐著是非。耳目之因可因否、好好惡惡,皆不假心之明而自不逆於心,至此,形色已綻放著與根心性情同等輝煌的理性之光,此之謂「形色皆性」,此之謂「無小不大」,此之謂「聖人」。

故「耳順」者,耳順心也,耳順其自身之性也。踐耳之形、盡耳之性之深刻意義乃在於:耳能完全實踐自身,令自身之存在意義、本質、內容及作用獲得完全的開顯。形色的充分實踐及完成乃是向「人」本真的回歸,回歸到「人」的本然與應然狀態,回歸到形色在繼善成性之初的純潔飽滿。故聖人踐形之學,實非遏形色以揚天性,亦非抑小體以從大體;且恰與此相反,聖學所追求者,蓋為形色的充分伸展、耳目的悉數開發,暢發形色、開顯形色、解放形色,建立形色的主體性,使形色得到真正的自由,不必再聽命於心的指導主持,而擁有自我的位格、生命及尊嚴。

雖然船山亦言及主輔從順,然此乃未能臻至盡性踐形之全體大用時的狀態;未臻形色皆性、表裡融徹之境界時,形色為小,本心為大,小從大,大主小;小體、大體之名,主輔從順中所寓涵的可能悖反,固已訴說此氣象體段殆非成德之極致。

對耳目本質的認知差異,造成了儒、道面對形色的不同態度。道家深感耳目感官之限制,故主張超越感官,力求「墮肢體、黜聰明」;儒家於形下之器見形上之理,認得形色皆靈,故極力強調還原形色、完成形色。船山曾對此進行分辨:

> 夫君子不聽役於耳目以貪細人之得,彼(按:指老氏)之所同也。不營營於耳目以逭近形之憂,終亦不喪其耳目,目自為目而即目以求貞,則彼之所憚為者也。……踐耳目者不墮其聰明。……道也者,成乎物者也;耳目也者,取舍乎物者也。合則取,離則舍,迎目徹

　　耳而不爽其度，則物稱其志。物稱其志，則中正而從矩，不待息機
　　塞兌以戒動止躁，而物受成於耳目，耳目受成於志矣。〔註391〕

當本心流失，耳目乘權之時，不聽役於耳目、不汲汲營營以奉耳目之歡，此
固儒、道之所同；然老氏以失其本性之耳目爲耳目之實然、本然，遂主喪耳
目、墮聰明，則自與聖學分道。

　　耳目之大用原爲「取舍乎物者」，「合取離舍」即是分辨、判斷與安置的
處物活動。由於踐形之耳目乃聰明謀哲，本身既是道德也實踐道德，故其取
捨結果能令物得其所而我不悖禮，此即「物稱其志」、「中正從矩」之義。另
一方面，物與我的關係因耳目之取捨而秩序和諧，擁有最恰適的相對位置及
對待關係，且在此結構網絡中各得自由的伸展及自如的成就，合愜而順理，
此之謂「不爽其度」。

　　由此論之，踐形之耳目亦可謂吾心之理義的展現場域，理義流行於耳目，
亦由耳目表現之，故可「即目以求貞」，亦即由形色之作用直接認取道德、肯
定道德並實踐道德。「即目求貞」意謂著耳目本質的完全開發，更代表對耳目
本質的高度信任。即目求貞之所以可能，須以還原耳目形色之所有、踐發耳
目形色之本原爲前提，亦即透過「還目於目」的努力，使「目自爲目」，令「目」
獲得眞正的獨立與自由。

　　道家以耳目爲認識能力有限之工具，爲免耳目逸盪乘權，遂要求耳止於
聽、目止於視；以耳目爲聰明謀哲，闡論「即目求貞」之理，殆非老氏所能
想見者，故船山言「即目以求貞，則彼之所憚爲者也」。相對於道家主張超越
形色，船山正是要彰顯形色；相對於莊生「黜聰明」，船山正是要將聰明推拓
至誠睿謀哲。「目自爲目」之肯定，既是對形色的莊嚴認識，亦是主體對形色
的莊嚴許諾與完成。透過踐形，人既完成自身的存在，亦回復了耳目的眞實。
踐形後之形色有「明」之「大用」，亦是「誠」之「本體」，一舉一動、一髮
一膚、一威一儀、一辭一氣，莫非性情，亦莫非天理，此即聖人氣象，亦爲
人道之極：

　　　則此一誠無妄之理，在聖人形器之中，與其在天而爲化育者無殊。
　　　表裡融徹，形色皆性，斯亦與天道同名爲誠者，而要在聖人則終爲
　　　人道之極致。〔註392〕

〔註391〕《尚書引義》，頁 360～361。
〔註392〕《讀四書大全說》，頁 532。

踐形者必盡性，盡性者必踐形，全體立而大用顯，表裡融徹，形色皆性，嚴
毅光輝，此方爲聖門之教。

第四章　「體用相涵」思想之運用及開展之三
——以人文化成爲中心的考察

在儒學傳統中，人文化成象徵著生命最終的理想，也是世界最美的圖式；它映顯著天道向人道的貫注，也迴盪出人道對天道的應答；它是天道的展示及開顯，更是人道的實現與完成。而就在人道的實現與完成中，主體也完成了對天道的回歸及參贊。以此角度而言，人文化成不僅是性命自身的完全開展，也是性命對宇宙、天道的回饋。於是，我們看到天、地、人三維協力支撐起宇宙，共同繪寫出一清朗、明亮、秩序、諧和、理性而圓善的倫理圖象。

第一節　性日生日成

一、未死以前皆生也

《易·繫辭》有言：「原始反終，故知死生之說」，以此語與《易經》中的陰陽往來思路相結給，學者遂常以氣聚成形、始生之日爲生，以氣散形死之日爲死。對此類說法，船山甚不以爲然：

> 死生自有定期，方生之日謂之生，正死之日謂之死。……愚於此，竊疑先儒說死生處都有病在。……今且可說死只是一死，而必不可云生只是一次生。……古之聖人畫卦序疇，於有生以後，顯出許多顯仁、藏用之妙，……直是有一刻之生，便須謹一刻之始。……何嘗喫緊將兩頭作主，而丟漾下中間一大段正位，作不生不死、非始

非終之過脈乎？〔註1〕

船山認為：以正死之日為死猶有可說，以方生之日為生則大有病。如果「生」只限於方生之時，那麼生與死中間這一段歷程將如何定位與說明？是豈能言其不死不生、非始非終乎？究其實，「未死以前皆生也」〔註2〕，「到不生處便喚作死耳」〔註3〕，在形死之前，皆屬生事，皆是主體的生之狀態，生非僅為一剎時的動作，而是一段在時空中綿延、開展且不斷遷變的生命歷程。猶如由陰陽二爻可衍生出六十四卦，有生之後的生命亦可變化出無限的可能，也必然會發展出無數的面貌；而每一個變化及發展皆是生，因此「未死以前皆生也」之確義乃是由無數不間斷的生之點所延展而出的生之線，綿密無間、毫無罅隙，故死只是一死，生不可說為一次生，此之謂生生，此之謂不息，此即是生之歷程及真相，此方為生事之實然。故船山又說：

> 要以未死以前統謂之生，刻刻皆生氣，刻刻皆生理，雖連綿不絕不可為端，而細求其生，則無刻不有肇造之朕。若守定初生一日之時刻，說此為生，說此為始，則一受之成型，而終古不易，以形言之，更不須養，以德言之，更不待修矣。〔註4〕

生理與生氣相為體用，刻刻皆生氣，故刻刻皆生理；刻刻有生理，即刻刻有生氣。陰陽摩盪不息，變化日新，不同的排列組合創造出不同的面貌與內容，此非「生」而何？故日日刻刻為生始、為肇造之朕，亦日日刻刻有已生、方生、未生，是以船山方言：「未生之天地，今日是也；已生之天地，今日是也。唯其日生，故前无不生，後无不生」〔註5〕。不只陰陽變化無間、生生不息，萬物自稚而壯而老，形變德化，亦無時不易其故容，無時不生其新貌，故未死以前皆生也。

在此我們可以明顯地發現：對船山而言，「變化」即是「生」的具體內容，「天地之德不易，天地之化日新」，由陰陽之屈伸浮沈、推移升降，世界面貌因而變化日異，此即生生之德、不息之道。換言之，就天道而言，「生」的具顯並非見於由陰陽之「無」到陰陽之「有」的發生瞬間，而是表現為陰陽永無止息的變合摩盪過程。同理，萬物之生亦不限於形成質凝之剎那，而是展

〔註1〕 《讀四書大全說》，頁 750～751。
〔註2〕 《思問錄》，頁 417。
〔註3〕 《讀四書大全說》，頁 751。
〔註4〕 同註3。
〔註5〕 《周易外傳》，頁 885。

示爲在未死以前一段時時改變、刻刻不同的生命進程。因此，若但以方生之時爲生，則生之後不當亦不能再有任何改變，此將如「陶人作甕相似，一出窰後，便儘著只將者箇用到底去」〔註6〕，其邏輯之謬舛、思慮之不周固不言可喻。

二、命日降，性日生

（一）天命之謂性

　　由於船山以「變化」闡發「生」之義蘊，且因此得出天地日生、萬物日生之概念，故對《中庸》「天命之謂性」一語亦有了嶄新的詮解視野：

> 二氣之運，五行之實，始以爲胎孕，後以爲長養，取精用物，一受於天產地產之精英，無以異也。形日以養，氣日以滋，理日以成；方生而受之，一日生而一日受之。受之者有所自授，豈非天哉？故天日命於人，而人日受命於天。……天命之謂性，命日受則性日生矣。〔註7〕

萬物形凝質結之瞬間爲有生，有生以後至未死以前是皆生事，形體神德日有變化，此即是日新而日生。不只在胎孕之初，「人物之生，一原於二氣至足之化」〔註8〕；即使在誕生之頃、長成之漸，亦莫不取二氣五行以爲資養，或由呼吸以入，或自飲食以得，其所呼吸者固爲陰陽之氣，而所飲所食的天地之產，亦「皆精微茂美之氣所成」〔註9〕，是皆受之於天，得之於天命，故船山又指出：「未生而生，已生而繼其生，則萬物日受命於天地，而乾坤無不爲萬物之資」〔註10〕。在《周易外傳》中，船山對天之日命及性之日生有更具體的說明：

> 陰陽之理，建之者中，中故不竭；行之者和，和故不夾。不夾不竭，以灌輸於有生。陽行不息，陰順無疆，始以爲始，中以爲中，迭相灌輸，日息其肌膚而增其識力。〔註11〕

形神、理氣互相爲體，氣必有理，當氣灌輸於有生，理亦隨之傾注；氣凝形

〔註6〕《讀四書大全說》，頁750。
〔註7〕《尚書引義》，頁300～301。
〔註8〕《周易內傳》，頁520。
〔註9〕《思問錄》，頁420。
〔註10〕《正蒙注》，頁286。
〔註11〕《周易外傳》，頁861。

成，理注神益，故既息其肌膚，亦增其識力；明德之性日生，氣質中之性亦日生。

因此，「天命之謂性」之「命」殆非只降授於一時，人物對天命的繼受亦非僅限定於一刻；天日命於人，人日受命於天；作爲動詞之「命」乃是一永續無間的灌注活動，作爲名詞的「命」亦呈顯出萬變不齊的內容。而天命之謂性，命既日降，性自是日受而日生，隨天命之所有而變化增益其所有，體異則用異，體有所變動，則用自不居於常故，此自然之理也。

除了透過呼吸及飲食以養人之形、生人之性外，習俗風尚亦天降命於人的又一途徑。習俗風尚皆器也，是皆氣之凝結，是皆天也，「南方之氣中剛而外柔」，容易形塑出南方之強；「北方之氣悍發而難制」，容易造就出北方之強〔註12〕。南方之強與北方之強乃形成神凝之後，在氣之日命及主體習染的雙重影響下所生益的後天之性。

由此可知，在船山的思想體系中，「天命之謂性」實包涵了先天之性及後天之性二論述範疇，形成之前爲先天，形成之後爲後天；而不論是明德之性、攻取之性、好惡靜躁之性、氣質中之性等，皆是天命的範圍，然日生之性則必後天之性，此自不待言。

（二）德命與福命

第三章第二節有云：氣必有理，理有健順五常之至理及生殺治亂、昏明清濁等條理，理別則氣別，然氣別理亦別。陰陽二氣必有健順之理同，然不能確保條理之無異。因此，當天以氣理日命於人，其內容勢必有同有異；同者健順五常之理氣，異者萬物各別之條理。對此不同的降命內容，船山分別以「德」、「福」詮說其蘊：

> 人之有生，天命之也。生者，德之成也，而亦福之事也。……惟其同，故一亦善，萬亦一善，乍見之心，聖人之效也，而從同以致同，由野人以上，萬不齊以至於聖人，可相因以日進。……惟其異，故人差以位，位差以時，同事而殊功，同謀而殊敗也，而從異以致異，自輿臺以上，萬不齊以至於天子，各如量而不溢，猶數種以生，爲稻爲粱而不可移。〔註13〕

〔註12〕《四書訓義》，頁 122～123。
〔註13〕《周易外傳》，頁 934～935。

「夫致者，其有未至而推致之以必至也」〔註14〕，「致」乃是一人爲努力的過程。凡天所命，皆「天之氣化無心而及物者」〔註15〕，故有德有福，有同有異。「德」即健順五常之性，自野人齊於聖人，倘能推致充拓之，則野人可進於聖人。「福」則化亨生殺、壽夭窮達之遇，船山又稱爲「氣數之命」；此類氣數之命縱勉力推致，亦不能令殺者生、夭者壽、窮者通，不能使風折之稻結穗，不能起伯牛不癒之疾。雖然如此，人仍有足夠的能力轉福爲禍，使壽者夭、通者窮：

> 氣數之命，夭者不可使壽，而壽者可使夭；窮者不可使通，而通者
> 可使窮。故有耽酒嗜色以戕其天年，賊仁賊義以喪其邦家。〔註16〕

船山雖認同天命有無可如何之遇，但並不落入命相方術家的宿命之說，而是在客觀環境的限制下，昂然宣示人的主體性與決定權，強調主體對生命方向所需擔負的責任，堅守儒者「修身以俟命」的立場。在此，我們看到「用以備體」思維的強烈輻散。但見體對用的限制者爲命相方術家的視野，而深察用以備體、體用相涵之義，了解不只體能規定用，用也同樣能決定體，此則爲儒家的莊嚴認識。

福命之內容，乃人人各異；德命之內容，則人人皆同。雖則人人皆有仁義禮智、健順五常的明德之性，但放失忘逝者仍所在多有，故小人奔途而君子罕見。然若明德之性業已放失，那麼「我欲仁，斯仁至矣」的成德基礎與乍見生心的必然惻隱將如何可能？船山云：

> 在天命之爲健順之氣，在人受之爲仁義之心。……氣自生心，清明
> 之氣自生仁義之心。……天無無理之氣，而人以其才質之善，異於
> 禽獸之但能承其知覺運動之氣，尤異於草木之但能承其成長收藏之
> 氣。是以即在牿亡之餘，能牿亡其已有之良心，而不能牿亡其方受
> 之理氣也。〔註17〕

人爲二氣五行之秀者，故在性命日降的天道流行中，得同時承繼成長收藏、知覺運動及健順五常之理氣；故縱先天之明德放失，後天的明德之性仍隨著清明健順之氣的不斷灌注而日生其心，此之謂「德之灌注者不中已於小人」

〔註14〕前揭書，頁935。
〔註15〕《讀四書大全說》，頁677。
〔註16〕前揭書，頁728。
〔註17〕前揭書，頁1076。

〔註 18〕。因此，即使已放失其心，但在命日生、性日受的天道運化下，健順五常之德終不可能絲毫無有，至善之性亦不可能纖芥不存，此即人人皆可為堯舜的最佳保證。

然而，「乾不絕小人而小人絕乾」〔註 19〕，命日降，性日生，小人既未能存養，更遑論充拓，遂令仁義之心旋臨旋去，明德之性旋生旋失。縱然如此，由於氣無間息，理亦無間息，性之生注亦無間息，故雖小人乍見孺子入於井，亦必有惻隱之心流淌湧動，此惻隱之心即起於日生之性、源於方受之理氣。因此，船山一方面指出由乍見方生惻隱乃是「極不好底消息」，一方面卻也由此提示天道生生不息，命日降，性日生的活潑化機：

> 天之與人者，氣無間斷，則理亦無間斷，故命不息而性日生。學者
> 正好於此放失良心不求亦復處，看出天命於穆不已之幾。〔註 20〕

明德之性雖不求亦復，但若未加存養充拓，終究只是無法燎原的星星之火。且如氣能聚則能散，性可日生亦意謂著可日流日放，故不可因性之不求亦復遂廢人力而恃天工。相對於福命之不可充致、亦不當殫思竭慮以求充致，船山則強調「君子致德之命，致而上極於无已」〔註 21〕之要。天命人以福以德，性命日生為天事，致德命則為人事。體以致用，用以備體，唯有盡人事方能顯人道之尊、天道之妙，亦是對天道最高的禮讚。

三、性日新日成

船山嘗言：

> 性者，生也，日生而日成之也。〔註 22〕

在船山的思想體系中，性之「成」可分為二階段：質結形凝之初的「繼善成性」，以及形生器備之後的「日生日成」。前者純是天命之降，後者則多人工所就。

性命雖日受日生，但並不意謂主體皆能存養得住這日生之性，令日生之性獲得實現與成就。在道德人格的展現上，主體握有絕對的主控權，只有主體能決定自身將呈顯出何種倫理面貌，決定自身的上昇及墜落，安排自身的

〔註 18〕 《周易外傳》，頁 935。
〔註 19〕 前揭書，頁 822。
〔註 20〕 《讀四書大全說》，頁 1077。
〔註 21〕 《周易外傳》，頁 936。
〔註 22〕 《尚書引義》，頁 300。

道德進程。此一倫理面貌及道德進程即謂之「成」，而面貌及進程人人不一、日日不一，故船山遂有「既生以後，刻刻有所成」之語〔註23〕，性日生日成之說亦因之而得以成立。

　　日生之性爲天道，日成之性爲人道；性日生在於天，性日成則存乎人；日生日成之性乃是天人共同成就的結果，其中展示著體用相涵、動態辯證的生命眞相。以下就四方面闡釋船山「性日新日成」之義。

（一）知見日積

　　橫渠曾將「知」分爲見聞之知及德性之知，而以德性之知爲天德良知，見聞之知爲小知〔註24〕。船山尊崇橫渠，注解《正蒙》一書時並未提出異議，而是以「行所不逮，身所不體，心所不喻，偶然聞一師之言，見一物之機，遂自以爲妙悟，小知之所以賊道」〔註25〕的疏釋，技巧地指出聞見之所以爲小，蓋因未能身體力行，徒然侈言闊談之故。船山雖推重張子，然對船山而言，客觀的知識實有其嚴肅而不容輕忽的意義，知見之所得亦非僅是與己不親、無與於道的客感客識而已，而是日新之命的重要內容：

> 知見之所自生，非固有。非固有而自生者，日新之命也。原知見之
> 自生，資于見聞；見聞之所得，因天地之所昭著與人心之所先得。
> 人心之所先得，自聖人以至于夫婦，皆氣化之良能也。能合古今人
> 物爲一體者，知見之所得，皆天理之來復而非外至矣。故知見不可
> 不立也，立其誠也。介然恃其初聞初見之知爲良能，以知見爲客感，
> 所謂不出于頹者也，悲夫！〔註26〕

日新者，即日生日成之意，生、成皆是由「彼」而「此」的變化，既是變化，則是形改貌遷、不同於故，不同於故則爲「新」，故曰「日新」。知見者，即概念、知識之謂也。見聞者，爲名詞時乃感覺能力，任動詞時則爲認知功能。萬物爲見聞對象、認知客體，吾人透過感覺能力認知到對象，完成了「認知動作」（即「見聞」），復由認知動作的完成而有了「認識」，並因此形成「概念」或「知識」（即「知見」）。由船山將見聞所得之知見一併納入日新之命的範疇，我們可以發現：性命日新一方面有賴於天地氣化提供以客觀條件，一

〔註23〕《讀四書大全說》，頁752。
〔註24〕《張載集》，頁20、24。
〔註25〕《正蒙注》，頁113。
〔註26〕《思問錄》，頁420。

方面肇成於主體的實質參與，乃是主體與客體辯證發展的結果，亦可謂體用相涵所成之「一」。

然則何以知見所生可充拓出日新之命、可涵攝於日新之命？此可由二角度說明之。

首先，知見之所生，生於見聞。見聞（感覺能力）乃吾人之良能，為性中之本有，故船山以「人心之所先得」表稱之。既是天性之所有、氣化日益之良能，則由此良能所得之認知乃是體以致用的必然作用與活動，何可拒於性命本體之外？何以不能充盈並彰示性命本體的內容？

其次，見聞的認知對象乃天地萬物或自身。「物，無非天象也；變，無非天化也；凶吉、得失、亨利、悔吝，無非天教也」〔註27〕，「夫婦、鳶魚，為道之所昭著」〔註28〕，盈天下之間皆器也，皆道之用、道之顯，由用得體、即器遇道，則知見所得何有非道？何非性命之蘊？故以知見所生、見聞所得為日新之命，何有不宜？

正因知見之認識主體為天授良能的感覺能力，認識對象為天道顯用流行的萬有之器，故船山方言：「見聞之所得，因天地之所昭著與人心之所先得」；復因此二條件俱為天理所有，是以船山又言：「知見之所得，皆天理之來復而非外至」，故可言「誠」。換言之，知見的產生乃是吾心透過天理所予的良知良能向天理的認取，亦可說是天理向吾心的開顯與呈露，乃是用其體以成體之思維模式的開展。是故，愈豐富的認取即意謂著天道愈開闊的示相，也意謂著性命內容愈趨整全與廣涵。由此，吾人可發現：船山之「全體大用」，除了表現為「質」的呈露之外，亦要求「量」的拓增及盈注。因此，船山表示：

> 天下之疊疊者皆能生吾之心。〔註29〕
>
> 若古今名物象數，雖聖人亦只是畜積得日新富有耳。〔註30〕

「生吾之心」即在擴充吾人之心識、心量，既是認取天道，亦是令天道及自身有更多的容納及更大的開發。是故，性命因日新而富有，由富有而日新，雖聖人亦不拒天下之疊疊於性命之外。

〔註27〕前揭書，頁 423。
〔註28〕《正蒙注》，頁 151。
〔註29〕《思問錄》，頁 423。
〔註30〕《讀四書大全說》，頁 730。

透過以知見之生為日新之命的論述，船山提高了知識的地位，消泯聞見之知與德性之知的限界，也拓展了性命的疆域與內容，使性命道德之量受可無限的拓充與延伸。此外，船山將知識涵攝於天道性命之中，令知識無零碎餖飣之弊，亦無喧賓奪主之虞。知識為誠，為天理之本有，為良能可認取者，為可豐富性命者，知識的意義更厚實而活潑，但尚不至被錯認為根源價值及認識首序，此中或不能無調和朱、陸之微意。

（二）性日成

船山曾對初生之性及日新之性進行分梳：

> 夫一陰一陽之始，方繼乎善，初成乎性，天人授受往來之際，止此生理為之初始。故推善之所自生，而贊其德曰「元」。成性以還，凝命在躬，元德紹而仁之名乃立。天理日流，初終無間，亦且日生於人之心。惟嗜欲薄而心牖開，則資始之元，亦日新而與心遇，非但在始生之俄頃。而程子「雞雛觀仁」之説，未為周徧。〔註31〕

初生之性乃繼善所成，「元者善之長」，故稱此初生之性為「元德」；凝命為人之後，復立以「仁」之名。而不論元德或仁德，皆非盡於初生之頃；天理日流，刻刻有生氣，刻刻有生理，則是刻刻有仁。故程子雞雛觀仁雖不可謂非，但終是限時於初生一刻，未觀照到生生不息的天理降命，亦未體察到無時不顯、無處不生的肫肫浩浩之仁，因之未為周徧。

日生的明德之性與初生的明德之性雖降受之時有別，但內容曾無或異，皆是仁義禮智之理，皆無異於資始之元。既是如此，倘初生之元德尚未放失，自必與日生之明德符節相合，又何須「日新」之後方得與日生之明德相遇？此豈初生之明德異於後天日生之明德？

今按：元德之性自是仁義健順，無絲毫渣滓；但人或囿於形氣欲望、蕩情私意，不免因情蔽性、以欲凌理，致元德之性遭受重重遮蔽，掩覆其原來面目。日生之明德則受於方來之理氣，尚未受到主體情欲形質的遮掩，瑩亮度自不與已遭掩蔽的元德之性等。故惟嗜欲薄，使元德之性能擺落干擾，復其本原，方得與日生之明德亭凝交遇為一。「遇，則恰與之合也」。〔註32〕

由此可知，「日新」之意乃透過日去非理之欲、非性之情，而新其受蔽之故貌，復其瑩然本體，以與日生之明德亭凝遇合為一。故日日新者，就明德

〔註31〕《周易外傳》，頁 825～826。
〔註32〕《周易稗疏》，頁 778。

之性的「量」而言，是增益與添注；就明德之性的「質」而論，則是還原及朗現。換言之，日新日成之目標，乃是主體經由自覺及努力，使初生元德的內蘊得以被揭露呈示，令道德本體得以開顯具現，同時保持得住日生日受的健順理氣，使性體瑩然光明，令性量飽實盈溢，此即所謂的全體大用。

就天道而言，性日新日成乃是二氣消息聚散的自然現象；就人道而論，則是學者的成德工夫。故船山指出：

> 尋繹其所已知，敦篤其所已能以熟其仁，仁之熟則仁之全體現；仁之全體既現，則一也。……孩提始知笑，旋知愛親，長始知言，旋知敬兄，命日新而性富有也。〔註33〕

由知笑而愛親、知言而敬兄，此皆是性命之日新；而之所以有此日新之貌，蓋因主體之自剔自屬，日易其故，日新其德，使明德之性日漸朗現與呈露，引導主體從事道德踐履，實現倫理價值。而亦唯有透過道德實踐，明德之性方得被形著，亦方可言完成；體以致用，用以備體，體用相拓相充，唯義精仁熟而明德之性方得現其全體而顯其大用。

由是言之，初生之明德雖善，然不可言成，亦不得言備；以其只有天工，但無人事；以其只有存在，尚未活動；以其但有體，然未顯用。故船山說：

> 孟子亦止道性善，卻不得以篤實、光輝、化、不可知全攝入初生之性中。……此處漫無節奏，則釋氏「須彌入芥子」、「現成佛性」之邪見，皆緣此而生。愚每云「性日生，命日受」，正於此處分別。〔註34〕

初生之明德但有而未成，所謂的性善之名但在說明其倫理向度及道德潛能，而非表述其道德境界，更非稱說其實踐成果。篤實、光輝、過化、不測不知之妙乃明德之性全體朗現後所成就的大用，亦是明德之性大為昭宣後的功能；而唯有透過大用及功能，明德之性方可完全開顯與揭露，方可謂充分的實現與完成，此亦由用顯體思維之開展。以初生之「性善」為道德實踐之「性成」，乃是妄語邪見，未有「用」與之相拓相充之「體」，如何能稱得上「全體」？天道的內容需要人道的周全，天命之明德需要人工為其落實與具現。性日新乃是人向天道的趨近及回歸，性備成則是天人浹貫與性道的完成。即是基於此一理解視角，船山方表示：

〔註33〕《思問錄》，頁416～417。
〔註34〕《讀四書大全說》，頁1017。

　　雖曰性善，性卻不能盡善之致，善亦不能盡性之藏。〔註35〕

「道大而善小，善大而性小」，由道而善而性，乃是結構次序及涵量範圍的遞說。由於善大而性小，故初生之性不能盡括善之藏蘊；但當性體展拓至全體大用，上達於道，篤實光輝，大而化之之時，其至誠境界又非善之涵量所能界說。故不能盡善之致者，初生之性也；善不能盡其藏者，備成之性也，二「性」義固自不同。繼善之性爲道德根據，日成之性方爲主體最後的道德境界。「在天之天，不貳；在人之天，不測」〔註36〕，初生之性乃天之天，有不貳之同；日成之性乃人之天，現不測之異。論性者不能作此分別，混人事於生始，遂有「以成爲始」之失：

　　執其固然，忘其所以然，而天下之大本不足以立。以成爲始，以得
　　爲德，而生生之仁不著。〔註37〕

「成」、「得」，皆是後天所成之性，人人各別；「始」、「德」則初生之性，孟子所言的性善是也。但人或不能辨，性分三品之說正是以成爲始、以得爲德的誤認；相對於此，現成良知、現成佛性之說則是「廢人工而不講」〔註38〕，乃是以始爲成的無知。凡此，皆是將「體」視爲一僵固不動的存有，而不能識及在體用相涵的發展中，體、用的面貌固因其間之互動而時時相異。在此，我們看到作用的顯發程度決定了本體的高度，用以顯體，用以證體，亦唯用得以備體。人道之尊嚴並不建立在天命於人的道德根據，而在於透過進德工夫所顯露的道德本體能有多少的瑩亮透明，在於此道德本體能流顯出多少作用活動，在於此道德本體能有多少的開展與實現；堯、湯之誠明即在乎是：

　　成湯於天所錫予之靈覺，時勤內省而瑩治其本體之光輝者也。……

　　帝堯於心所獨尊之至理，大爲昭宣而益顯其所性之功能者也。〔註39〕

成湯日新其德，一日有一日之身心，一日見一日之本體，一日復一日本性所具備之天理。帝堯日成其性，一日顯一日之功能，一日起一日之大用，澤及生民，篤實光輝，性德所充，固已與天地並，殆非「善」之一字所能形容。

　　不論成湯或帝堯，其身心性德並未因已臻全體大用而遂定止於一型，內省其德、昭宣其性的努力亦不能因此而告斷歇。「成」字所表達者乃境界的圓

〔註35〕《讀四書大全說》，頁1017。
〔註36〕同註35。
〔註37〕《周易外傳》，頁826。
〔註38〕《讀四書大全說》，頁717。
〔註39〕《四書訓義》，頁52。

成及方向的趨歸，而非生命的停頓與努力的息絕。日新日成是生命永恒的實相，氣化不息，日易其故，宇宙及生命的圖象永遠萬端；對君子而言，日新日成亦是終生無違的努力目標，知所未知，行所未行，日新又新，日成又成，不容自已，何有終極，何有不能再增刪一毫的不易之「成」？何有不能再增加之「量」？

因此，停凝不動的「成」不只不存於聖人，亦不能見於天地；天道與人道恒處於日新日成的自然或自覺狀態中，無有終極，未見究竟。是故，不只人無究竟之日，天道亦無究竟之時：

> 天無究竟地位。今日之化，無缺無滯者爲已得；明日之化，方來未兆者爲其未得。觀天之必有未得，則聖人之必有未得，不足爲疑矣。大綱說來，夫子「十五志學」一章，以自顯其漸進之功；若密而求之，則夫子之益得其未得者，日日新而不已，豈一有成型，而終身不舍乎？……觀之於天，其有一成之日月寒暑，建立已定，終古而用其故物哉？〔註40〕

「究竟」乃至善之終止，不能減一分，不能加一毫，其型範不可、不能亦不當有任何改變的空間，其內容蓋全知、全得、全能的廣涵與包納。而氣化不息，日新其貌，新者已得，未新者未得；既有未得之貌，則天非「全得」的包舉，亦即不能有「究竟」的內容與特質，是以船山高聲宣示：「天無究竟地位」。天無究竟，聖人更無究竟；成德境界無止境，工夫亦無止境。以「可停頓息止」爲義的「成」，永遠不可能存在於儒學的思想體系中。

是以，「日新日成」既是生命及世界的必然圖象，同時也是紮實的踐履工夫，亦爲學者致力的道德方向；或許還可以這麼說：那是一個吾人皆已身歷其中，但卻永遠不能宣稱已經到達的地方。

（三）才日生

天之命人，有理有氣，有神有形，有性有才。才爲器質形色，並由此器質形色而生的好惡靜躁、愚賢敏鈍之資。明德之性眾人皆一，器質形色則各異如面，故繼善之性皆具相同的仁義禮智之德，但形色之才則因「造化無心，而其生又廣，則凝合之際，質固不能以皆良」而不能無高下全偏之異。體因用備，性以才顯，德由才盡，然天生之才若有偏陋，無法彰盡性體之淵奧，

〔註40〕《讀四書大全說》，頁705。

則將奈何？對此疑惑，船山提出解答：

> 用之大者因其才，性其本也，性全而才或不足，故聖人不易及。然
> 心日盡則才亦日生，故求仁者但求之心，不以才之不足爲患。〔註41〕

唯才可彰顯性體之大用，故船山亦承認才之不足乃聖人不易及的因素之一。
雖則如此，吾人仍不必坐困愁城，形色之面貌無可改易，但形色所具備的聰
明幹力等「能力」卻可以透過自覺的努力及修習而日漸增益，此之謂日生其
才，此之謂才日生。故船山又說：

> 志立則學思從之，故才日益而聰明盛，成乎富有；志之篤則氣從其
> 志，以不倦而日新。〔註42〕

形質爲氣所凝就，志壹則動氣，故篤志於聖德，以學以思，自可致曲有誠，
拓才之偏、矯才之陋，使耳益聰、目益明，日益才之識力。

另一方面，如第三章第五節所論，形色耳目的本質原在於對萬物如實合
宜地辨識、判斷與安置，而非只是接收與感知；形色之才既實踐道德，其本
身亦爲道德。「耳以聰而作謀，目以明而作哲，惟與思爲體」，與心思相爲體
用之形色，聰明謀哲，見善而覺善，見惡而知惡，是是非非，好好惡惡，其
所視聽言動，莫非本心本性之發用。職是之故，船山方有「心日盡則才亦日
生」之論斷。「才日生」一如性之日生，不只在還原及朗現形色的本質，亦在
增益及拓展形色之能力；本質所受的遮蔽愈少，量能的力道愈大，「質」的顯
發可促使「量」的增益。

但人多受私欲私意之蔽，不能知才之本質，不能盡才之大用，無法具顯
才的存在內容，亦無法拓增其量能。唯有學思並進，日盡其心，日知其性，
方能日生其才。而當才的道德本質日漸呈露，形色的能力自可由接收、感知
而至辨識、判斷，進而完成以物付物的回應與安置，亦即由視而明而哲、由
聽而聰而謀，形色能力將益趨弘大，此即日益其才、日生其才。

是故，船山雖不反對才有偏全之說，且承認才之偏濁者在成聖之路上確
有較多崎嶇，但因形色本質皆一，皆能成就道德且成爲道德，故才之偏濁者
雖不易及聖人，卻非不能及。倘能擺落私欲私意對心、才的種種遮蔽，開敞
形色之本質大用，則聰明謀哲之良能仍將穿透愚鈍偏陋之先天結構，釋放其
強大能量。故船山指出：

〔註41〕《正蒙注》，頁 200～201。
〔註42〕前揭書，頁 210。

才以日用而生，思以引而不竭。〔註43〕

日用者，即日日拓展其大用，時時呈露其面目，而就在形色本質的日漸開顯中，形色之才的能力亦將日漸張大，由知感聞見之小用擴充至判識處物之大用。當此之時，偏濁愚鈍之才非但無法範圍主體的成德可能，且正是主體得以衝破限制、樹立人道尊嚴的最佳明證。對此於有限之中開拓無限的豪壯作為，船山稱之為「命自我立」：

> 性命於天，而才亦命於天，皆命也。晏嬰才有所蔽，不足以至於孔子之廣大，若是非之性則無以異也。仁義禮智之體具於性，而其為用必資於才以為小大偏全。唯存神盡性以至於命，則命自我立，才可以擴充以副其性，天之降才不足以限之。故君子於此，以性為主，而不為命之所限。〔註44〕

性、才皆命，才不足則用小，用小則其體不弘。天之降才或有偏小愚拙，但可益可生、可充可拓；而正是在日生其才的努力中，人的主體性獲得完成與昭顯，主體非但不為形色所困，且能開拓形色、增長形色、實現形色、圓成形色。能令人有其才者，天也；能令才「篤實以發光輝」〔註45〕者，人也。承命為天，立命為人，在立命的努力中，我們看到勇氣與豪情的美麗展現。

（四）習與性成

船山性日生日成之說，既指出了氣化日新、天命日降的自然不容已，也精確地解釋了人性之所同與人性之所以異，且在性命範疇中妥善地安置了天、人的位階：天道有生人之德，人道有立命之權，天人各司其職，各有其分。人皆具仁義禮智之明德，故不可妄自菲薄；唯此明德之性有待人的實現與成就，絕無現成之理，故又不可據以自恃；唯有透過體用相涵的辯證發展，才能決定人性最後的圖式。船山說：

> 有在人之幾，有在天之幾。成之者性，天之幾也；初生之造，生後之積，俱有之也。取精用物而性與成焉，人之幾也；初生所無，少壯日增也。……懸一性於初生之頃，為一成不易之例，揣之曰：「無善無不善」也，「有善有不善」也，「可以為善可以為不善」也，嗚呼！豈不妄與！〔註46〕

〔註43〕《周易外傳》，頁948。
〔註44〕《思問錄》，頁227。
〔註45〕前揭書，頁422。
〔註46〕《尚書引義》，頁302。

繼善成性之性爲先天之性，包括明德之性、攻取之性、好惡靜躁之性，是皆氣質中之性。後天之性乃天命日降及主體日新日成所共同造就，而尤重人工所得，特見「用以備體」之義。先天之性相去不遠，故曰「性相近」；後天之性則各因工夫之所至，而透顯出瑩暗不一之本體，其性遂有善不善之別與高下之異。明德之性乃上天致贈之厚禮，後天之性方爲蓋棺的結論，乃是主體最終的道德層次。船山即以此理解視角詮發孔子「習相遠」之語與《尚書‧太甲》「習與性成」之義：

> 孔子固曰：「習相遠」也。人之無感而思不善者，亦必非其所未習者也。如從未食河豚人，終不思食河豚。而習者，亦以外物爲習也。習於外而生於中，故曰「習與性成」。此後天之性所以有不善，故言氣稟不如言後天之得也。〔註47〕

先天之性或有偏全，然偏者乃短於此而長於彼，雖非至善，亦不至於不善。後天之性雖有受之於天，然亦成於人之自取自用，「取之多、用之宏而壯，取之純、用之粹而善；取之駁、用之雜而惡」〔註48〕；此一受承、取擇、起用之過程，即謂之「習」，乃是形塑後天之性的主要決定因素。

　「習」的首先表現方式即透過時代、地域背景等管道所造成的影響及漸染，船山稱之爲「習俗」：

> 強出於性也，而生乎氣。有以性之剛正者而作其氣焉，有以氣之偏至者而迷其性焉，此不可不辨也。……夫氣之偏至，則因乎地矣，若吾性中剛正所生之氣，則任道之資，學者所尚，而地不足以限之也。……南方之氣中剛而外柔，遂相習爲南方之強矣。……北方之氣悍發而難制，遂相習爲北方之強矣。抑而知習俗之不可以移人，而變化氣質之自能全吾性之堅貞以無所屈，爲學者任道之全功。
>
> 〔註49〕

剛正之氣所生之強乃源自明德，大中至正，無所偏倚；受南北地域風尚所習染而生之強則各有偏失，爲後天所就之性。南方之強所受承、取擇、起用者皆中剛而外柔之習俗，習俗非內生，乃自外襲，是亦廣闊天命的內容之一。主體透過「氣」的接引，習受此氣於外；既習受之，復取用之，日日習受，

〔註47〕《讀四書大全說》，頁962。
〔註48〕《尚書引義》，頁301。
〔註49〕《四書訓義》，頁122～123。

日日取用，終至內化為生命的一部份，形塑出南方之強的後天之性，此即「習於外而生於中」，是謂「習與性成」。一言以蔽之，「習與性成」乃是主體內化的過程。

除了習俗之外，飲食起居、見聞言動等莫非「習」之供應來源，莫非「習」的發生對象，亦莫非「習」的活動場域：

> 然則飲食起居，見聞言動，所以斟酌飽滿於健順五常之正者，奚不日以成性之善；而其鹵莽滅裂，以得二殊五實之駁者，奚不日以成性之惡哉？〔註50〕

在此我們可以清楚地看到：習與性成原有向上攀越及向下墜落二種可能方向。習於正則成性之善，亦即令明德之性層層開顯，呈露其瑩然本體，綻放其篤實輝光；亦可使明德之性愈趨富有，沛然莫禦，流顯敦化大用。習於駁則成性之惡，性之惡者無他，乃明德之性的掩抑及遮蔽，健順之德的餒弱及稀薄，仁義之心的放失與陷落。是以君子須自強不息，「日乾夕惕，而擇之、守之」〔註51〕，令日生之性有善而無惡，令日生日成之性與初生的明德之性相互輝映。故船山又說：

> 氣日生，故性亦日生。……乃氣可與質為功，而必有其與為功者，則言氣而早已與習相攝矣。是故質之良者，雖有失理之氣乘化以入，而不留之以為害；然日任其質，而質之力亦窮，則逮其久而氣之不能為害者且害之矣。蓋氣任生質，亦足以易質之型範。型範雖一成，而亦無時不有其消息。始則消息因仍其型範，逮樂與失理之氣相取，而型範亦遷矣。若夫絲不善以遷於善者，則亦善養其氣，至於久而質且為之改也。故曰「居移氣，養移體」，氣移則體亦移矣。……乃所以養其氣而使為功者何恃乎？此人之能也，則習是也。是故氣隨習易，而習且與性成也。〔註52〕

船山於此清楚地說明了習與性成的過程。盈天下之間皆器也，飲食起居、見聞言動、風尚習俗皆器也，皆氣之所凝。「習」對人的漸染與形塑，乃是透過氣不絕如縷、無聲無臭的傾注。

人蓋由氣凝而有形質，形質一成，即有具體可見的結構規模，船山稱之

〔註50〕《尚書引義》，頁302。
〔註51〕前揭書，頁301。
〔註52〕《讀四書大全說》，頁860～861。

爲「型範」。既爲型範,雖非必不可移易,然型範的改變自是不能如氣之消息往來般迅速快捷。因此由天地降命、風俗習尚、耳目聞見等途徑所得之氣雖日注於人,但因氣變合無間,時消時息,不能常住於人,存留於形質中的時間有限,除非源源不絕的傾注,否則改變此型範的能力固亦有限。其次,若形色質才有著較高的質地,對失理之氣的受承度即較小,取擇此失理之氣的可能性也較低;反之可以類推。

雖然如此,型範並非不可改變。倘主體未有自覺,一任質與氣相取相受,令此美才良質獨自與失理之氣相抗,而全然未教「心思」參與成性存存的工作,時日一久,美才良質亦將力衰神疲,終與失理之氣相攻取,遂致型範遷改、不善之習由外受而內生,此之謂習與性成。

明德之性人皆有之,器質形色之偏正純駁則人人殊異。然質之秀美者猶有爲失理之氣習染之憂,況質之羸弱者乎?當然,上述習與性成的發展自可有截然相反的走向,亦即令型範之駁鈍者變化氣質而日呈其性善之質,日增其明德之量,日復其明德之光。「習」之義大矣哉!

船山曾爲「德」的形成方式進行分析:

> 德有性之德,有行道有得之德。……如行道而有德,則得自學後。
>
> 得自學後,非恃所性之理也。〔註53〕

性之德源於天,行道有得之德成於人;由「性善」見天德,於「習相遠」觀人德。對船山而言,此正《孟子》與《論語》之大分野,亦孔、孟不同的示教方向:

> 孟子言性,孔子言習,性者天道,習者人道。《魯論》二十篇皆言習,
>
> 故曰「性與天道不可得而聞也」。〔註54〕

繼善成性,天道也;習與性成,人道也;而只有在精勤不倦、生死以之的努力中,人性的高貴與尊嚴方能完全展現。

四、全而生之,全而歸之

對於死生大事,儒家思想傳統向來是「謹於知生,而略於知死」〔註55〕,而對於孔子「未知生,焉知死」之教,船山殆如是理解:

〔註53〕前揭書,頁716。

〔註54〕《俟解》,《船山全書》十二冊,頁494。

〔註55〕《周易外傳》,頁1041。

> 故夫子正告子路,謂當於未死之前、正生之日,即境現在,反求諸
> 己,求之於「昊天曰明,及爾出王;昊天曰旦,及爾游衍」之中,
> 以知生之命;求之於「不聞亦式,不諫亦入,不顯亦臨,無斁亦保」
> 之中,以知生之性;求之於「直養無害,塞乎天地之間」者,以知
> 生之氣。只此是可致之知,只此是「知之爲知之」。〔註56〕

孔子提示子路須先求知生,然所當知之「生」者爲何?船山指出當知三重要
生事:天命不息,日降日受,此乃生之命;赫赫明德,日用而或不知,此爲
生之性;習與性成,當集義養氣以盡性踐形,此則生之氣。

死只是一死,生未是一次生,未死以前皆生也,「道之不息於既生之後,
生之不絕於大道之中,綿密相因,始終相洽,節宣相允」〔註57〕,道與生相
爲體用,體以致用,用以備體,以道而生生,以生生而顯道;用其體以成體,
道用生生以成道,生生用道以生生;體用相資相涵,故曰綿密相因,始終相
洽,未有孤存之時。

生事已知,然則死義若何?該如何理解「死」,面對「死」呢?船山說:

> 反諸其所成之理,以原其所生之道,則全而生之者,必全而歸之;
> 而欲畢其生之事者,必先善其成之之功,此所謂知生而知死矣。
> 〔註58〕

「死」者,即歸也,歸返天地,返歸太虛;然此僅爲最淺薄的理解。要深刻
地了解及面對「死」,則必先深刻地了解及面對「生」。「生」乃一綿密的日新
日成、體用相涵之歷程,既受之於天,亦成之於人,主體所成就的最後面目
訴說著主體處理「生」的態度,也總結著主體對「生」的回答,並決定了面
對「死」的姿勢。「生理已盡,安於死而無媿」〔註59〕乃是君子對「死」的期
望與認知。全而生之者,天所命我之良知良能、仁義明德原無絲毫欠缺,故
曰「全」;全而歸之者,臨終之際,回顧此生所得,本心未放,道心未失,習
性所成幸未掩蔽明德之性,無悖於初生之命,無忝於天地乾坤,故得將道所
予我的一分健順五常理氣歸返天地,此即「全健順太和之理以還造化,存順

〔註56〕《讀四書大全說》,頁752。

〔註57〕《周易外傳》,頁1007。

〔註58〕《讀四書大全說》,頁752。

〔註59〕此爲朱子語。船山論及先儒論生死大義時表示:「先儒之說,唯朱子『生理已
　　　盡,安於死而無媿』一語爲有津涯,其餘則非愚所知,而闌亂於老、釋多矣。」
　　　見《讀四書大全說》,頁753。

而沒寧」〔註60〕。惟全生全歸乃知死生大義，乃爲盡人合天的人道之極：

> 善吾生者即善吾死。伸者天之化，歸者人之能，君子盡人以合天，
> 所以爲功於神也。敬按：全而歸之者，必全而後可謂之歸也，故曰歸者人之能。
> 〔註61〕

「全而歸之」之所以有如此莊嚴的意義，蓋因君子返歸於天者不只有氣，更有下艱苦工夫而存養未失、光大昭著的健順至理。事實上，「死」者歸也，所歸者即氣即理，諸儒於此多未見其義。船山指出：

> 釋氏説生死有分段，其語固陋；乃諸儒於此，撇下理説氣，而云死便散盡，又云須繇造化生生，則與聖人之言相背。……蓋孟子合理於氣，故條理分明；諸儒離氣於理，則直以氣之聚散爲生死，而理反退聽。充其説，則人物一造化之芻狗矣。〔註62〕

以氣聚爲生，氣散爲死，此固多數儒者之共説；唯前儒多未識得理氣相與爲體、理氣無分體之實然，而單提氣之聚散，致死生大義不彰，復不能昌明天人體用相涵之綿密相灌、相資與相拓。此外，因學者遺落理而單説氣之聚散，遂發展出器死形亡，則氣亦隨之散滅無餘的錯誤論斷；如果能確實體察理氣互爲體用的依存結構，則必知此説之舛謬：「理」安有散滅無餘之時？船山更申明生死之理：

> 男女搆精而生，所以生者誠有自來；形氣離叛而死，所以死者誠有自往。……氣往而合於杳冥，猶炊熱之上爲溼也；形往而合於土壤，猶薪炭之委爲塵也。……則往固可以復來，然則歸其往者，所以給其來也。〔註63〕

船山雖同意生死乃氣之聚散，但聚散非生滅，而乃往來升降、屈伸消息。在此議題上，船山謹守橫渠規模，與朱子判然分途。

　　器毀形亡，氣散歸太虛，此即「往」；器成形生，氣聚凝生質，此謂之「來」。氣之散返太虛，如灰燼消融於塵土、煙霧融散於蒼穹，原有的型範結構及排組序列皆隨形器的消毀而消毀；但最原初的存有形式，亦即停凝渾合得住理的陰陽之氣，則是紛紛脱離此型範規模，以飄游的存在狀態絪緼於太虛之中，

〔註60〕 《正蒙注》，頁 190。
〔註61〕 《正蒙注》，頁 102。
〔註62〕 《讀四書大全説》，頁 753～754。
〔註63〕 《周易外傳》，頁 1043。

此之謂「歸其往」。

當又一形生器成，若該形質剛好範圍住此氣分子，此氣分子自須以構成質料的角色提供此形器之所需，此即「給其來」。唯須注意者，此氣分子必不可能與組成前形器的眾多氣分子再凝就為同一器，原班人馬不可能再聚，原排組序列亦不可能再生；氣化絪縕四散，如何圈禁停凝得住一定之氣？杯水入海，豈可能重新舀回此水？船山進一步說明氣之聚散往來：

> 其往也，渾淪而時合；其來也，因器而分施。……則或一人之養性散而為數人，或數人之養性聚而為一人；已散已聚，而多少倍蓰因之以不齊。故堯之既崩，不再生而為堯；桀之既亡，不再生而為桀。
>
> 藉其再生，則代一堯而國一桀矣。〔註64〕

器亡形死，一形之氣或散而入數形，數器之氣或聚而為一器，要之，絕無原音重現之理；因此，對朱子擔憂「太極仍用其故氣」之說將會落入釋氏輪迴的窠臼，就船山而言乃是過慮。朱子以由無而有之創造為生生，船山則主張變化重組、日新其故即是生生。

雖然堯不能再生為堯，桀不能再生為桀，但依據船山之思維，則「堯舜之神、桀紂之氣，存於絪縕之中，至今而不易」〔註65〕。堯舜桀紂既亡，則堯舜桀紂之氣必散歸入太虛，應機而待用，且不知已經幾番聚散。

而如前文所再三申發者，言氣即離理不得。故堯舜光輝明德之性隨氣存於絪縕之中，桀紂暴虐悖德之性亦隨氣浮游於太虛，隨時而起用。透過此一分梳，我們終於明白，何以知生而知死，何以善吾生者即善吾死，何以全生全歸為君子終生之憂、人道之極：

> 充性以節養，延於他日，延於他人，而要有餘清；充養以替性，延於他日，延於他人，而要有餘濁。……是故必盡性而利天下之生。
>
> 自我盡之，生而存者，德存於我；自我盡之，化而往者，德歸於天地。德歸於天地，而清者既於我而擴充，則有所埤益而无所吝留。
> 〔註66〕

充性者，充拓仁義禮智之性；節養者，節制非理之欲。人受天地之理氣以生，死而散返有生之理氣於天地，是天地生人，人亦生天地；天地成人，人亦成

〔註64〕前揭書，頁1045。
〔註65〕《正蒙注》，頁23。
〔註66〕《周易外傳》，頁1046。

天地；天地與人互相為體，互相為用。未解及此，且但以氣之聚合為生，氣之滅盡散裂為死，擱落下理，則天人關係乃純粹自上而下的號令，只有單線的決定，而非相互充注的依存；天之生人將如人做陶偶，形器一成，則人自人，偶自偶，判然獨立，各不相與。若果如此，人將如天道之傀儡，完全沒有主體性，將使「人物一造化之芻狗」耳。實則，天地與人乃為體用結構，相資相因、相淪相灌、相充相拓、相備相成；人恃天而生，天賴人以顯；人因天而成，天以人而備；天開展了人，人也拓充了天；天規定著人，人也決定著天。因此，人能全歸以贊天地，亦能為桀紂以累造化，體用相涵的結果，是世界的圖式由天人共同完成。

　　人能生造天地，且必透過理氣之歸返而生造天地，故變化氣質之目的蓋不僅在於致曲達誠，更在挹注宇宙天地的健順正氣；日益其才、日新其性亦非止於揭示道德本體的瑩然光輝，乃更在豐盈天地的誠篤至善；集義養氣、盡心踐形實不再只是個人的修養，而是為天地立心的莊嚴任務；成德結果亦不只關係到個人的道德面目，更決定了宇宙秩序及世界圖象。「全形以歸父母，全性以歸天地」〔註67〕故為至純之大孝。

　　「君子修身俟命，所以事天；全而生之，全而歸之，所以事親」〔註68〕，全而生之是天對人的供給，全而歸之則是人對天的回饋；「知死生之說，以為功於造化」〔註69〕，為功於造化亦是人對天地的參贊。透過此一詮發方式，船山為參贊天地提供了具體而合理的說釋，使參贊天地不再只是形上概念，而成為一可成就、可理解及可說明的存在事實、倫理作為與道德境界。人對天地的參贊既意謂著人對天地的支持，亦是人對天地的助成；在參贊天地中，人既完成了自身，也完成了天道；既使自身之存在內容及意義得以敞開，也敞開了天的蘊涵；體用相涵的思維在此有著極深邃的線索與極廣袤的開展。

　　而當人能夠以參贊的方式回饋天地時，人的主體意義業已提高至本體地位，不僅為天道之用，尚且可為天道之體，此天地人所以並列為三才，所以共同架構出宇宙的綱維。以人為主體的世界是倫理世界，以天人相為體用的世界乃是人文世界；而只有在充滿理性光輝的人文世界中，天道的內容與意義方能獲得認識與開顯。

〔註67〕《正蒙注》，頁356。
〔註68〕前揭書，頁22。
〔註69〕《讀四書大全說》，頁753。

第二節 聖人與天地相斟酌

「天人合一」爲中國哲學的重要概念〔註 70〕，在儒學傳統中，它表現爲存有本體、存在本質、活動律則、行爲方向、道德價值，乃至精神境界的合一；當然，大多時候，「天人合一」所揭示者乃爲一努力目標與生命理想，而非現成事實。孔子「下學而上達」和孟子「盡心知性知天」等說法，指出了天人內在本質的通貫性；而《中庸》「天命之謂性」的論述則爲此內在本質的通貫之所以可能做出了說明。

繼承此思想脈絡，船山亦篤信天人之間存在著極其緊密的連結；透過此一連結方式，天、人的深刻內容得以被展示與完成，且在此一結構範式中，成己成物、人文化成的儒家理想將獲得實現。

一、用以備體：人能弘道

宇宙萬物之終極本體曰「道」，在中國哲學的語言習慣中，亦常稱代爲「天」，或成詞爲「天地」，又或以「太極」爲稱名。然不論何種稱說方式，其內容皆乃「所以生萬物，成萬理而起萬事者也，資生資始之本體也」〔註 71〕。對多數中國哲人而言，天道不僅爲宇宙萬物之存有本體，亦爲其價值本體，宇宙萬物的所有價值及意義皆指向天道，亦歸止於天道。群有之器、陰陽之往來生化、萬物之亭毒豐殺莫非道用，莫非天道之活動流行。

雖然天道爲一切意義與價值的根源，本身具有充分的意向性及倫理學意涵，然而若無「人」爲其昭顯，則其倫理意涵及價值意向將無法獲得定義、認識與說明。船山指出：

> 天地之化，天地之德，本無垠鄂，唯人顯之。人知寒，乃以謂天地有寒化；人知暑，乃以謂天地有暑化；人貴生，乃以謂「天地之大德曰生」；人性仁義，乃以曰「立天之道，陰與陽，立人之道，柔與剛」。〔註 72〕

人與萬物同具靈明知覺能力，故能知寒暑雨暘。因能感知現象，故知得天道有此內容，天道內容於是得以被認識及說明，亦即得以向人、物展示其存在。

〔註 70〕 參見張亨：〈「天人合一」觀的原始及其轉化〉，收入沈清松編：《中國人的價值觀——人文學觀點》（臺北：桂冠圖書股份有限公司，1983 年），頁 179～212。

〔註 71〕 《周易內傳》，頁 525。

〔註 72〕 《讀四書大全說》，頁 704。

透過認知作用，天道進入「人」的意義網絡，且在此意義網絡中擁有存在座標與結構位置；此乃人對天道的開放，亦是天道對人的開放。

除了知寒知熱的靈明知覺外，人另獨具深刻的察識能力，此即「心思」，「動物亦能知感，然不會得思」。靈明知覺可認識現象，但唯心思能察識隱身於現象後的深刻義蘊，亦即形而上之道。故人、物皆能知寒熱，然唯人可辨陰陽、體健順、立柔剛。陰陽生生之化、剛柔健順之理體現了天道的道德內容與價值意向，天地之大德在於斯，天地之妙用在於斯。而此大德妙用唯賴「人」揭示之、昭著之，只有透過「人」的認取，天道的深刻蘊藏方得向世界敞開及呈露；故船山說：「顯天地之妙用者，人實任之」〔註73〕，此亦「用以顯體」之意。

進而言之，天道之大德非僅恃人以顯，實亦待人以成。船山說：

> 人之爲倫，固有父子，而非緣人心之孝慈乃始有父有子，則既非徒
> 心有之而實無體矣；乃得至誠之經綸，而子臣弟友之倫始弘固已。
> 天地之道雖無爲而不息，然聖人以裁成輔相之，則陰陽可使和，五
> 行可使協，彝倫可使敍，贊之以大其用，知之以顯其教，凡此皆人
> 之能。〔註74〕

天道以二氣五行之實爲體，健順五常、仁義禮智之理則爲其大德妙用，而恒展現於人倫之中。此蓋因人能受健順五常之氣以成明德之性，復具「足以率其仁義禮智之性」〔註75〕的形色，故得彰著天道之教，張大天道之用，完成天道，備全天道。

人倫固有父子，然細究之，父子亦可止於形式的關係聯繫，唯有透過孝慈之心的灌注，形式的存在方得化爲道德的人倫秩序。天地間有許多形式關連之實在，如父子、兄弟、夫婦、君臣等，此等形式雖是客觀實有，然若未有仁義之心的流盪充周，形式存在永遠不能開展爲倫理圖象。只有透過仁義之心的發揚及實踐，形式存在方具有道德意義與價值，存在於形式關係中的天道大用、人倫大教亦方能開顯並獲得形著，此之謂人能弘道。故天道的形著昭示，實乃建立在踐發人道的基礎上：

> 要其體天道者，亦以其盡人道者體之爾。〔註76〕

〔註73〕《周易外傳》，頁882。
〔註74〕《讀四書大全說》，頁832。
〔註75〕前揭書，頁1072。
〔註76〕前揭書，頁541。

體者，體現、具顯也。「盡器則道在其中」、「盡器則道無不貫」〔註77〕；「盈兩間皆器也」，故盡器者，即周全天地，周全物我，令物我各得其所，各成就其道德面貌，備全其道德內容，彰著其價值意義，亦即盡成己成物的人道之極。盡人道則天心自現，天道自立，故曰唯盡人道者能體現天道，是以於灑掃進退、溫清定省之中得漸至性命之理〔註78〕，此亦「用以成體」、「用以備體」之大義。

二、繇體達用：天者器，人者道

在天人關係的討論中，船山曾提出一重要觀察：

> 天者道，人者器，人之所知也。天者器，人者道，非知德者其孰能知之！……人道之流行，以官天府地、裁成萬物而不見其迹，故曰天者器，人者道。〔註79〕

形而上者謂之道，形而下者謂之器，道體不可見，形器可見，道為體，器為用。以天為宇宙本體，以人為天之顯用，此固學者共認，船山亦無異議。唯船山以其卓識，注意到存有具有豐富的存在內容，在不同的組合、不同的結構範式及不同的角色變化中，存有可切換出不同的存在面貌與意義，並展現出不同的存在內容與特質，以是而推導出「相為體用」的體用思想。以此思維方式開展於天人關係的理解中，遂使船山發展出「天者器，人者道」的詮釋視野。

道為形上之隱，器為形下之顯，當「天」被界義為天地萬物時，自是形下之顯，蓋指一切現實存有。相對於天地萬物的形下實在，「官天府地、裁成萬物而不見其迹」的人道自為形上之體。就「不見其迹」，故人鮮知之而言，人道為形上之隱，故「人者道」；而就「官天府地、裁成萬物」的「均和主持」〔註80〕之功而言，體以致用，繇體達用，天地萬物受成於人，人有主持均和

〔註77〕《思問錄》，頁427。

〔註78〕林啟屏先生曾指出：「儒家將其對於『超越面向』的祈嚮，寄寓於『俗世生活』的論述之中，進而使得『俗世』的生活亦分享了『神聖』的性質，此時『世俗即神聖』、『神聖即世俗』。」見氏著：《儒家思想中的具體思維》（臺北：臺灣學生書局，2004年）第五章〈儒家思想中的「一體觀」與現代化的發展〉，頁282。

〔註79〕《思問錄》，頁405。

〔註80〕《周易外傳》，頁1043：「唯夫和以均之，主以持之，一陰一陽之道善其生而成其性，其生乃伸。……形陰氣陽，陰與陽合，則道得以均和而主持之」。道

之權，則人道自是天地萬物之體，是亦「人者道」。故船山又說：

> 自然者天地，主持者人。〔註81〕

然則，人如何展現其主持分劑之權？船山指出：

> 天地府大用而官之，震、巽、坎、離、艮、兌受材於乾坤而思肖之，繁然各有其用。故天地之間，其富矣哉！聖人受材以肖陰陽之德，陰陽之富有，皆其效法也，將繁然盡用之乎？繁然盡用之，則純者、駁者、正者、奇者弗擇而求肖之，必將詭而趨於不經；故有所用，有所不用。有所用以興利而不以立教，有所用以立教而不以興利。〔註82〕

天道廣大，無心而成化，「雨暘任其所施，禾莠不妨並茂」〔註83〕，生殺豐欠之理並具，則亦生殺豐欠不絕於天地。正因如此，聖人面對自然萬物時，須有所擇取，由繁多的客觀之實然中辨別價值之應然，可資興利者用以興利，可資立教者用以立教，必使天地萬物與物我的對待關係及結構位置皆得到最妥適的安排，使天地和諧而秩序，各奠其位，各安其素，既盡己性，亦順物情：

> 是故《易》之於水火也，不用以教而用以利，用以利而尤不盡用之。……其於風也，不用以利而用以教，用以教而尤不盡用之。〔註84〕

《易·說卦》：「雨以潤之，日以烜之」，乃是用水火之利然未盡用，盡用水則病於淫潦，盡用火則禍於炎燥。而風之可利者少，「天地之所可弗用者月也，其次則風也」〔註85〕，是故聖人取以立教：巽象木則取其「有實」，象風則取其「及遠」，然亦當知止，不可盡用風之教，以免流於「可散而不可聚」〔註86〕之弊。

在此，我們看到聖人官天府地、裁成萬物的具體展現：鈎掘萬物的倫理意涵，爲萬物進行定位、界義及詮釋，而其中實充滿道德自覺與道德判斷。

爲萬物之體表現在「均和主持」，人既爲天地萬物之體，則對天地萬物是有均和主持之權。
〔註81〕前揭書，頁884。
〔註82〕前揭書，頁1086。
〔註83〕《周易內傳》，頁529。
〔註84〕《周易外傳》，頁1088～1089。
〔註85〕前揭書，頁1088。
〔註86〕前揭書，頁1088～1089。

聖人自覺地依物性己情安排自然萬物在人文世界中的結構位置、意義向度與開展方式，「若牛之耕，馬之乘，乃人所以用物之道」〔註87〕，此即是主持與裁成。而所有的主持裁成、官府均用，皆須立足於對世界的如實辨識與理解，方能在不悖物性、不牴物情的基礎上，達到「利用厚生」功效的極大化。

一如前文所揭，倘要如實地還原天地、辨識世界，須刊落私情私欲，盡心踐形，使耳目、心思相爲體用，自可有以物付物的妥貼與清明。雖然用物之判準在於人，不免以人之思維角度及需要爲主要出發點，但若悖離物性、一意孤行，則所用者必有不爲所用之虞，所欲得用者必有不能得用之憂。如取馬以耕、取牛以乘，則是於物性不合，於己情不愜，利用無著，厚生無得，而一皆因於主持失當。主持失當，則天地萬物不能完成主持者的結構安排，不能安止於主持者所提供的存在位置，亦不能在主持者的官府中證成自身的存在。此時，萬物或將因缺乏可被確立的存在意義及內容而自此人文架構中退場，或將以衝突的形式存在於此結構模式中，秩序而和諧的世界圖象將無法可能。

是故，人文化成雖以人爲中心，卻不視萬物如芻狗，而是在一定限度內，尊重萬物的伸展，成就萬物的殊性，完成世界的貞正，否則將只有「人文」，而不能「化成」。船山曰：

> 天地无心而成化，故其於陰陽也，泰然盡用之而无所擇。……聖人裁成天地而相其化，則必有所擇矣。故其於天地也，稱其量以取其精，況以降之陰陽乎？聖人賴天地以大，天地賴聖人以貞。擇而肖之，合之而无間，聖人所以貞天地也。〔註88〕

天地無心而成化，妍媸並生，愚賢皆納，忠奸同存，「善之名未立，而不善之迹已忘」〔註89〕，雖中涵健順五常之至理，然此至理亦萬殊條理之一，天地初不以至理爲價值方向。在本書第三章第二節中，曾論及條理雖有悖逆殺亂，然就天道而言，此等條理皆非舛差，亦無不善，且自有其價值與倫理意義，特不能爲常人所認識。是以船山曰「天道無心而成化」，又言「天道無擇」；「無心」、「無擇」意指天道對生殺治亂、長短豐欠的同等對待及接納，並給予這些相反的存有以同樣的展演機會與實現空間。就天、人擁有不同的倫理標準而言，天與人果存在著本質差異，而非只有量受的不同。

〔註87〕《讀四書大全說》，頁 460。
〔註88〕《周易外傳》，頁 1011。
〔註89〕《周易內傳》，頁 529。

　　但由另一角度觀察，天雖同命人物以陰陽二氣，但植物僅能得生長收藏之氣，動物則多得知覺運動之氣，人則在此二氣之外，獨能受健順五常之氣，此所以言人得二氣五行之秀者，此所以唯人得顯天地之妙用者，此所以人得以裁成輔相天地者也。由此詮解視野論之，則天之意向實不言可喻：雖然天無心無擇，雖然悖逆殺亂無有不善，但天道的核心價值及根源道德其實乃歸止於健順五常之至理，「人」是天地眞正鍾情的「意義」。正是立基於此一詮釋切點，船山闡發〈復〉卦初九之蘊曰：

　　　　人者，天地之心也。〔註90〕

輔嗣以靜爲天地之心，伊川以動爲天地之心，船山則指出人乃天地之心。唯有「人」所獨具的健順五常之理方能彰示天道的核心價值，是以唯「人」爲天地之心。縱或不然，但由天道只降授健順五常之理氣於人，則或可謂健順五常之德乃是天道期望「人」所認取及遵循的倫理準則。因此，天道雖無擇而實有擇，雖無心而實有心，天道之內容及意旨既廣大深邃，且是層次綿密。

　　聖人深察此意，故以健順五常爲倫理內容與判準，以健順五常之道主持天地並裁成萬物，其目的不只在於樹立人道的道德依歸，亦在於鈎掘、昭顯存在於天地萬物中的道德價值與倫理意涵，使此倫理向度開展爲宇宙的核心價值與終極眞理，令天地萬物的道德內容成爲它們向世界開顯的最主要面向。「擇而肖之者」，即在天地萬物的具象與流行中，擇取此符應於健順之德、剛柔之理的道德內容，透過定位與說明，使其向世界開放，也向物自身開放；灌注於世界，亦灌注於物自身。於是，天地在聖人自覺的努力下，擺落無心無擇的依違面貌，展露出強烈的道德性格，綻放出瑩然的理性之光，其核心價值與道德意向獲得貞定及成就，此即「聖人所以貞天地也」，亦「天地賴聖人以貞」處。

　　聖人勾勒天地道德輪廓的努力尚不止此，更有立文顯教：

　　　　《詩》、《書》、《禮》、《樂》之教，博象以治其常；龜筮之設，窮數以測其變。合其象數，貞其常變，而《易》以興焉。智之深，仁之壹，代陰陽以率人於治，至矣，蔑以尚矣。而非君子之器，則失序而不能承。故天之待聖人，聖人之待君子，望之深，祈之風。〔註91〕

除鈎掘天地的道德意義以定位世界、安排世界、詮釋世界外，聖人更立詩禮之教以治常，設龜蓍之法以觀變，以具體直接的教化方式引導人心，建立世

〔註90〕　《周易外傳》，頁882。
〔註91〕　《周易外傳》，頁995。

界秩序。於是，世界的面目由人分劑，萬物的位階受人裁成，天地的性格待人詮定：人以詮釋世界的方式形塑了世界。換言之，人的意向決定了世界圖式的展現，規範了世界秩序的安排，也定位了萬物與世界的關係，同時定義了意義與價值。就此角度而言，人實乃天地萬物之體；天者器，人者道，「人者，天地之所以治萬物也」〔註92〕。因人而有天地萬物，「人」的存在內容遂擁有了意義本體的向度。

三、體用相涵：聖人與天地相斟酌

由以上分析可知，天人關係乃相為體用，在不同的詮釋觀點下，天、人展現出不同的存在內容，以不同的面相現身於不同的結構模式中，豐富了世界，也豐富了自身。

當著眼於人受明德之性於天，天命健順五常之氣於人時，天體人用，天道人器。天道雖有愚賢治亂、生殺豐欠的萬殊條理，但唯健順五常之至理為其核心價值所在；故群有雖皆為天道之器用，但因只有「人」得此健順五常之氣，故唯「人」得為天道之妙用，唯「人」得因實現此健順五常之性而開顯此用，且得透過實現自身而實現天道。此理解角度下之人文化成，乃是表現於用以備體的結構圖式中。

而若將天定義為有形的天地萬物時，則已是形下之器；此時之天蓋為一純粹物理性的存在，原無任何價值意向，正所謂「無心而待用者，器而已矣」〔註93〕。待用者為天，用天者則為人。不論採取何種利用方式，皆意謂著人對天的主持分劑、官府裁成；人雖不能決定萬物的生成，卻可決定萬物的意義價值及開展方式。天者器，人者道的詮說切點蓋鎖焦於「意義」的詮定；人體天用之立論根據在於人為無心無擇、無意向無計度的天地萬物註解意義，故可說是天地萬物的意義本體，而非存有本體。另一方面，只有當牛耕馬乘、水利風教、詩書禮樂等倫理物序建立之後，人的意向性方得呈露與完成，是人亦有待於物序，此固用以備體之義。萬物意義生於人，天地秩序定於人，世界模型立於人；此時之人文化成乃顯相於繇體達用的範式中。

不管是用以備體或繇體達用，天地萬物皆因我之認知能力得被認識與說明，皆因我實踐性命之理而開顯其道德意蘊，皆恃我展現意向以裁成其存在

〔註92〕前揭書，頁1034。
〔註93〕《思問錄》，頁421。

圖式，則是無一物不自我成，是謂「萬物皆備於我」：

> 盡性者，極吾心虛靈不昧之良能，舉而與天地萬物所從出之理合，
> 而知其大始，則天下之物與我同源，而待我以應而成。故盡孝而後
> 父爲吾父，盡忠而後君爲吾君，無一物不自我成也。〔註94〕
>
> 公者，命也，理也，成之性也；我者，大公之理所凝也。吾爲之子，
> 故事父；父子且然，況其他乎！故曰「萬物皆備于我」。〔註95〕

由用而成體，因體以致用，此二種觀察角度皆指向同一個事實：由人而有
天秩、人倫、物序，天地萬物皆傍人以成，故船山嘗言：「人存而天地存」
〔註96〕，亦天地存而人存也。

　　船山極重視「結構」與「位置」，「意義」的發生須當此存有定位於某一
可詮釋的結構網絡中方成爲可能；而一個妥善結構的完成，則必以定位於此
結構中的存有皆能充分展現自身爲前提。由於萬物皆得於此結構中實現自身
之存在特質，故可在此結構中尋得合宜的存在位置與相應座標，天地萬物亦
因之而得以被如實地理解、說明與利用；尤有進者，此意義結構乃由萬物共
同提供座標點所成，萬物遂因互相依存、彼此資助、相互支撐而同體共命，「萬
物皆備於我」於此擁有一結合道德實踐意義與結構意義的詮釋立場。

　　唯須注意者，在道德實踐意義及結構意義下的「萬物皆備於我」，其「萬
物」蓋限定於與我共處於同一座標系統中的存有，而不涉及此座標系統外的
其他存有。因爲在此座標系統外的存有，蓋未能爲我所認識，亦未能與我發
生意義的連結，則是他我各自獨立，不相依傍，互不相待，他的存在遂不備
於我，我的存在亦無助於他。船山揭示此意：

> 夫孟子所云於我皆備之物，而號之曰「萬」，亦自其相接之不可預擬
> 者大言之，而實非盡物之詞也。物爲君子之所當知者，而後知之必
> 明；待君子之所處者，而後處之必當。〔註97〕

「萬物」非盡物之詞，而特指能與我「相接」者，故不可知且無法爲我所認
識及利用的六合之外，不能亦不須備於我；此一清晰明確的分梳使得「萬物
皆備於我」的結構意義更親切易知。

〔註94〕《正蒙注》，頁144。
〔註95〕《思問錄》，頁418。
〔註96〕《周易外傳》，頁1013。
〔註97〕《讀四書大全說》，頁1118～1119。

由天人體用位置的綿密交錯出發，船山遂提出「聖人與天地相斟酌」的精采論述：

> 是故《詩》、《書》、《禮》、《樂》以敦其教，綱常秩序以峻其防，功不預擬於將來，事必先崇於今日。爲埤益之，勿吝留之，正婚姻以厚男女之別，謹饗食以制飲食之度，猶日无朒朓而月有盈虛也，猶寒暑相半而和勝於寒以助溫也，則聖人與天地之相斟酌深矣。……
>
> 故生踐形色而沒存政教，則德徧民物而道崇天地。〔註98〕

相斟酌者，相擇取、相資給、相充拓、相備成也。天生萬物，唯人受二氣五行之氣爲健順五常之性，此乃天擇人；天道無擇，人道有辨，此爲人擇天。天命人以仁義禮智之性，此是天給人；人顯天地貞常之理，此固人給天。天道富有萬物以利用厚生，此又天資人；人順察物性以品秩天地萬有，此是人資天。命日降，性日生，此爲天充人；人盡性之全體，彰道之大用，全而生之，全而歸之，參贊位育，人文化成，此即人充天。聖人、天地相資取、相依傍、相備成、相充拓，聖人與天地共同決定此世界圖式之展現，是一言以蔽之：「聖人與天地之相斟酌深矣」，「體用相涵」之深蘊亦在乎是。

第三節　一本萬殊

伊川於〈答楊時論西銘書〉中首揭「理一分殊」之名〔註99〕，此乃儒學思想史上之極大事。「理一分殊」與「體用一源，顯微無間」二概念的提出，既代表了伊川的重要學術結晶，亦是伊川對儒學的重要貢獻；後世儒者容或對此二語有著不同的詮解方式，但對此二命題之合理性則採取了相同的肯定態度，因爲它們所表達的最主要意涵之一，乃在於對現象的承認與承諾，此亦爲儒學與釋道分途的最根本立場。

船山對「理一分殊」之說尤其關注，甚且認爲「理一分殊」之說乃是與釋老相抗，「奉天討罪之魁柄」：

> 若吾儒不以天德王道、理一分殊、大而發育峻極、小而三千三百者

〔註98〕《周易外傳》，頁1047。

〔註99〕伊川以「理一而分殊」說明張載〈西銘〉所涵之奧義，雖則〈西銘〉所論皆在闡發「理一而分殊」之蘊，然首揭「理一而分殊」之語者，仍爲伊川。其文曰：「〈西銘〉明理一而分殊，墨氏則二本而兼愛。……分立而推理一，以止私勝之流。」見〈答楊時論西銘書〉，《二程集・文集》，頁609。

作黃鉞白旄、奉天討罪之魁柄，則直是出他圈套不得。〔註100〕

「理一分殊」之另一說法爲「一本萬殊」：〔註101〕

> 《或問》固云：「在人則日用之際，人倫之間」，已分明揀出在天、
> 在人之不同矣。此中有一本萬殊之辨，而吾儒之與異端逕庭者，正
> 不以蟲蟻、鼠肝、翠竹、黃花爲道也。〔註102〕

至於如何以理一分殊、一本萬殊之說破除釋老的「迷思」，且進入以下的討論。

一、體以致用：由一本而萬殊的開展

（一）一本

「理一分殊」、「一本萬殊」之說的重要意義，乃在於指陳普遍與侷限、共相與殊相、絕對與相對、恒定與變化、本體與現象之間的豐富關係。以「理一」、「一本」爲根源道體殆無異說，但由於各家對根源道體的體會不一，故仍發展出不同的詮釋側重與學術意趣。對於「一本」的理解及說釋，船山得之於橫渠的啓發甚深。橫渠於《正蒙》中指出：

> 造化所成，無一物相肖者，以是知萬物雖多，其實一物：無無陰陽
> 者。〔註103〕

萬物雖多，無一物相肖，然由陰陽變合化生則一，故船山亦曰：「形而上之道與形而下之器，莫非乾坤之道所成」〔註104〕。對船山而言，根源道體即是一陰一陽：道之體爲陰陽，其用爲生生；體必有用，即用顯體，活動作用乃是本體的存在內容與意義之所在；故天道的具體內容實可謂「生生不息的陰陽」，亦可謂「陰陽的生生不息」。而對強調作用、重視實現的船山而言，變化推移、屈伸往來的「生生」毋寧更能彰示「一本」的深刻涵蘊：

> 凡事之理，皆一源之變化屈伸也。〔註105〕

> 一氣之中，二端既肇，摩之盪之而變化無窮，是以君子體之，仁義
> 立而百王不同法，千聖不同功。〔註106〕

〔註100〕《讀四書大全說》，頁685。

〔註101〕由「理一分殊」而「一本萬殊」，此中實蘊涵了思想史中理氣關係的發展線索。日後當專文論之。

〔註102〕前揭書，頁493。關於本段文字的梳解，詳見下文。

〔註103〕《正蒙》，《張載集》，頁10。

〔註104〕《讀四書大全說》，頁974。

〔註105〕《正蒙注》，頁185。

〔註106〕前揭書，頁42。

萬殊之理皆是由陰陽的屈伸變化而來，在本章第一節中，已指出屈伸變化乃船山理解的「生」義。對於屈伸變化的強調，使船山的「一本」不可能被理解為一靜態的原理或律則，而是一作用無間的動態實有，摩盪無息、變化無息，故可開展出萬殊之理，而可以「生生之道」詮說之。「生生之道」乃是實有及活動的雙重說明，既具「上天之載，無聲無臭」之體，復備「維天之命，於穆不已」之用，此乃船山學中「一本」之真蘊。

（二）一本而萬殊的開展

一本為生生之道，由生生之道而有萬殊之不齊。個別論之，生生之道與不齊之萬殊乃各有體用、自有體用；但若將一本與萬殊納入同一範疇，則生生之道為不齊萬殊之體，不齊萬殊為生生之道之用。由一本開展為萬殊蓋為世界之實相，宇宙間的諸多事況皆可透過一本萬殊的視野加以說明，而首先表現為二氣五行向天地萬物的開展：

> 陰陽不孤行於天地之間。……行不孤，則必麗物以為質。質有融結而有才，才有衰王而有時。為之質者常也；分以為才，乘之為時者變也。常一而變萬，其一者善也，其萬者善不善俱焉者也。……才與時乘者萬，其始之因陰陽之翕闢者一；善不善萬，其始之繼善以成者一。〔註107〕

由陰陽之翕闢變合而有天地萬物，翕闢變合即變化，而變化即船山所理解的生生之義；陰陽之絪縕變合為天地間最貞常恆定的事實，萬化由斯而起，亦歸止於斯，故曰「常」、曰「一」、曰「本」。由陰陽生生之一本而開展出各具姿態、各有條理、善惡不齊的天地萬物，故曰「變」、曰「萬」、曰「殊」，牛羊草木、山水日月、生殺治亂莫非常之變，莫非一本之萬殊。

不只人馬牛羊等物種有別，即同一物種的各存有亦不得不萬殊。船山論及人之生成時即指出：

> 反之於命而一本，凝之為性而萬殊。〔註108〕

天命人以生長收藏、知覺運動、健順五常之氣則一，然質以函氣，氣以函理，形質既就，則所範圍住的氣自不可能有相同的組成內容與排列方式，亦因之不可能有相同的理，是以不可能有完全相同的性，故子曰：「性相近」，性者，氣質中之性也。

〔註107〕《周易外傳》，頁1089。
〔註108〕《讀四書大全說》，頁457。

　　而豈止人性有萬殊之異，即草木之性、牛馬之性亦莫非萬殊。草木雖但受生長收藏之氣以生，但形質所範圍住的氣亦各自不同，故有良莠之別；牛馬除生長收藏之氣外，又得知覺運動之氣，然亦因質以函氣的必然而不得不有強羸之差。故嚴格說來，天地萬物雖皆由陰陽生生之一本所開展，但若細密分疏，則天地萬物之一本又各有內容上的差異。

　　就最根源而寬闊的角度觀之，則「天地間只是理與氣」，形上之道與形下之器皆由陰陽屈伸摩盪所成，故陰陽之生生爲天地萬殊之一本。如採較明確而精準的觀察視野，則草木之一本的內容只有生長收藏之氣，牛馬則爲生長收藏、知覺運動之氣，得二氣五行之秀的「人」則另有健順五常之氣；三種生物的一本實各有不同，亦因其「體」各異，故有動、植、人等「用」之殊。

　　以此理解爲基礎，船山發現了以「一本萬殊」詮釋宇宙間各種存在內容的可能：

> 心函絪縕之全體而特微爾，其虛靈本一。而情識意見成乎萬殊者，物之相感，有同異，有攻取，時位異而知覺殊，亦猶萬物爲陰陽之偶聚而不相肖也。〔註109〕

心有虛靈明覺，故能感知外物而成情識意見。虛靈明覺之心爲一本，情識意見則或源於性、或動於情、或發於意、或徇於物、或感於時位而有中和蕩邪等萬殊之異。心該性情才而統言之，故此情識之萬殊皆由心蕃轉流變而成，心之蕃變爲一本，情識意見爲萬殊。

　　除以一本萬殊詮釋由心而情識的開展關係外，船山亦以之定位《大學》之道：

> 且《大學》之教，理一分殊。本理之一，則眾善同原於明德，故曰「明德爲本」。因分之殊，則身自有其身事，家自有其家範，國自有其國政，天下自有其天下之經。本統乎末，而繇本向末，莖條枝葉之不容夷也。〔註110〕

《大學》之教，理一分殊。理一者，明德是也；分殊者，格、致、誠、正、修、齊、治、平是也。以明德之性爲一本，由明德之性的流轉變化而開展出修齊治平等不同領域的道德實踐，亦可說修齊治平乃明德之性於不同領域的實踐與開顯。由明德之一本而修齊治平之萬殊，乃自體而用的伸展流現，故

〔註109〕《正蒙注》，頁43。
〔註110〕《讀四書大全說》，頁440。

船山稱此爲「本統乎末」、「繇本向末」,「統」者,統貫也,亦本末一貫、體用相涵之義。

就個人而言,明德之本可蕃變出修齊治平等不同的實現方式;就文化的創造與累積來說,禮樂教化等典章制度亦皆可謂明德之本的開展結果。故船山指出:禮儀三百,威儀三千,「隨一焉而仁無不至,義無不盡」〔註111〕,禮樂制度即因蘊藏著明德之本、仁義大道,故不得爲虛文,故具有尊嚴高貴的意義;人文化成之所以爲儒者的生命理想,即因此乃天人一合的最高展現。

（三）由萬殊得一本的限制

由一本而萬殊乃是自體而用的開展,用爲體的活動作用,故用與體之間固存有本質的通貫性。因此,就理論上說,用者皆其體,是可由用以得體,是可由萬殊見一本,是可由天地萬物察明天道。事實上,「窮理盡性以至於命」之所以可能,正於此詮釋基點立論;「天何言哉?四時行焉,百物生焉」,孔子固已指出由四時百物觀化得原之可能性。

既是如此,則何以不能於狗子見佛性?何以不能由翠竹黃花參天道?儒學將如何與釋氏分途?

如前所述,就最根源而寬闊之詮釋觀點而言,「一本」但爲陰陽二氣的變化摩盪,亦即陰陽生生之道。但若精準明確的細加探究,則萬物所源自的「一本」實有內容之差殊。稻麥花草等植物固由陰陽二氣化生,然其內容原只生長收藏之氣,而無知覺運動、健順五常之氣;是以其「一本」固可詮釋爲陰陽的生生之道,固可說明爲生長收藏之氣的屈伸往來,但必不能等義於知覺運動、健順五常之氣,自亦不得理解爲知覺運動、健順五常之理。由用得體者,只能由此用得此體,固不能由此用得他體,此理亦甚明。故船山方言:「吾儒之與異端逕庭者,正不以蟲蟻、鼠肝、翠竹、黃花爲道也。」

依船山之意,陰陽二氣之中至少包涵生長收藏之理、知覺運動之理、健順五常之理等內容,此等內容開展具顯於現象界,則爲人物草木、日月寒暑、生殺豐欠、高下長短等條理。天雖以陰陽命萬物,但萬物所能繼受的內容則各有差異,是以人物有別,物物有別,亦人人有別。

嚴格說來,唯人所獨得的健順五常之「至理」亦「條理」之一耳,此乃「在天之天」的廣大內容。然「天道無擇,而人道有辨」,爲天地定位、爲生

〔註111〕前揭書,頁494。

民立命乃是人道對天道的回饋及參贊，亦是人道對天道的回歸與弘揚──透過實現人道的全體大用，以彰顯出天道無擇而實有擇的深蘊。職是之故，在絕大多數語境下的「天道」，其內容乃是有擇有辨的健順五常、仁義禮智之理，充滿道德意向及倫理意涵，而爲宇宙的根源價值所在。雖然釋、老對「天道」的內容有不同的詮釋，但以「道」爲價值歸趨及萬有的生命指導則一。「狗子中見佛性」之「佛性」，明顯地意指於釋氏所理解及追求之「道」，亦即其思想體系中的道德根源與價值本體。

既然儒者將至道定位爲健順五常之至理，而承載至理的健順五常之氣乃不能授之於動植，故自不能於蟲臂鼠肝中見道，亦不能於翠竹黃花中得至理。由用得體者，僅能得體之有，不能得體所無，是以陽明格竹七日，終不能見聖人之道；健順五常之氣既非動植「一本」所具，如何可由鼠肝黃花見道？道又豈在糞溺之中？對船山而言，此等說法皆乃妄語邪論，賊道詆天者莫大於是。

孔子由百物四時見天道，亦只見得大化的生生之理、陰陽的往來無息，更無其他。橫渠雖以乾坤爲父母〔註112〕，但我與天地萬物所受之陰陽內容豈得無異！船山表示：

> 異端之說曰：「天地與我同根，萬物與我共命」，故狗子皆有佛性，
> 而異類中可行也。使命而同矣，則天之命草木也，胡不命之爲禽獸？
> 其命禽獸也，胡不一命之爲人哉？使性而同矣，則犬之性猶牛之性，
> 牛之性猶人之性矣！〔註113〕

我與天地萬物皆共繼陰陽以生，但陰陽富有，萬物所受之內容不一，此即萬物之「命」。爲名詞之「命」乃人人有異，人物有別；爲動詞之「命」又豈不萬殊。天命人不能同於命禽獸，天命牛亦不得同於命馬，否則牛馬何異，人獸何辨？以「同根共命」之說強調我與狗子皆有佛性，繼而推出我與狗子乃理通性同，故可由此知彼、由我見物、由物見我者，蓋因不明「一本」所指原有陰陽生生之大及氣理內容之細二者，復不識「萬殊」受限於形質範圍之必然。船山闡明此義曰：

> 夫在天則同，而在命則異，故曰理一而分殊。「分」者，理之分也；
> 迨其分殊，而理豈復一哉！夫不復一，則成乎殊矣。其同者知覺運

〔註112〕《張載集・乾稱》，頁62：「乾稱父，坤稱母；予茲藐焉，乃混然中處。」
〔註113〕《讀四書大全說》，頁1117。

動之生，而異以性；其同者絪縕化生之氣，而異以理。乃生成性，而性亦主生，則性不同而生亦異。理別氣，而氣必有理，則理既殊而氣亦不同。〔註114〕

理別而氣別，亦氣別而理別。人物同受絪縕化生之氣固一，但生理自異，故人得承健順五常之氣，而動植不能；復因人獨能承健順五常之氣，故方具健順五常之理，而動植不能具；此論述翻轉及切換之所以可能，蓋建立於理氣相與為體，則生理、生氣自可相為體用之故。

正因萬物共承陰陽生生之一本，復受內容各別之理氣，故物理有同有異。萬物所同者，陰陽生生之理；萬物所異者，涇渭分途之條理，而條理之異正萬物所以為萬物，我之所以為我者。故人之理不見於馬，馬之理不見於牛；以為可由此物推得他物之物理乃不識一本萬殊大義之舛謬。是故，不只不能由非人之萬物窮究天道，亦不能以萬物皆開展於陰陽生生之一本，遂以為物理皆然，可由此知彼，可「兩鏡互參，同異互攝」。對佛氏此種推導方式，船山提出嚴正的抨擊：

異端之說曰：「若見相非相，是為見如來」；唯相非相，乃如兩鏡相參，同異互攝，而還相為有也。將此物之中有彼物，則附子有大黃之理，虎狼有蝦蚓之理乎？抑蠢物之中有靈物，則梟獍有麟鳳之理，犬牛有堯舜之理乎？且靈物之中有蠢物，則龜鶴有菌耳之理，周孔有豺虎之理乎？〔註115〕

「山澤異形，燥濕異形，墳埴異形，爐黎異形，草穀異產，人物異質」〔註116〕，異則不能一、不能同，既物理不能相通，此物之理自不能具於他物之中。然則，孟子「萬物皆備於我」之說豈悖論邪？船山釋疑曰：

孟子言：「萬物皆備」，備於我也。……二氣之精，五行之粹，得其秀而最靈者唯人耳。唯君子知性以盡性，存其卓然異於禽獸者以相治而相統，乃廓然知草木之不能有我，而唯我能備物。即以行於人倫之內，君不能以禮使我而我自忠，則君不備臣而我備君；父不欲以慈養我而我自孝，則父不備子而我備父。〔註117〕

〔註114〕前揭書，頁1118。
〔註115〕同註114。
〔註116〕《思問錄》，頁445。
〔註117〕《讀四書大全說》，頁1118。

對船山而言，孟子「萬物皆備於我」之說包涵了三個詮釋層次。

其一爲認識範疇的詮釋。人得二氣五行之秀靈者而生，故在知覺運動之外，尚具「思」之天德良能。故當吾人刊落私意、私欲、淫情的干擾，盡心踐形，實現心思耳目之大用時，自可如實地認識萬物之理、具知萬物之理，此即「萬物皆備於我」。「心能具眾理而應萬事」者，即於此詮解基點上立說；「具」者，具知也，非具備也，所具知之理乃天地萬物之理也。至於「性即理」之「理」則爲仁義禮智、是是非非之至理，性非「知」此至理，而乃自身「即是」此至理。故學者或以窮理之至即可使我心具備眾理，令烏黑鵲白、楓生蟬化之理一旦具足於吾心；對此類「知」「備」不辨、「至理」「條理」不別的妄說，船山直斥爲荒幻無實。同樣的，「一物之中莫不有萬物之理」的說法，船山亦以爲夸誕。

其二爲結構範疇的詮釋。此義已散見前文各處，現略說如下。體用相備、器道相須，因我將萬物納入認識系統中，主持之、裁成之，萬物位定而成爲可理解及說明之存有，以是而萬物有「意義」，其存在內容及特質亦得以披露及展示；則是萬物之座標由我而定，萬物之存在因我而顯，故曰萬物皆備於我。

其三爲道德實踐範疇的詮釋。未有忠禮以爲連繫之君臣徒爲一形式的稱名，孝慈未履之父子更無倫理意義的實在。如以倫理本質的開顯及實現爲存在意義的完成，則不有孝慈，直是不成父子。故我之盡忠，即是我實踐臣道而得完成「臣」的存在；此時「臣」的存在內容與意義透過我向世界敞開，此時臣爲我而我亦方爲臣。臣之位定，則就結構意義而言，君之座標遂因臣位之支撐而可立且必立，固不論其是否使我以禮。由此觀之，則不僅「臣」的存在由我實現，即「君」的存在亦自我備成，此之謂「君不備臣而我備君」；推而拓之，「萬物皆備於我」自不替之論。

二、體用相涵：一本涵萬殊，萬殊涵一本

（一）一者，保合和同而秩然相節者也

陰陽生生不息，日命萬物，日生萬物，日成萬物，此固船山念茲在茲之日生日新義。正因陰陽日生，萬化日新，故天地萬物無始無終，亦日始日終，所謂「未生之天地，今日是也；已生之天地，今日是也」。絪縕陰陽與萬物同存於天地之間，雖曰陰陽生物，其實只是氣之聚散。體之有用，乃同有固有，

「如人面生耳目口鼻，自然賅具」，故陰陽生生之一本與天地人物之萬殊實爲同有固有的自然賅具，陰陽一本爲天地萬物的形上之道，天地萬物則爲陰陽一本的形下之顯；換言之，萬殊既爲一本的活動流行，亦是一本的實現場域，且爲一本之呈露示相。即緣此故，船山對一本的展現方式做出重要說明：

> 情以御才，才以給情，情才同原於性，性原於道，道則一而已矣。
>
> 一者，保合和同而秩然相節者也。〔註118〕

乾道變化，各正性命，此即「保合和同」也；雲行雨施，品物咸亨，此即「秩然相節」。萬物各得性命之正，在和諧而秩序的宇宙結構中各得其所，此正萬殊的形容，亦是一本的示相。由此觀之，一本雖只陰陽之生生，然實質內容並不狹促；萬殊雖有天地人物之紛繁，但就其諧和並存之狀態而言，實不廣於一。因此，船山又說：

> 天地之間大矣，其始終亦不息矣。盈然皆備而咸保其太和，所謂「同
>
> 歸」而「一致」者矣。既非本大而末小，亦非本小而末大。〔註119〕

「道一而用之殊，所謂『同歸而殊途，一致而百慮』也」〔註120〕，對船山而言，「同歸殊途」、「一致百慮」皆是「理一分殊」、「一本萬殊」的同義詞。「盈然皆備而咸保其太和」乃是萬殊並行並育、各正性命的最佳形容，船山即以此說明「同歸」、「一致」之本質與展現形式；此處不只是用以顯體，更是「用者皆其體」的朗現。正因用者皆其體，萬殊莫非一本，故船山方以「保合和同而秩然相節」及「盈然皆備而咸保其太和」爲「一本」定義，亦由此而推出「非本大而末小，亦非本小而末大」的觀點。

雖然一以致萬，一由萬顯，一中具萬，萬莫非一，但「一」與「萬」畢竟有實際內容與詮說意趣之別。「萬」強調殊相，「一」則在共相之外，格外要求對萬物並行不悖、並育不害的和諧秩序之認知。因此，船山常以「協於一」一詞突顯「一本萬殊」概念中的和諧秩序與相依結構：

> 萬物之靜躁、剛柔、吉凶、順逆，皆太和絪縕之所固有，以始於異
>
> 而終於大同，則感雖乘乎異而要協於一也。〔註121〕

「協於一」者，即處於一和諧、秩序而均衡的結構及狀態。萬物雖有剛柔、

〔註118〕《周易外傳》，頁980。
〔註119〕前揭書，頁1049。
〔註120〕《周易大象解》，頁697。
〔註121〕《正蒙注》，頁367。

靜躁、吉凶、順逆等相反相悖之存在內容，然皆可在天地間尋得恰適的位置，既安置自身，亦可自如而充分地伸展，並與外物發生關聯；同時在此關聯中，令自身及外物的存在意義俱得實現，此之謂和諧、秩序、均衡。此一和諧、秩序而均衡的結構及狀態，既爲一本所提供，亦是由萬殊所共成，船山稱此結構狀態爲「和順」：

> 天地以和順而爲命，萬物以和順而爲性。繼之者善，和順故善也；
> 成之者性，和順斯成矣。……秩其秩，敍其敍，而不相凌越矣。則
> 窮理者，窮之於此而已矣。〔註122〕

「道並行而不悖，萬物並育而不相害」的境界即謂之和順。萬化有不齊之殊，萬物有相悖之逆，但卻能在同一結構中安置並完成自己，且在自我的安置及完成中，同時安置及完成世界；既爲此結構所安排，亦安排此和諧、秩序而均衡的結構；萬物各得其所，不相凌越，此豈非宇宙間最大的美麗與奧秘！故窮理者，當窮此萬殊並育互成之所以然，復當窮令萬殊並育互成之應然，此方是窮理知本之學。若窮理所得，只令萬物各各獨立，相反相悖者遂相仇而不與，失落生生一本的和順之義，則其結果將「賊道而有餘」。〔註123〕

然則，萬殊並育互成之所以然爲何？相反相悖者如何能和諧而秩序，又如何能共成一相依相備的和順結構？對此，船山以「呼吸成息」爲喻以申明其理：

> 呼之必有吸，吸之必有呼，統一氣而互爲息，相因而非反也。以燥
> 合燥者，裂而不得剛，以濕合濕者，流而不得柔。統二用而聽乎調，
> 相承而无不可通也。……合呼吸於一息，調燥濕於一宜，則既一也。
> 分呼分吸，不分以氣；分燥分濕，不分以體，亦未嘗不一也。〔註124〕

船山於此提出一極具深度的觀察：吾人所見之悖反常只爲一假象，許多悖反的眞實意義其實在於完成新生。在正、反、合的發展歷程中，船山看到的不是正、反的相互否定，而是正、反自覺的接力、相繼、相助及相成。所謂的正、反，但因其內容性格及表現方式似或背道而馳，故論者遂以爲正、反之間存在著老死不相往來的敵視與悖逆，而忽略了正、反的目光原注視著一致的方向。就因爲正、反的目標皆指向「合」，故由正、反所架立出的關係及結

〔註122〕《周易外傳》，頁1074～1075。

〔註123〕前揭書，頁1076：「窮理而失其和順，則賊道而有餘。」

〔註124〕前揭書，頁1074。

構乃是和諧的相因相承，而非只有衝突的相敵相爭。呼吸成息，不同的燥濕
比例可成柔凝剛，呼吸相因、燥濕相承，唯有如此，方可共同完成「息」與
「剛柔」的發生；故息中必有呼有吸，剛柔之中必有燥有濕。呼吸、燥濕之
殊異，既和諧而秩序地在「息」與「剛柔」的結構中得到均衡，也協力完成
了一個和諧、秩序而均衡的結構。此即一本開萬殊，萬殊成一本，一本涵萬
殊，萬殊涵一本的具現。

　　然天地間的確存在著相反相仇、相敵相爭的存有，此類存有是否會破壞
一本的和諧、秩序與均衡，是否亦能具顯一本「保合和同而秩然相節」的存
在本質呢？對此，船山復以水火爲喻以說明之：

　　　水凝而不化，爐之者所以溫而善其化；火燥而易窮，滅之者所以息
　　　而養其窮，則莫不相需以致其功矣。〔註125〕

「極乎陰陽之必異，莫甚於水火」〔註126〕，天地間之相敵相仇者，以水火爲
最，故有「勢如水火」之成語。在水火的相爭相敵中，船山看到了相濟與相
節：水以源泉滾滾、奔流不息爲特質，是以水凝爲冰時，水的存在內容及特
質固不得顯；唯火爐冰可善水之化，重現水的內容，此乃火對水的濟助。而
火燥而易窮，水滅火乃爲使火得以薪木相傳，勿滅盡於一時，此爲水對火的
節養。

　　對船山而言，相爭相敵乃是和諧之前的衝突，亦是爲實現和諧所必須有
的衝突。當此衝突乃是爲創造和諧而生時，此衝突不只不當避免，甚至須寄
以高度的讚美：

　　　夫同者所以統異也，異者所以貞同也，是以君子善其交而不畏其爭。
　　　〔註127〕

統者，統貫、統會之謂也〔註128〕。保合和同而秩然相節的和諧結構爲一本之
「同」，一本即以此和諧結構統會萬殊，此之謂「同者所以統異」。而萬殊之
相敵者適足以相濟，相爭者恰得以相節，而貌若相反者又實相因相承；則此
萬殊之異，莫不在證成一本的和諧、秩序與均衡，故謂「異者所以貞同」。此
外，水火相交爲既濟，火自炎上、水自就下爲未濟，萬物不交不爭則結構不

〔註125〕前揭書，頁981。

〔註126〕同註125。

〔註127〕《周易外傳》，頁980。

〔註128〕《周易外傳》，頁1039：「《詩》之比興、《書》之政事、《春秋》之名分、《禮》
　　　　　之儀、《樂》之律，莫非象也，而《易》統會其理。」

立，結構不立則天地不成而道毀，是以「君子善其交而不畏其爭」。

由「異者所以貞同」之語，船山再一次說明了一本透過萬殊以開顯自身的事實，萬殊乃是一本最眞切的彰示。即緣此故，船山又指出：

> 且夫「同」而「一」者非其少也，「殊」而「百」者非其多也。
> 〔註129〕

「非本大而末小，亦非本小而末大」，萬殊雖紛繁不齊，但共成一秩序和順的結構，由此結構之一而言，殊而百者「非其多」。另一方面，一本、一致、同歸之「一」與「同」，皆在強調一並行不悖、並育不害的和諧性與秩序感，亦即「和順」之義，因和順故「一」，由和順而「同」。而一言及和順、和諧與秩序，則涵於其中之存有必不可能爲數目之一，是以船山言同而一者「非其少」。對此和諧而秩序的存在特質及狀態，船山又稱之爲「純」：

> 雜統於純，而純非專一也。積雜共處而不憂，如水穀燥潤之交養其生，生固純矣。變不失常，而常非和會也。隨遷屢遷而合德，如溫暑涼寒之交乎成歲，歲有常矣。雜因純起，積雜以成純；變合常全，奉常以處變，則相反而固會其通，无不可見之天心，无不可分之道符也。〔註130〕

一本萬殊，爲常爲變，爲純爲雜，一本之常非萬殊之變的加總或聚集，一本之純亦非萬殊之雜的化約或收束，而是萬殊各自伸展又彼此濟成的諧和狀態及均衡秩序，此正「體用相涵」辯證思維的映顯。「雜因純起」，萬殊肇於一本；「積雜以成純」，唯萬殊可證成一本。一本涵萬殊，萬殊涵一本，至若其詮釋側重之異，則不妨如此說明：萬殊乃各得其所的天地萬物，一本則是天地萬物的各得其所。

（二）始於一，中於萬，終於一

在《周易外傳》中，船山曾對一本萬殊的開展及完成歷程進行重要的說明：

> 一者，保合和同而秩然相節者也。始於道，成於性，動於情，變於才。才以就功，功以致效，功效散著於多而協於一，則又終合於道而以始，是故始於一，中於萬，終於一。始終一，故曰「一本而萬殊」；終於一而以始，故曰「同歸而殊途」。〔註131〕

〔註129〕前揭書，頁1049。
〔註130〕前揭書，頁1112。
〔註131〕前揭書，頁980。

陰陽摩盪變合，日生日息，萬物各正性命，各安其位，各秩其序，相濟相節，和諧、秩序而均衡，此之謂道，此之謂一，此即是萬殊之一本；乃萬物始於斯，亦終於斯，故曰始終一。萬彙各有其性，各搖其情，各彰其才，各現其用，各顯其效，百花齊放，眾聲喧嘩，此則為一本之萬殊，亦同歸之殊途。

萬有始於一，即始於陰陽之生生；中於萬，即開展為紛繁絢麗的千姿百態，而每一姿態皆有其獨立的特質與性格，皆要求同等的尊重與實現，皆具備相同的意義與價值，皆主張在與其他存有的連結中開顯並證明自身；終於一，當萬有所要求的開展及實現得以完成，亦即能在與世界的互動中充分伸展自身、呈露自身，則是性命得正、位序得秩、品列得亨，宇宙圖式將達到和諧、秩序與均衡，此即是「協於一」。

「始於一」與「終於一」之「一」雖有不同的詮釋側重，但內容皆指向「道並行而不悖，萬物並育而不相害」的和諧秩序，故所終者藏所始，所始者涵所終。因此船山又說「萬化之終協於一以藏大始」〔註132〕，「保合和同而秩然相節」之「一」既是始點亦為終點，既為根源復為歸宿，故稱為「本」，亦即為「道」。「一本而萬殊」是始向終的開展，「同歸而殊途」則是終向始的迴環。「始於一」與「終於一」代表著生命的不同進程：「始於一」者為天道的降命，「終於一」者則是萬有向天道的回歸，亦是萬有自我的完成。是故，「終於一」乃為一理想，而要臻此理想，則必令「中於萬」之「萬」獲得充分的實現與安置。就「天者器，人者道」之角度論之，「始於一」乃天道，亦在天之天；「協於一」、「終於一」則為人道，乃在人之天，而須以成就萬殊為唯一手段：

> 其唯君子乎！知其源同之无殊流，聲叶之有眾響也，故樂觀而利用之，以起主持分劑之大用。是以肖天地之化而无慚，備萬物之誠而自樂。〔註133〕

「源同之無殊流」者，一本也；「聲叶之有眾響」者，萬殊也。君子知一本萬殊之理，故裁成均和、主持分劑萬殊之器，必使其秩然有序、品列得位，令萬有之存在意義與內容俱得彰顯與成就，並備全其結構地位與價值，使萬物協於「保合和同而秩然相節」之「一」。保合和同，乃是實現自身；秩然相節，則在強調物我連繫。而當萬物經我之主持均和而得齊放爭鳴於協一之中，則是萬物皆備於我，亦即人對天地之參贊。

〔註132〕前揭書，頁981。
〔註133〕前揭書，頁1113。

然在成就萬殊之時，必得順理而有序。理一分殊、一本萬殊，既言「殊」則不能無別，是成就方式亦須因物而異。故船山說：

> 天地有此象，則有此道，君子以此道而應此理，各體其宜，而後同歸一致，非執一而廢百，斯聖學所以善用天德也。〔註134〕

船山雖重視一本，主張始於一、協於一，然「一」的實質意義及展現方式乃是萬殊的安置及完成，亦即主張尊重萬有的差異性，並成就萬有的特殊性。「保合和同而秩然相節」的精神、意旨皆指向萬殊的成全，亦要求萬殊的成全；故可謂成就萬殊即是向一本的回歸，此亦「用以備體」之大義。

因此，了解並實現分殊之理，遂成爲完成一本的唯一方式。萬殊的意義即在於各自有各自的性情與需求，須各體其宜、各順其理，給予恰如其分的認識與成全，而不可一條鞭地以標準格式來分劑萬殊、安排萬殊。強萬以爲一、執一而廢百，既是對萬有的壓迫，亦是對一本之道的戕害；當萬有不能自如的伸展，和諧均衡的狀態亦必無著。

此外，萬殊之所以爲萬殊，固不只表現在萬物的性情各別，亦展示爲萬物與「我」的親疏遠近。君子順理應天，不只成就萬有之方式須以物付物、因物而異，即成就順序亦當因親疏而敘：

> 形色即天性，天性眞而形色亦不妄。父母即乾坤，乾坤大而父母亦不小。……則太極固爲大本，而以遠則疎；父母固亦乾道、坤道之所成者，而以近則親。緣近以達遠，先親而後疎，即形而見性，因心而得理，此吾儒之所謂一本而萬殊也。〔註135〕

天地萬物皆由陰陽乾坤所成，則是同源同受，故「民吾同胞，物吾與也」。雖然如此，形色與天性相互爲體，有天性而有形色，亦有形色而有天性；形色異故天性異，是牛馬有辨，人我有別，既得之於天，亦受之於父母。既已成形質，則形色近而陰陽遠，父母親而乾坤疎，故孝必先及親而後天地；親親而仁民，仁民而愛物亦理一分殊之大義。故船山又說：

> 知之必有詳略，愛之必有區別，理一分殊，亦存乎其中矣。親疏貴賤之不同，所謂順理也；雖周知博愛而必順其理，蓋自天命以來，秩序分焉。〔註136〕

〔註134〕《周易大象解》，頁697。
〔註135〕《讀四書大全說》，頁975。
〔註136〕《正蒙注》，頁116～117。

親親之義、等差之理乃是儒者重要的辨識標記。於詳略之知中見事之所宜、義之所在，於區別之愛中覿情之所依、仁之所寄，固即智、仁大德之交修，此中自有性命天道之蘊，自有宇宙間最美的風景。

三、一本萬殊與萬法歸一

釋氏曾提出一個與儒學「一本萬殊」之說極其形似的論述：「萬法歸一」，且更改〈繫辭〉「同歸而殊途」、「一致而百慮」為「殊途而同歸」、「百慮而一致」以闡發其說。對此類說釋，船山認為與聖學所示實乃差以千里，稍一不察，小則淪為無忌憚之小人，重則落入無禮義之禽獸。對上述二種論說方式的根源差異，船山曾簡要提示：

> 子曰：「天下同歸而殊途，一致而百慮」，一本萬殊之謂也。借曰：「殊途而同歸，百慮而一致」，則二本而无分矣。〔註137〕

「無分」者，即天地萬有喪其序次品秩，而其存在意義與內容亦隨之失落。二本者，意謂著楚河漢界的割裂，而表現為一本與萬殊的割裂、萬物正與反的割裂、天道與人倫的割裂。船山說：

> 異端之言曰「萬法歸一，一歸何處？」信萬法之歸一，則一之所歸，舍萬法其奚適哉？是可截然命之曰「一歸萬法」，弗能於一之上索光怪泡影以為之歸。〔註138〕

尋求一足以解釋所有現象的終極真理，乃是所有哲人的想望；既為終極真理，既可解釋所有現象，則必具有根源而普遍的特質，故此真理之內容、形式，乃至表述方式，當簡而不繁、純而不雜、約而不費，言清旨遠，具有令人闡思無窮的豐富內蘊。「一」即因此成為中國語彙中最富哲學意趣的單字之一。

佛氏「萬法歸一」之說完全符應人們對於終極真理的認知與渴望，但問題是：「一」的內容為何？該如何認識及詮說？釋氏對此問題並未提出正面的答覆，而是提出一更究竟的問題「一歸何處」，以引導學者走入佛法「若見相非相，則能見如來」之「緣起性空」的觀照與思維。對於釋氏「一歸何處」的誘引式發問，船山並不入其彀中，而是明白爽利地答之以「一歸萬法」，將「萬法歸一」的思考方式導回「一本萬殊」的儒學視野。船山表示：

〔註137〕《周易外傳》，頁 1050。
〔註138〕前揭書，頁 1048。

> 始於同，從於殊；始於一，成於百。逮其殊途百慮，而不復束之以
>
> 歸，斯與異端「萬法歸一」之說相爲霄壤。〔註139〕

「始於一，中於萬，終於一」，一本萬殊的開展歷程乃是由陰陽生生而萬殊齊放，而終於天地萬物的各得其所。就萬物各得其所的和諧秩序與均衡狀態而言，自爲「一」，亦即萬物無不安止於此「一」結構圖式之中，亦共成此「一」結構圖式。然若就於此「協於一」的狀態中，萬物方得完成及實現自身觀之，則「終於一」的實質內容乃是百花齊放的燦然；職是之故，船山復言「從於殊」、「成於百」，成就百物方爲天道的完成。

因此，由一本開萬殊，萬殊的本身即是目的。所謂的「終於一」，所歸止者乃一秩然相節的「狀態」，而非數目的單一。就「一」的和諧狀態中實具涵萬殊而言，「同而一者，非其少也」；就「萬」雖各顯姿態，然實協合並存於同一秩序中觀之，「殊而百者，非其多也」。相對於此，釋氏「萬法歸一」之「一」乃爲數目之一，不論其內容爲何，皆意指著對紛繁物理的齊頭斬斷，皆指涉著對實存殊相的蠻橫消解。船山指出：

> 乃殊途百慮之不可齊者，橫立此疆彼界於大同之中，思其无可思，
>
> 慮其无可慮，亂始終之條理，而曰「芥子納須彌」。納者，不受而強
>
> 致之也，亦未知芥子、須彌同原而異理也。〔註140〕

相對於船山要求成全現象，釋氏乃主張勘破現象；相對於船山強調物理各殊，一物之中不能具他物之理，釋氏則屢稱芥子納須彌。對船山而言，儒學一本萬殊之道乃見同中有異而全其異，見異中有同而昭其同，體用相涵，天道物理兼備，共相殊相俱彰。而佛氏乃見同中有異而銷其異，見異中有同而囿於同；銷異囿同、廢用歸體的結果，既使物理萬有無存，亦令「同者所以統異」的天道本質隨之陷落。

釋氏之所以有「萬法歸一」之思維，實可歸因於對分殊之理的輕視及對現實萬象的懷疑。儒學以一本與萬殊之間有著本質、意義與價值的通貫，所謂「順序而不逆，相合爲一貫」〔註141〕，故可由萬殊知一本，亦必得以成就萬殊爲回歸一本的徑路。然釋、老不明體用一貫之理，主張現象與本體之間存在著本質與意義的差距，非但不能於萬殊之中見一本，且認爲正是萬殊而

〔註139〕《讀四書大全說》，頁 622。

〔註140〕《周易外傳》，頁 1050。

〔註141〕《讀四書大全說》，頁 974。

遮蔽了吾人對一本的認取，故回歸一本須得以刊落萬殊爲手段。對船山而言，此種詮解角度，直是對一本與萬殊的割裂，亦是對渾淪天道的割裂。割裂天道物理之後，物理不見，天道不存，此之謂「立體而廢用，則體亦廢」；此時，復另立一非一之一、非道之道、非本之本以御眾統萬，僭稱爲「一以貫之」之道，其實乃「以一貫之」的強迫與壓制：

> 群龍無首，故一積眾精以自強，無有遺也。有首焉，則首一矣，其餘不一也，然後以一貫之，不然者而強謂之然，不應者而妄億其應，佛老以之，皆以一貫之之術也。……皆立體而廢用，用既廢，則體亦無實。〔註142〕

「乾元用九，乃見天德」，用九即「見群龍無首」也。對船山而言，群龍無首之所以能成爲天德的具象，正因其體現了統萬殊於一本、涵一本於萬殊的天道內容。「一本萬殊，而萬殊不可復歸於一」〔註143〕，「歸於一」之「一」爲數目之一。群龍「爲潛、爲見、爲躍、爲飛、爲亢，因其時而乘之耳」〔註144〕，姿態不一，性情不一，內容不一，功效亦不一，固曰「無首」。唯有無首，萬殊方得自如地伸展，在沒有任何壓迫的情況下，充分地完成自身的涵蘊；而只有當天地萬有皆獲得成就之時，天道的整全方成爲可能，此之謂「無有遺也」。然佛老則不如是觀。

佛老追求典要，以「一」爲數目之一，故萬物之殊異不齊恰足以證明其非天道至理，恰足以證明萬殊與一本的懸絕分離。「一」與「萬」既是割裂之「二」，則自不能由萬殊之中提煉一本，故只能在萬殊之外另尋一本、另立一本，於無頭之處安頭，令一首貫群龍，令群龍同一首。

令性情、功效各別之群龍同一首，其不洽不愜顯而易見。儒學之一本爲萬殊所自涵，用涵體，體涵用。異端之一本則外鑠強命，是體在用外；體在用外，則體固非該用之體，用亦非該體之用，船山故言佛老此舉乃「立體而廢用，用既廢，而體亦無實」。以外鑠強命之「一」蠻野地貫合萬殊群龍，此之謂「以一貫之」，而與聖門「一以貫之」面目迥別：

> 聖賢之道則是「一以貫之」，異端則是「以一貫之」。他「一」字小，聖賢「一」字大；他以「一」爲工夫，屈抑物理，不愁他不貫。聖

〔註142〕《思問錄》，頁 416～417。
〔註143〕《讀四書大全說》，頁 862。
〔註144〕《周易內傳》，頁 50。

賢以「一」爲自得之驗，到貫時自無不通。〔註145〕

「一以貫之」與「以一貫之」的最大不同在於：前者爲天道的開展，後者則人爲的收束；前者爲「道」，後者爲「術」，故船山遂以「一以貫之之道」與「以一貫之之術」爲儒學、異端分野。

聖門之「一」乃「保合和同而秩然相節」的諧和狀態，於此狀態下，萬殊咸得實現與開展，表現出百花齊放的盎然生機，故「一」字大。異端之「一」則人爲外鑠之一，無根無實，單薄孤另，只有概念，沒有眞實生命，遑論盎然生意，故其「一」字小。

其次，儒學的工夫在「貫」，即統貫萬殊，使萬殊俱得成就與伸展；到貫時，則諧和秩然、並育不害之「一」自然開顯，自然備全。船山故言：

> 未能即一，且求諸貫，貫則一矣。貫者，非可以思慮材力強推而通之也。尋繹其所已知，敦篤其所已能以熟其仁，仁之熟則仁之全體現，仁之全體現則一也。〔註146〕

「非可以思慮材力強推而通之」一語，固已指陳在成就萬殊時須令「私智」退場之事實。成就萬殊，令萬有統貫開展於一本之中，乃是以物付物的還原；以思慮材力強行貫合萬殊，則是令物來就我的扭曲。「尋繹其所已知，敦篤其所已能」意即良知良能的完全開發；知能並踐，則私意盡去，私欲盡消，全體現大用顯，自能恰如其分地處置萬物、統貫萬物於均衡諧和的秩序之中。「一以貫之」之工夫在「貫」，境界則爲「一」，亦即此諧和秩然之「一」乃完成於萬有的統貫與涵成。「夫子之道，忠恕而已矣」，孔子下學而上達，亦只是盡己之忠與推己之恕的完全呈露與實現。

釋老則非是。釋老於用外立體，於萬殊之外立一本，此一本乃出於其思慮材力之強推，正此「一」字顯其工夫、現其原形。至若「貫」，則意爲貫合、貫串，非開展，而乃收束；非還原，而只扭曲；蓋爲立一之後的活動作用，同時也呈示出釋老的學術旨趣。故以一貫之者，以思慮材力所立之「一」強行貫合萬殊、收束萬殊、解釋萬殊、安置萬殊，使萬殊剝棄紛繁殊相，而呈現出單一整齊的面貌。儒者以「多而一」、「一而多」展現和諧，異端則以「萬歸一」昭示終極。針對此中差殊，船山復言：

〔註145〕《讀四書大全說》，頁1020。
〔註146〕《思問錄》，頁416。

　　　貞夫一者，所以異於執一也。〔註147〕

「貞夫一」，即以秩然協合之「一」爲貞正萬物性命之方向；「執一」者，則是妄立一本以解消萬象。故船山屢言「執一以賊道」〔註148〕，並痛切指責：「所惡於執一者，爲其賊道，舉一而廢百也」。〔註149〕

　　除割裂一本與萬殊之外，釋老復因無法正確地詮解萬殊，而乾脆割裂萬殊：

　　　夫惟其一也，故殊形絕質而不可離也，強刑弱害而不可舍也。舍之以爲遠害，離之以爲保質，萬化遂有不相濟之情才。不相濟曰未濟，則何以登情才而成流行之用乎？舍之離之，因萬化之繁然者，見其殊絕之刑害，而分以爲二。既已分之，則披紛解散，而又憂其不合，乃抑矯揉銷歸以強之同，則將始於二，成於一。故曰：異端二本而无分。〔註150〕

氣化不息，命生萬物，紛繁萬物或相類相近，或相反相仇，或相敵相爭，不一而足。雖或有相反相仇者，但相反者相因，相悖者相承，相敵者相濟，而相爭者正所以相節；呼吸貌悖反，實相因承以成息，水火雖爭敵，恰可相節而相濟；由悖反而秩序，由衝突而和諧，體用相涵，正乃宇宙圖象的圓善。

　　然釋老不能辨此，萬有相悖害的表象以及萬殊的對立與差異，皆在在迷惑著他們的認知。萬殊由一本以生，則是當具有同樣的意義與價值，然水火爲敵、旱潦相悖，一正一反如何能具有相同的倫理意義與道德價值？吾人又豈能承認天道所生之此一，而否認天道所生之彼一？

　　既然無法同時承認天道又否定天道，則必此相悖反之二皆只有相對價值，故不能具象天道、體現天道，亦即此二者皆不足據，不僅不仁不足據，仁亦不足據。釋老因爲不能合理地詮釋「反」，遂懷疑「正」的內容與實在，復因爲不承認「反」的意義與價值，遂連「正」也一併解消；而正、反被解消的同時，也解消了真實的天道。解消萬殊之後所餘者唯空唯無，於是空、無遂成爲釋老所辨取的究竟及根源。

　　以道體爲空、無，則道體所生者亦空、無，萬物的本質及價值歸趨莫非

〔註147〕《周易外傳》，頁1091。
〔註148〕前揭書，頁1094。
〔註149〕《讀四書大全說》，頁559。
〔註150〕《周易外傳》，頁980。

空、無。在空、無的觀照下，萬殊之異僅爲一不足道之假象，既不足爲憑，自不需關注與成全。於是，萬殊之「殊」被泯沒捨棄，萬有同歸於無、一致於空，萬馬齊喑，存在內容因之失落，存在位置因之無著，此之謂「無分」。然究其實，釋老雖解消相悖反之「二」，但其解消乃建立在對「二」的分梳及承認之上；換言之，正因釋老認知到「二」的存在事實，體認到「二」的詮釋困境，方有消歸之舉以濟其窮。其實「二」之悖反恰爲「一」的流行，「二」之對立正可相容爲「一」，異端未能見及秩序和諧之「一」，而執迷於數目之一，遂只能以二爲二，此之謂「二本」。「二本而無分」的結果是瓦解了現象，也扭曲了天道；是窒塞了萬物，也捏塑出虛擬的一本。

異端不僅以萬殊爲二本，亦以人之生有二本：

> 若墨之與佛，則以性與形爲二矣。性與形二者，末之二也；性受於無始，形受於父母者，本之二也。以性爲貴，以形爲賤，則一末眞而一末妄。末之眞者，其本大而亦眞；末之妄者，其本寄託和合以生，不足以大而亦妄。性本於天，人所同也，亦物所同也。人所同者，兄之子猶鄰之子也；物所同者，則釋氏所謂萬物與我共命也。

〔註151〕

由於缺乏「體用相涵」的思維方式與觀照格局，異端不能認識二而一、對立而和諧之大蘊，遂割裂一本萬殊，分解萬殊，復裂解形性。懷疑現象者必懷疑形體，否定末者終必連本也一併否定。墨、釋以性、形爲二，性得於天，形生於親；人物並受天所命，故乾坤皆吾等父母，則是萬物與我共命，而鄰子猶兄子，路人如吾父。不明「形色即天性」，不知萬物受陰陽則一，受生長收藏、健順五常等氣則別的理一分殊大義，其推論結果將至禽獸〔註152〕！此亦船山以一本萬殊爲奉天討罪的魁柄之因。

「一本萬殊」爲船山學中極重要的思想，它不只鋪陳了天道的開展，也說明了天道的目的與內容；它不僅詮釋了天道的流行，更指出了人道的努力方向。透過對道德實踐次序的提點，一本萬殊展示出親親大義；透過對成就萬殊的叮嚀，一本萬殊綻放出人文化成的耀目之光。船山說：

> 同歸殊途、一致百慮者，若將一粒粟種下，生出無數粟來，既天理

〔註151〕《讀四書大全說》，頁974。
〔註152〕前揭書，頁980：「但兼愛，則禽獸與人亦又何別！釋氏投崖飼虎，也只是兼愛所誤。」

> 之自然，亦聖人成能之事也。其云殊途同歸、百慮一致，則是將太
> 倉之粟倒併作一粒，天地之間，既無此理，亦無此事。〔註153〕

萬法歸一是生命的限縮，一本萬殊是生命的開放；萬法歸一是解消萬殊的化約，一本萬殊是圓成萬殊的播散；萬法歸一是枯木寒崖的乾枯蕭索，一本萬殊則展現出百卉齊綻的生機盎然。尊重差異，成全差異，創造一和諧、秩序而均衡的天地以完成萬有的伸展；而就在萬有姿媚橫生的伸展中，天道藉由人道的實現而呈露，人道透過天道的完成而開顯，體用相涵相拓、相顯相全。在此，天道與人道的義蘊獲得完全的開發，天地人三維鼎足並立，共同架立起世界，人文化成的美麗圖象於斯繪寫。

〔註153〕前揭書，頁642。

結　論

　　如以淺白而不悖船山學的文字說明「體用相涵」之意，則亦可謂「體在用中」、「用在體中」、「體中有用」、「用中有體」。此等說法其實並不新鮮，相同或類似的言說方式早已出現於船山之前。朱子固已有「體中有用」、「顯中有微」〔註1〕、「理中有象」、「象中有理」〔註2〕之語；陽明亦曾指出：「即體而言用在體，即用而言體在用，是謂體用一源」〔註3〕；陽明弟子陳明水故推出「寂在感中」、「感在寂中」之結論。〔註4〕

　　雖然如此，吾人仍可質問：朱子、陳明水「在中」之意究竟為何？又當於何視域下說「在中」？亦即「體中有用」、「寂在感中」等論點表現在那些理論範域及詮說層次？又要如何解釋及證明？論者常以「即體即用」總言陽明之體用觀，此「即」究為何義？又是在那些意義範圍及條件前提下成立？

　　當我們仔細追索，並要求精確的解答時，常會發現狀似明白顯豁的概念或命題其實充滿了豐富的義蘊，而似乎餘韻不絕的論述，其原意可能相對貧瘠，甚或只是模糊未熟的泛說，而僅為哲人初萌草成之概念或靈光突顯之話頭，尚未成系統，亦不能圓轉密合於其思想體系。更何況，中國思想家的哲學見解常表達為相同的命題形式，我們不能因其語彙形式的相同遂也形式化地等同其義旨；在詮釋哲人的思想內容時，尤其不當以「即體即用」、「即用即體」、「體用不二」、「體用一如」、「即用顯體」、「即體是用」、「即用是體」

〔註1〕　《朱子語類》，卷六十七，頁 1654。
〔註2〕　《朱熹集》，卷四十，〈答何叔京〉，頁 1889。
〔註3〕　《語錄一》，《王陽明全集》，頁 31。
〔註4〕　《明儒學案·卷十九·江右王門學案四》，《黃宗羲全集》第七冊，頁 533。

等未經精確說明、界義及詮定的含糊語詞放諸四海而皆準地詮釋哲人的體用思想。

舉例而言，朱子論「理中有象」、「象中有理」之原文爲：

> 「體用一源」者，自理而觀，則理爲體，象爲用，而理中有象，是一源也。「顯微無間」者，自象而觀，則象爲顯，理爲微，而象中有理，是無間也。〔註5〕

伊川「體用一源、顯微無間」之說爲新儒家提供一思想範例，後世儒者紛紛將一己之學術理論灌注於此語言形式之中，使「體用一源」的詮釋內容頓時百花齊放。伊川「體用一源」之原意殆爲體、用同出一源，任一存有皆有超越義及活動義二向，體用即在詮釋存有的不同存在特質與內容〔註6〕。而朱子所理解的「體用一源」乃是「體爲用源」，故其言曰：「蓋用即是體中流出也」〔註7〕。用自體中流出，蓋在強調用依體起、用由體生的發生根據及存在根源義，亦是立足於此一理解視角，故言「體中有用」、「理中有象」，蓋用自體中流出，象自理中生出是也。

至於「象中有理」、「顯中有微」則是就現象界的存在場域立說。象爲形而下之器，故可爲理之載體；故「自象而觀」，象中有理，此之謂顯微無間，此之謂「顯中有微」。

由此，我們可以清楚地看出：朱子雖有「理中有象」、「象中有理」、「體中有用」、「顯中有微」的並列陳述，但二語的成說基礎並不相同，亦即二語乃立論於不同的理論範域與觀察視野。職是之故，朱子之理象觀或體用觀必說不得「相涵」，亦推不出「相涵」〔註8〕，而不得同於船山。

至於陳明水「寂在感中」、「感在寂中」之說，則表現出與朱子不同的意趣：

> 心本寂而恒感者也。寂在感中，即感之本體；若復於感中求寂，辟之謂「騎驢覓驢」，非謂無寂也。感在寂中，即寂之妙用；若復於感

〔註5〕《朱熹集》，卷四十，〈答何叔京〉，頁1889。

〔註6〕參見拙著：《王弼及程頤易學思想之比較研究》，頁131～143。

〔註7〕《朱子語類》，卷四十，頁1040。

〔註8〕陳榮捷先生即據朱子「理中有象」、「象中有理」、「體中有用」、「顯中有微」諸語，推出朱子之體用觀有「互涵」之思想，蓋因未意及朱子二說之立論根據不同而有此誤認。其言曰：「如是體用不但不離，不但延續，而且互涵，爲明儒即體即用立下一強健之基根。」見氏著：《朱子新探索》（臺北：臺灣學生書局，1988年），頁274。

前求寂，辟之謂「畫蛇添足」，非謂未感時也。〔註9〕

寂爲感之本體，感爲寂之妙用，此乃儒門習義。唯明水指出，於感中求寂乃是「騎驢覓驢」，此喻蓋已指出了寂與感在本質與內容上的完全重合。而寂非「未感時」，故於感前求寂，復無異於畫蛇添足，這也表現出寂、感的共時性。明水關於心體寂感的理解乃襲自陽明，陽明嘗指出：「人的本體常常是寂然不動的，常常是感而遂通的。未應不是先，已應不是後」〔註10〕。對陽明而言，寂感乃由有事無事之動靜爲言，「而良知不分於有事無事也；寂然感通，可以言動靜，而良知無分於寂然感通也」。〔註11〕

陽明之意爲：良知體用俱足於寂然不動與感而遂通之時，動亦在，靜亦在，寂然未發時，良知固有中和之體用，感通已發時，良知亦有中和之體用；寂然未發與感通已發之動靜乃是遇事之動靜，而非良知之動靜。良知之體既是寂然不動的，也是感而遂通的；良知之用既是感而遂通的，也是寂然不動的，因此船山回答門人以扣鐘爲喻問「未發已發」時說：「未扣時原是驚天動地，既扣時也只是寂天寞地」〔註12〕。未扣時，乃「即體而言而用在體」，故曰驚天動地；既扣時，乃「即用而言而體在用」，故曰寂天寞地；陽明良知之體用但有名謂之別，其內容、本質，乃至作用實皆無殊。故其「未發在已發之中」、「已發在未發之中」〔註13〕之語，其實是源流一貫之意，體、用既同出一源且同爲一水，即體即用、即用即體乃陽明所理解之「體用一源」義。

既是即體即用、體用無別，則互在其中的陳述至多爲一靜態而平面的說明，其立說重點乃在於體用本質與內容的涵合，而不在體用之間的互動情狀與連繫方式。以是之故，「寂在感中」、「感在寂中」或「未發在已發之中」、「已發在未發之中」等說雖立足於同一詮釋基點，而或可推出「相涵」的語彙形式，但在精神與意旨上，固與船山強調動態辯證的相資相取、相充相拓之深蘊迥異其趣。

船山「體用相涵」思想超邁前人遠甚之因，不僅由於其說對體用間的互動關係鈎掘深微，更在於其理論的深度、自覺度、清晰度、圓融度、系統性及應用的全面性等方面，皆展現出極大的成就，充分顯示其體用觀的高度成

〔註9〕　《明儒學案・卷十九・江右王門學案四》，《黃宗羲全集》第七冊，頁533。
〔註10〕　《語錄三》，《王陽明全集》，頁122。
〔註11〕　前揭書，頁88。
〔註12〕　前揭書，頁115。
〔註13〕　《語錄一》，《王陽明全集》，頁23。

熟，亦將中國哲學的體用思想推進至空前的水平。

船山「體用相涵」思想的高度成熟首先表現為系統性的理論建構。由體、用的定義，至體用間的結構關連、邏輯關連、時序關連、空間關連、角色關連、意義關連、內容關連、本質關連、作用關連，以及體用思維的全面應用與開展，船山皆有清晰、明確的說明與論證，而非如前儒多以結論式的命題形式表述己意，甚或只是一浮光掠影的傳統意見或模糊概念，其中並無堅實的認知、真確的信仰及親切的體會，故或與其他思想相扞格。單以「有是體必有是用，有是用必有是體」此一「陳言」為例，即因船山散見各書的反覆說明及論證，使得此一論述因具備以上諸項詮釋層次而擁有前所未見的厚實根據與飽滿內涵，亦因此無法形式化地等義於伊川、朱子、陽明等人的體用觀。在船山系統的說明與理論建構中，我們看到了思想的高度自覺與透明。

其次，船山「體用相涵」思想展現出驚人的理論深度。透過「體以致用，用以備體」、「體用相資」、「體用相因」、「體者所以用，用者用其體」、「用者皆其體」、「自有體用」、「自為體用」、「相為體用」、「由用得體」等論述，船山有效地說明了體用之間綿密的交涉與涵貫，有限地指陳了體用角色的定位與多元化的切換，同時深刻地詮發體用的對立與因承、相反與相濟、相互制約卻又相拓相顯的動態辯證關係，並由此闡釋了存有的本體意義、根源地位及生命開放的無限可能。

此外，船山體用思想的成熟度尚表現在此思維方式的全面應用。一個思維方式在哲人思想體系中的核心地位及自覺程度、清晰程度、成熟程度等，殆取決於該思維方式能輻射出多大的範圍，擁有多少的涵蓋面。如以此角度為中國哲人的體用觀「判教」，那麼朱子的體用思想毋寧是相當核心、明晰且自覺的，其程度殆僅次於船山，且其體用思想亦頗具思辨層次。〔註14〕

朱子繼承伊川的思維路數，以體用為詮解切點以說明存有的不同內容與特質，上至理氣性命，下至扇子尺秤，莫非朱子體用思想的應用與開展範圍。相對於朱子與船山，陽明的體用思想幾皆集中於對良知、心體的描述與說明，「體即良知之體，用即良知之用」〔註15〕，正因陽明之體用思維幾乎只應用

〔註14〕陳榮捷先生將朱子體用觀分梳為六個詮說層次：體用有別、體用不離、體用一源、自有體用、體用無定、同體異用。參見氏著：《朱子新探索》，頁 268～280。

〔註15〕《語錄三》，《王陽明全集》，頁 65。

在對良知的詮解上，故若要由此評斷體用觀在陽明思想中具有普遍意義及核心地位，可能還需要一番論證工夫。

　　而船山的體用思想爲其思維核心殆無疑義。透過體用思維的映射，船山細密而深刻地開展出其浩博學思，將太極陰陽、天人、道器、理氣、性命、性情、心意、形色天性、天理人欲、一本萬殊、人文化成，乃至周易乾坤、寒暑生殺、動靜燥濕、歷史文明、社會風俗等一切包涵對立範疇的詮解皆收攝於體用思維之中，由「體用相涵」的富厚義蘊負責闡揚與說明。體用思維的全面應用與開展，再一次證明船山體用思想的系統性、深刻度與成熟度。

　　在如此綿密而全面的開展中，維持思想體系的圓融度可謂哲人最艱鉅的工程，而船山被錢賓四先生譽爲「三百年所未有」、被熊十力先生加以「哲學天才」、「偉大」等讚詞之因即在乎是。

　　船山「體用相涵」的思維模型在思想史上至少有幾點意義：

　　其一，深化動態辯證的思維方式。

　　《易經》「陰陽」觀念原即富涵素樸的辯證思想；老子「高下相生，難易相成」等說法，亦注意到由對立可產生定位與意義的事實，唯老子所欲彰示者乃此定位及意義爲相對意義而非絕對意義，故不能成爲「道」，亦不能象表「一」，船山所見的和諧、秩序、均衡之「一」，殆非老子的辨取方向。伊川受《易》之啓發，曾立「道無無對」之命題，但此並涵正反之「道」只是平面的一加一之「和」、之「一」，而非如船山由對立而相容相資、相拓相備所變化而成之「合」、之「一」。陽明在論及知行關係時，亦曾有辯證而動態的相拓思維〔註16〕，但因應用面太小且談論篇幅不多，無法展示出思想能量。劉宗周在說明「意體」好好惡惡、是是非非的道德意向時，曾言「好惡相反而相成，雖兩用而止一幾」〔註17〕，此一辯證思維亦當予船山一定的啓發，雖然蕺山並未就此系統地加以論述及拓展。

　　職是之故，深化中國哲學的辯證思維模型，非待船山不爲功。由對立而相容，由相反而諧和，由互相範圍而互相拓顯，船山「體用相涵」展現出分析而統合的辯證特質，「一」不再只是加總的原貌呈現，也不是一個境界式的空語泛說，而是一富涵生命感、動態感、時間感、空間感與歷程感的變動圖

〔註16〕《語錄一》，《王陽明全集》，頁4：「知是行之始，行是知之成。若會得時，只說一個知，已自有行在；只說一個行，已自有知在。」
〔註17〕《明儒學案・卷六十二・蕺山學案》，《黃宗羲全集》第八冊，頁934。

象。不只此圖象時時在變動其面目及內容，變合所自之「對反」也在互動中不斷改變自身的內容及模樣。影響與受影響同時進行，形塑與被形塑齊肩發生，此方為世界與生命的真相。

其二，強調在結構中證成意義。

體用相涵的結構關連是船山極為重視的內容，只有在結構中，存有才能有位置，才能被理解與說明，也才能證成價值與意義。因此，完成結構可謂即完成自身的存在，亦是證成自身的存在。亦緣此故，船山要求成就現象，要求備全萬殊，強調在人文化成中建立人道、完成人道。

正是由此詮釋切點，「萬物皆備於我」成為必須被實現的生命任務，萬物因我的備全而存在，我亦因萬物的備全而完成存在；萬物因我的主持均和而擁有意義，我亦因萬物的各得其所而成就意義。我備萬物，萬物亦備我，沒有萬物與我的對勘，我將不能存在。因此，外物是不可能的，成物亦不能是成己之後的行有餘力，而是成己的必要條件。船山重視結構的結果，使其成德思想由「成己成物」推進至「於成物之中成己」，經緯天地的神聖責任在船山學中具有令人凜然生畏的浩浩正氣。

陽明「心外無物」〔註18〕、「致吾心之良知於事事物物」，「事事物物皆得其理」〔註19〕等主張，亦表現出「認知——意義」、「結構——意義」之觀察與正物成物的要求，然由於並未系統的論述其理論根據，是以精嚴深邃不及船山，然此中的思想進展之迹固已是脈縷分明。

其三，調和朱子學與陽明學的思維模式。

追求渾淪之「一」乃中國哲人之共同理想，在對「一」的追求下，學者常對朱子學譏以「餖飣」、「支離」，得此斷語絕非朱子之所願，豈有哲人以分裂天道性命之渾淪為立說方向？渾淪之一亦必朱子所肯定之至道。

伊川與朱子皆喜條分縷析以辨曲折原委，此種詮釋興趣及辨取真理的責任感如令其學說有了分裂道體之假象，亦只能付以「原罪」之嘆！相對於若干學者含胡籠統以示渾淪，程朱的誠懇精實、不避譏逃難仍是令人萬分欽敬。雖然如此，朱子的分析性思維模式的確易令後學產生疑惑，且理先氣後之說

〔註18〕《傳習錄》記載陽明與友人遊，友人以花樹自開深山質疑「心外無物」之理，陽明答：「你未看此花時，此花與汝心同歸於寂；你來看此花時，則此花顏色一時明白起來，便知此花不在你心外。」《王陽明全集》，頁108。此段文字表現出陽明對「認識——意義」及「結構——意義」的觀察。

〔註19〕《語錄二·答顧東橋書》，《王陽明全集》，頁48。

釋更使得二而一的涵會通貫更添困難。

　　相對於朱子，陽明即知即行、即心即物、即動即靜、即體即用、即工夫
即本體、即下即上的思維方式乃拒絕任何的分解，呈現出渾淪氣象。王龍溪
即曾指出：「晦翁隨處分而爲二，先師隨處合而爲一」。〔註20〕

　　陽明以「即體即用」詮說良知之體用，以體用之本質與內容皆屬齊一；
朱子言及體用顯微時則表示：「體用顯微之分，不能無也。今日理象一物，不
必分別，恐陷於今日含胡之弊，不可不察」〔註21〕。則二人之思維模式亦相
去遠矣，陽明恐分而破裂，朱子憂合而含胡，由此思維方式及關懷方向之異，
故生出種種不同的思想內容。

　　船山思辨力強，亦善於展現長才，分析細微，不肯含胡帶過；然殷鑑不
遠，故論述時多兩面進逼，以顧此得彼，整全渾淪之一。表現爲思維模式者，
即其分而合、二而一、兩端一致的辯證思維進路。

　　船山之二乃內容不同之二，唯內容不同故得爲二，倘若存在內容與特質
一皆重合、毫無殊異，又何必分體用、分動靜、分知行、分上下？肯定差殊、
嚴別分際乃是船山對王學自覺的針砭及批判。

　　然二必涵融爲一。船山之一非加總之和，亦非陽明即體即用、體用無明
顯別異的渾淪之一，而是經過一連串相反相容、相敵相濟、相顯相拓的辯證
過程所變化而成的新內容。陽明之一乃「即動即靜」，船山之一爲「動靜互涵」，
朱子之一則「以體攝用」，三種思維模型固大異其趣。

　　船山尊朱抑王，對陸王的批評常是嚴厲峻刻。然觀其思想，其實並不全
然近於朱子，亦未全悖於陽明，船山對陽明的反感當是來自於對王學末流意
向內守、輕視物理，甚至口談浮說、無精實工夫之風尚的極端厭棄。雖則船
山學並未與陽明完全背道，且其思想時見王學之脈緒，但船山畢竟是自覺地
抨擊王學，且斥之爲異端浮見，則船山或不盡認同己學有調和朱學與王學之
意圖。

　　但若丟開哲人主觀的意願及認知，而純就思想史的發展脈絡觀之，則體
用相涵之思維方式，固是朱子學與陽明學兩種思維模型辯證發展的結果，而
由船山予以完成。此爲本書之立論切點。

　　其四，判別儒學與異教。

〔註20〕《王畿全集》，卷二，〈書婺源同志會約〉，頁390。
〔註21〕《朱熹集》，卷四十，〈答何叔京〉，頁1889。

　　船山體用觀的重要任務之一，即在斥駁釋老貴體賤用、立體廢用的學術傾向。對船山而言，即因釋老立體廢用，故泯滅差異，解消現象，賤棄形色與欲望，造成生命與世界的缺殘和陷落；尤有甚者，釋老以思慮材力所立之「一」強加於「萬」之上，美其名曰「萬法歸一」，實則執一以賊道。而陸王不免雜染此弊，墨學二本而無分亦多有可議；船山透過對用以備體、體用相涵等思維的深論博闡，為現象與萬殊、形色與欲望的合理性及價值完成了安置。此義已屢見前文，此不贅。

　　自船山而後，儒學的體用思想呈現難以為繼的局面。李二曲明體適用的「體用全學」主張「明道存心以為體，經世宰物以為用」〔註22〕，且列出《象山集》、《陽明集》等著作為「明體中之明體」，《二程全書》、《朱子語類大全》等撰著為「明體中之工夫」，《大學衍義》、《文獻通考》、《水利全書》等為「適用類」一系列書單以指點學者為學方向〔註23〕。以「明體中之明體」、「明體中之工夫」、「適用」等為前儒「判教」，首先是割裂了儒學，其次是以主觀粗暴的方式芟刈、限縮了前儒的學術向度及生命體會，再而是碎解了體用的一貫性，使體用豐富的哲學蘊義萎弱為一乾瘠而僵固的語言符號。二曲要求開展內聖外王的「真儒」人格，其用心深具時代意義，亦令人感佩；但若就客觀的學術立場而言，體用思想的確在二曲學術中呈現一理論高度的退轉。

　　二曲「體用全學」主張的提出與清初的天崩地坼時局有極大的關連，而在晚清又一天崩地坼的時代裡，沈壽康、孫家鼐、張之洞等學者，亦陸續提出「中學為體，西學為用」之思想，試圖力挽狂瀾、更創新局〔註24〕。「中體西用」的失敗原因之一來自於其理論根據未被系統的昭示及建立：中學、西學之間的邏輯關連是否存在？如何證明？二者之內容、本質及目的是否有著一定程度的一致性？要如何鈎掘，並加以論證及說釋？如果「中體西用」是本然之事實，那麼提倡者須解釋何以過去「中體」開不出「西用」？倘若「中體西用」為吾人努力之目標，標舉者亦當闡明此目標為何可能、如何可

〔註22〕李顒：《二曲集》（北京：中華書局，1996年），卷十六〈答顧寧人書〉，頁149。

〔註23〕《二曲集》，頁50～54。

〔註24〕參見薛化元：《晚清中體西用思想論》（臺北：稻鄉出版社，2001年），第二章、第三章；另丁偉志、陳崧：《中西體用之間》（北京：中國社會科學出版社，1995年）一書對晚清的「中體西用」思潮有整全的爬梳；再可參見陳強立：〈論近百年來儒家的文化發展構想——從「體用」範疇的理論涵蘊看晚清「中體西用」的思想困局〉，《鵝湖月刊》17：10（1992年4月），頁25～31。

能？

　　近代的體用思想緊緊地牽涉著價值與文化的抉擇、民族與社會的走向，乃至生命範式的詮定等諸多自覺。熊十力先生「體用不二」之說，牟宗三先生開「新外王」的努力〔註25〕，乃至傅偉勳先生的「中西互爲體用論」〔註26〕、黃仁宇及李澤厚二先生的「西體中用」說等〔註27〕，莫不是爲文化的延續、發展及開創所做的建構與致力。

　　思想史最動人之處，或在於其中篳路藍縷的跋涉之跡及斑斑可見的霜刻雨痕。所有的艱辛及滄桑、充實與飽滿皆以追索眞理、實現自我、成就世界爲圓心而磨轉發散。船山自銘其墓曰：

　　　抱劉越石之孤忠，而命無從致；希張橫渠之正學，而力不能企。幸

　　　全歸於茲邱，固銜恤以永世。〔註28〕

達文西曾說：「一天過得充實，可以安心的睡眠；一生過得充實，可以安心的面對死亡」；善吾生者所以善吾死，「面對死亡」的意義，其實是在總結自己的生命。回顧生命，船山的心情是複雜的：興滅復亡的大願無由得致，張大聖學的使命復力不能及，此乃儒者的終身之憂，亦是船山的永世之悲；但與此同時，在生命的終點，看到自己能全生全歸的還返天地，卻也有著一分無忝所生的欣慰。船山嘗自題其居曰：「六經責我開生面，七尺從天乞活埋」〔註29〕，亡國之悲憤，無力扭轉乾坤之自責，未累造化之安慰，以及開創思想新局之自豪，勾勒出船山最後的線條。正是這些線條，經緯出儒學的精實嚴毅，架構出世界的浩闊深邃；船山以這些線條繪寫了自己，也繪寫了世界。

〔註25〕牟宗三先生說：「今天這個時代所要求的新外王，即是科學與民主政治」。見氏著：《政道與治道》（臺北：臺灣學生書局，1970年），頁12。

〔註26〕傅偉勳先生在《從西方哲學到禪佛教》（北京：三聯書店，1989年）中提出「中西互爲體用」之主張，並爲其建構包涵十個層面的理論模型。前揭書，頁477。

〔註27〕參見李欣復：〈評李澤厚、黃仁宇不同的「西體中用」論〉，《齊魯學刊》，2000年第二期，頁94～99。

〔註28〕劉毓崧：《王船山先生年譜》，《船山全書》第十六冊，頁270。

〔註29〕前揭書，頁268。

徵引書目

一、傳統文獻

1. 《尚書》,《十三經注疏》(臺北:藍燈出版社,無出版年)。

2. 周·莊周著,清·王先謙:《莊子集釋》(臺北:木鐸出版社,1983 年)。

3. 周·荀況著,清·王先謙集解,《荀子集解》(臺北:華正書局,1988 年)。

4. 秦·呂不韋編,陳奇猷校釋,《呂氏春秋校釋》(臺北:華正書局,1985 年)。

5. 漢·劉安編,高誘注,《淮南子》,收於《新編諸子集成》第七冊(臺北:世界書局,1983 年)。

6. 漢·班固著,清·王先謙補注,《漢書補注》(臺北:新文豐出版公司,1975 年)。

7. 漢·王符,《潛夫論》,收於《新編諸子集成》第二冊(臺北:世界書局,1983 年)。

8. 魏·王弼著,樓宇烈校釋,《王弼集校釋》(臺北:華正書局,1992 年)。

9. 南朝·宋·劉義慶著,徐震堮校箋,《世說新語校箋》(臺北:文史哲出版社,1989 年)。

10. 唐·孔穎達,《周易正義》,《十三經注疏》(臺北:藍燈出版社,無出版年)。

11. 宋·周敦頤,《周敦頤集》(北京:中華書局,1990 年)。

12. 宋·張載,《張載集》(臺北:漢京文化事業公司,1983 年)。

13. 宋·程顥、程頤,《二程集》(臺北:漢京文化事業有限公司,1983 年)。

14. 宋·程頤,《易傳》(臺北:臺灣學生書局,1987 年)。

15. 宋·朱熹著,黎德靖編,《朱子語類》(臺北:華世出版社,1987 年)。

16. 宋・朱熹，《朱熹集》（成都：四川教育出版社，1996 年）。

17. 宋・朱熹，《四書集註》（臺北：文化圖書公司，1984 年）。

18. 宋・陸九淵，《陸九淵集》（臺北：里仁書局，1981 年）。

19. 明・胡廣編，《四書大全》（臺北：臺灣商務印書館，文淵閣四庫全書本）。

20. 明・羅欽順，《困知記》（北京：中華書局，1990 年）。

21. 明・王守仁，《王陽明全集》（上海：上海古籍出版社，1992 年）。

22. 明・王廷相，《王廷相集》（北京：中華書局，1989 年）。

23. 明・王畿著，吳震編校，《王畿集》，（南京：鳳凰出版傳媒集團，2007 年）。

24. 明・羅洪先，《念庵文集》（北京：商務印書館，2006 年）。

25. 明・劉宗周，《劉宗周全集》（臺北：中央研究中國文哲研究所，1996 年）。

26. 明・劉宗周，《周子全書》（臺北：華文書局，1977 年）。

27. 清・黃宗羲，《黃宗羲全集》（臺北：華世出版社，1987 年）。

28. 清・王夫之，《船山全書》（長沙：嶽麓書社，1998 年）。

29. 清・李顒，《二曲集》（北京：中華書局，1996 年）。

30. 清・孫星衍，《周易集解》（臺北：臺灣商務印書館，1966 年）。

二、近人著作

1. 丁偉志、陳崧，《中西體用之間》（北京：中國社會科學出版社，1995 年）。

2. 小澤野精一、福永光司、山井涌，《氣的思想》（上海：上海世紀出版集團，2007 年）。

3. 王孝魚編，《船山學譜》（臺北：廣文書局有限公司，1975 年）。

4. 朱伯崑，《易學哲學史》（臺北：藍燈出版社，1985 年）。

5. 牟宗三，《從陸象山到劉蕺山》（臺北：臺灣學生書局，1984 年）。

6. 牟宗三，《心體與性體》（臺北：正中書局，1986 年）。

7. 牟宗三，《才性與玄理》（臺北：臺灣學生書局，1989 年）。

8. 牟宗三，《政道與治道》（臺北：臺灣學生書局，1970 年）。

9. 杜維明，《儒家思想——以創造轉化爲自我認同》（臺北：東大出版社，1997 年）。

10. 杜保瑞，《論王船山易學與氣論並重的形上學進路》（臺灣大學：哲學研究所博士論文，1983 年）。

11. 李明輝，〈林安梧完全按他的身材量身定製〉，《自立晚報》，1998 年 4 月 19 日，七版。

12. 李宗定，〈關於林安梧教授「後新儒家哲學的思想向度」幾點疑問〉，《鵝

湖月刊》二十五卷十一期，2005 年 5 月。

13. 李欣復，〈評李澤厚、黃仁宇不同的「西體中用」論〉，《齊魯學刊》，2000年第二期。

14. 周芳敏，《王弼及程頤易學思想之比較研究》（臺灣大學：中國文學研究所碩士論文，1983 年）。

15. 周芳敏，〈王弼「體用」義詮定〉，《臺灣東亞文明研究學刊》六卷一期，2009 年 6 月。

16. 林安梧，《王船山人性史哲學之研究》（臺北：東大圖書股份有限公司，1991 年）。

17. 林安梧，《儒學革命論》（臺北：臺灣學生書局，1998 年）。

18. 林安梧，〈後新儒家哲學的思維向度〉，《鵝湖月刊》二十四卷七期，1999年 1 月。

19. 林安梧，〈從「以心控身」到「身心一如」〉，《國文學報》三十期，2001年 6 月。

20. 林安梧，〈從「牟宗三」到「熊十力」再上溯「王船山」的哲學可能〉，《鵝湖月刊》二十七卷七期，2002 年 1 月。

21. 林月惠，〈聶雙江「歸寂說」之衡定──以王陽明思想為理論判準的說明〉，《嘉義師院學報》第六期，1992 年 11 月。

22. 林啟屏，《儒家思想中的具體思維》（臺北：臺灣學生書局，2004 年）。

23. 姜真碩，〈朱熹「與道為體」思想的哲學意義〉，《孔子研究》三期，2001年。

24. 徐復觀，《中國思想史論集》（臺北：臺灣學生書局，1975 年）。

25. 馬淵昌也，〈明代後期「氣的哲學」之三種類型與陳確的新思想〉，收於祝平次、楊儒賓編：《儒學的氣論與工夫論》（臺北：臺灣大學出版中心，2005 年）。

26. 韋政通，《中國思想史》（臺北：大林出版社，1980 年）。

27. 唐君毅，《中國哲學原論·原教》（臺北：臺灣學生書局，1984 年）。

28. 唐君毅，《中國哲學原論·原道篇三》（臺北：臺灣學生書局，1986 年）。

29. 張西堂，《王船山學譜》（臺北：臺灣商務印書館，1972 年）。

30. 張亨，〈「天人合一」觀的原始及其轉化〉，收入沈清松編：《中國人的價值觀──人文學觀點》（臺北：桂冠圖書股份有限公司，1983 年）。

31. 張立文，《正學與開新──王船山哲學思想》（北京：人民出版社，2001年）。

32. 張立文，《中國哲學範疇發展史·天道篇》（臺北：五南圖書出版公司，1996 年）。

33. 張立文，《氣》（北京：中國人民大學出版社，1990 年）。

34. 張立文，《宋明理學邏輯結構的演化》（臺北：萬卷樓圖書有限公司，1993年）。

35. 彭國翔，《良知學的展開——王龍溪與中晚明的陽明學》（臺北：臺灣學生書局，2003 年）。

36. 馮達文，〈從朱子與陽明之《大學疏解》看中國的詮釋學〉，收於黃俊傑編：《中日《四書》詮釋傳統初探（下）》（臺北：國立臺灣大學出版中心，2004 年）。

37. 黃俊傑，《東亞儒學的新視野》（臺北：臺灣大學出版中心，2004 年）。

38. 黃俊傑，《東亞儒學——經典與詮釋的辯證》（臺北：臺灣大學出版中心，2007 年）。

39. 陳榮捷，《朱學論集》（臺北：臺灣學生書局，1988 年）。

40. 陳榮捷，《朱子新探索》（臺北：臺灣學生書局，1988 年）。

41. 陳來，《有無之境——王陽明哲學的精神》（北京：人民出版社，1991年）。

42. 陳來，《宋明理學》（臺北：洪葉文化事業有限公司，1993 年）。

43. 陳來，〈王船山的氣善論與宋明儒學氣論的完成〉，《中國社會科學》2003年第五期。

44. 陳來，〈王船山「論語」詮釋中的理氣觀〉，《文史哲》2003 年第四期（總號第二七七期）。

45. 陳來，《詮釋與重建——王船山的哲學精神》（北京：北京大學出版社，2004 年）。

46. 陳強立，〈論近百年來儒家的文化發展構想——從「體用」範疇的理論涵蘊看晚清「中體西用」的思想困局〉，《鵝湖月刊》十七卷十期，1992 年4 月。

47. 陳贇，《回歸真實的存在——王船山哲學的闡釋》（上海：復旦大學出版社，2002 年）。

48. 陳贇，〈王船山理氣之辨的哲學闡釋〉，《漢學研究》二十卷二期，2002年 12 月。

49. 陳贇，〈從「貴體賤用」到「相與為體」〉，《許昌學院學報》2003 年第一期。

50. 屠承先，〈論本體工夫思想的理論淵源〉，《杭州大學學報》二十七卷一期，1997 年 3 月。

51. 勞思光，《中國哲學史》（香港：友聯出版社，1980 年）。

52. 湯錫予，《魏晉玄學論稿》，收入《魏晉思想：甲編五種》（臺北：里仁書

局，1984 年）。

53. 湯一介，《在非有非無之間》（臺北：正中書局，1995 年）。

54. 曾昭旭，《王船山哲學》（臺北：遠景出版社，1983 年）。

55. 曾昭旭，〈王船山「兩端一致」論衍義〉，《鵝湖月刊》二十一卷一期，
    1985 年 7 月。

56. 傅偉勳，《從西方哲學到禪佛教》（北京：三聯書店，1989 年）。

57. 薛化元，《晚清中體西用思想論》（臺北：稻鄉出版社，2001 年）。

58. 楊儒賓，《儒家身體觀》（臺北：中央研究院中國文哲研究所，2004 年）。

59. 楊儒賓，〈羅欽順與貝原益軒——東亞近世儒學詮釋傳統中的氣論問
    題〉，《漢學研究》二十三卷一期，2005 年 6 月。

60. 蔡仁厚，《新儒家的精神方向》（臺北：臺灣學生書局，1999 年）。

61. 蔡振豐，〈嚴遵、河上公、王弼三家《老子》注的詮釋方法及其對道的理
    解〉，收於入楊儒賓編：《中國經典詮釋傳統（三）文學與道家經典篇》
    （臺北：臺灣大學出版中心，2004 年）。

62. 劉述先，《朱子哲學思想的發展與完成》（臺北：臺灣學生書局，1982
    年）。

63. 劉述先，《現代新儒學之省察論集》（臺北：中央研究院中國文哲研究所，
    2005 年）。

64. 劉長林，〈說「氣」〉，收於楊儒賓編：《中國古代思想中的氣論與身體觀》
    （臺北：巨流出版社，1993 年）。

65. 劉又銘，〈宋明清氣本論研究的若干問題〉，收入祝平次、楊儒賓編：《儒
    學的氣論與工夫論》（臺北：臺灣大學出版中心，2005 年）。

66. 劉又銘，〈《大學》的思想變遷〉，收於黃俊傑編：《東亞儒者的四書詮釋》
    （臺北：國立臺灣大學出版中心，2005 年）。

67. 劉梁劍，《天・人・際：對王船山的形而上學闡明》（上海：上海人民出
    版社，2007 年）。

68. 董金裕，〈王船山與張橫渠思想之異同〉，《哲學與文化》二十卷九期，1993
    年 9 月。

69. 錢穆，《宋明理學概述》（臺北：臺灣學生書局，1984 年）。

70. 錢穆，《中國近三百年學術史》（臺北：臺灣商務印書館，1987 年）。

71. 錢穆，《莊老通辨》（臺北：東大圖書股份有限公司，1991 年）。

72. 熊十力，《原儒》（臺灣：洪氏出版社，1970 年）。

73. 戴景賢，《王船山之道器論》（臺北：廣學印書館，1982 年）。